JN193486

新・思想としての不安（要約）

生存のリアリティーとその周辺における一考察

生田　庄司

星雲社
京成社

新・思想としての不安について

今回「新」を付けたのは、前作の反省に立って内容を一新したかったからである。表も裏もない、この思想を抽象的ではなく具体的にすべてさらけ出すことにした。注意を払った点は次の通りである。

① 新しい視点[*1]、考え、概念の導入。
② 個別意識から一般意識への展開（つまり不安を思想にすること、不安を体系的に説明すること）、さらに古代から現代までの歩みを跡付ける一方、その歴史的方向性を探る。
③ 内的存在[*2]の想定と前史への位置づけ。
④ 他の思想（フォイエルバッハ、ヘーゲル、カントなど）との照合。
⑤ 図、表の適宜使用。（巻末に一括して掲載）
⑥ 対西洋としての日本人の思想[*3]を考える。

＊1　規定（経験的事実）の導入で、全部で十六ある。
＊2　内的存在は規定により想定されたもので、原不安（根源的不安〔思想〕ともいう）であり、不安の前身であると同時に、設定された存在と非存在の前史のなかで扱われる。哲学のはじまりとしての驚異や宗教の畏怖、現実の不安は、この内的存在を契機に、それぞれの思想へと転換されたものとして考察する。なぜ不安そのものが問われるのか、なぜ問いの対象が不安なのか、その理由は直面する現実の問題や、あえて哲学や宗教を引き合いに出し、またそれらの関係を論じる場面で自ずと明らかになるだろう。

＊3 「わが日本古より今に至るまで哲学なし」（中江兆民「一年有半」）を問う。また日本人の抽象的思考の脆弱さ、つまり哲学（西洋哲学）に対する備えのなさを、その著書「武士道」のなかですでに指摘していた新渡戸稲造の「予言」（私見）を紹介する。

内容的には、

（一）反省の内容の点では、前作を通して主張されるX↓不安／不安↓xの「不安」の位置づけで、この不安はどういう状態におけるものなのか、その不安は過去のものか、現在のものか、将来のものか、それとも自覚なしのものかなどである。

（二）個別意識を一般意識に適用するには、この辺の事情が明確でないとおかしなことになる。不安における個別意識とは、不安の対象化が不安の解消または減衰を招くことの経験である。これを一般意識に適用するとは、一般意識が不安の解消または減衰を招くということである。これが不安の思想化である。

（三）他の思想を考えるとき、その骨格に当たる中心部分は筆者自身の二〇代、三〇代のものが主流である。これはどういうことを意味するか。今回取り上げた「生存」をことさら意識するようなことは、実際上まさに人の生存においては晩年に近くなってからである。このことと思想とは無関係ではないだろう。＊

＊　どういうことを言いたいのかというと、これまでの「思想」は若過ぎるということ、「若書き」であるということ、これは芸術にも、他の科学、学問にも言えることである。確かに若いときにも生存はある。しかしこのとき生存は思想の対象ではなく、まさに生存の渦中にあって、思想として考えることはほとんどない

と思われるからである。

（四）最後に内的存在[*1]について触れておく必要がある。間を飛ばして結論を先に言うと、西洋哲学が同一哲学[*2]を持っているということと、この哲学が世界標準でないということ、そしてそれにもかかわらず、それがなぜ力を持っているかを「内的存在」で説明できるということである。

＊1　内的存在は狭義の不安で、広義の不安には根源的不安と仮象的不安の区別がある。「内的存在」にも、前史全体を指す場合の広義と、前史のなかのそれを指す場合の狭義とがある。本項冒頭の注（＊2）や「大前提」七四頁、注（＊）(二)(三)、図1、図3—1参照。

＊2　同一哲学というのは、哲学では古くはパルメニデスやアリストテレスまで、それ以前では神話の時代（自然を擬人化した時代や、霊魂と肉体が相即不離の関係にあった時代）にまで遡れる。それが新プラトン派（ギリシア最後の哲学派、五二九年まで続いた）を契機として再び一七〜八世紀以降の「存在論」やドイツ観念論で特に議論されるようになった。同一哲学とは、基本的に思考＝存在とする考え方である。それは神を自分の隣にいさせてくれるものであり、自然と人間、主観と客観、自我と非我、個別と一般、自然と神などの間に、共通してあるもの（思考＝存在）を認める立場である。これが重要なことかどうかは、そこに関心を持つ人如何に係わってくるが、神や宗教と無縁ではないことから、決して無視できるものではないことは確かである。表2（個別・一般比較対照表）を見れば一目瞭然と思うが、これら二つのものが同じと考えるのである。なぜ同じかは、その二つのものを結び付ける存在があるからである。ここには次の問いが生ずるだろう。①なぜ二つのものの間を結び付けるものの存在が求められるのか。②それをそうするどんな理由があるのか。③そのことによってどんな新たな展開が期待できるのか——などの三点であろう。ヘーゲルによれば、これらは個別が一般に、存在が思考に含まれると考える。（カンタベリーのアンセルムスの神の存在論的証明と同じ考え方）ヘーゲルは、精神は意識、自己意識、理性と進み、最後には絶対精神となるので、精神は神的存在になることを予定している。この基本的なところでこの同一哲学の考えがあるというこ

とである。これが相当飛躍（現実離れ）した考え方としても関心を示さない人はいないと思う。そこで内的存在に移るが、本書ではこれを内的存在で説明する。それが「前史」である。さらに本書では、この同一哲学自体、アリストテレスにまで遡ってみても、肯定と否定に還元できることを説明する。★この止みがたい志向は結局「神」（または神的存在、超越的存在）と結びつくことによるものであろう。

★　アリストテレスの能動的理性と受動的理性は「前史」で示した内的存在による否定的なものと反対の肯定的なものに対応する。なぜなら否定的―消極的―受動的、肯定的―積極的―能動的であるからである。能動的理性は後の神に通ずると考えられた。

　フォイエルバッハは、存在は思考からは出てこない、思考は存在から出てくるのであるから、思考＝存在は矛盾であることを指摘した。（「将来哲学◎」一一六～七頁）なお存在に神性が与えられて以来、存在に対応するのは精神で、思考は精神の活動であるから、思考＝存在という考え方が生じたとする指摘はその一つ。（アーレント「精神の生活」上、一五六～七頁参照）そしてフォイエルバッハは、存在が思考からが出てくるのは、両者が分裂している場合に限られると述べている。（「将来哲学」一一七頁）デカルトの「神は考えられる、だから神はある」（この心理学的証明があの「私は考える、だから私はある」（四二頁）である。）は後者（存在が思考から出てくること）の例ということになる。ヘーゲルにとっては自明の理であるが、（「小論理学」上、一九六頁）カントは神の存在の存在論的証明においてもそうだったが、「百ターレルの話」（頭のなかの百ターレルと手中の百ターレルと、どちらがより確実かはっきりしている。）で神の存在を不可能とした。（「純粋理性批判」中、二五九～六九頁）なおヘーゲルの思考＝存在は神においてのみ言っていることで、（彼の表現では「神においては概念が存在をそのうちに含んでいる」（「小論理学」上、一九六頁）ことを指し、）というのも「ヘーゲルにおいては思想が存在であり、思想が主語、存在が述語である」（「将来哲学」一一五頁）から。これは「存在は主語であり、思考は述語である」（一一六頁）の逆である。ヘーゲルは、カントの例は「実際あらゆる有限なものの本質なのである」（同）とだけ述べている。ここが「矛盾」（フォイエルバッハ）というわけである。

◎　表題「将来哲学」に関しては一五頁の注（＊1）参照。

もう一点、今回「日本人の思想」を加えたのは、私たちの国の思想に西洋哲学の占める割合が極めて高いこと、思想といえば西洋思想を指している観すらある。そしてこれに対し日本人は全く無防備で完全に受容している状態にある。他の文化、芸術、科学、学問にも同様のことが言える。これではまるで西洋の植民地と変わらない。私たちの国独自のものがまるでないことになってしまう。そこを問うたのが「日本人の思想」である。

「注」（＊、★）に関して（著者、書名、引用頁、出版社名など）は、次の「大前提に入る前に」の最後で詳しく述べる。また「図・表」は巻末に一括して載せた。

最初に

この「最初に」は、ヘーゲルが最後に書いたと言われている「現象学」の序文（まえがき）と同じように「まえがき」を、次いで「大前提」を、そしてその後に書いた最後のものである。少々回りくどい言い方だったが、結論から先に言うと、それは本文の「大前提」（1）と、帯の背の部分に書いた「永遠の継続と現実の狭間で」の前段にある「永遠の継続」つまり不安がどう捉えられるか、それは根源的にかつ直截に、しかも象徴するものでなければならない、ということである。もしこれ以上読むに堪えられないとしたら、私が今から述べることにあると思われる。それは、私たちが日頃より常に最も大切に思っていること、例えば平和、幸福、神、生きること、また哲学や宗教、その他様々な分野やそれらの観念や概念、思想はもとより、信仰、善、快、天国、教義などすべても、この「永遠の継続」つまり不安より生じているということである。哲学を例にとってみよう、それは絶対的なもの、超感性、超経験的なものだったのではなかろうか。宗教を例にとってみよう、それは絶対的な、帰依（信仰）の対象であり、真理である神だった（である）のではなかろうか。それぞれに信頼を置いている人にとっては、私のこの考え方は到底承服できかねる、目を背けたくなるような言葉の連続だったかもしれない。しかしそれらは、私たちが常日頃経験することに基づいていることに、少し考えれば思い至るはずである。幸福を思う前に不幸を、生を思う前に死を、善を思う前に悪を、絶対を思う前に混沌を、例を挙げれば切りがないが、そして安らかを思う前に不安を思い、感じている、ここではそれらを含めて感覚と称しているが、この感覚こそがそれらの共通の前提になっているということである。ところが私たちはこの前提を抜きにした幸福、生、善、絶対を考えようとする。だからそこに矛盾が生じるのである。すでにその端緒は、エピクロス派やストア派（私は本書の「不安」をこの派から起こしているが）よりも前、神々の時代、否人類の最初にあったと考えねばならない。正確には人間が（つまり自然から離脱するために不安と引き換えに）精神を手に入れた時以来と言わねばならない。それが近代に入ってやっと意識され、現代においてそれを思想にすることが求められている。もっとも「思想」云々は私が勝手にそう思っているに過ぎないのだが。時代は、平和で安全な戦争のない世界、健康で豊かな暮らしやすい社会を求めている。その基準となるものが同時に求められるのは必然ではなかろうか。それが「永遠の継続」（不安）であり、その思想ということではないかと思われるのである。

なお、「新・思想としての不安について」で触れたように、次の「大前提」でも主要な部分となっている「内的存在」には面食らう人がいるかもしれない。この本唯一の形而上学的部分であり、最も時間を要した概念である。それを理解するよりも前に、なぜこういう概念が必要だったのか、むしろその方を先に知りたいと思うのが自然なような気がするので、そう思う人はまず全体像をつかむことを望んでおられるのだから、その場合一般の書と同じように「まえがき」から読まれることをお勧めする。

目次

目次

大前提

大前提に入る前に

私がこれから述べようとしていることは、学全体から見ればきわめてささやかなものと思われる。ここには世界観とか宇宙観とか人間観とか大仰なものは一切ない。ごく日常的な知識から得られるものばかりである。ただ唯一例外として挙げられるのが「経験的事実」（「規定」としているもの）と「内的存在」（感覚を感覚させる働き、不安の前身、いずれも後に詳述する）である。この二つだけは本書を成り立たせるためにどうしても必要なものだった。

そしてどうしても、というかつい比較したくなるものにヘーゲルがある。私は「現象学」と「小論理学」、そして「精神哲学」と初期の作品（「キリスト教の精神とその運命」「フィヒテとシェリングの哲学体系の差異」）その他かじった程度の二〜三の書しか読んでいないが、特に前の三冊はいつもどこかで私の考えと重なるか、反対か（否定されているか）、批判されているかのいずれかであって、気になる存在であった。いちいちどこがどうでということは煩雑であるし、そういうことを述べる場ではないので言わないが、いくつかは引用することになると思う。それは「近世哲学の完成はヘーゲル哲学である」（フォイエルバッハ「将来哲学」[*1]）からである。ドイツ観念論（古典哲学）のみならず観念論哲学全体、いや哲学そのものを終わらせたのもヘーゲルだからである。しかし依然として新しい哲学が生れていると反論されるかもわからないが、それは「プラトンの脚注」[*2]と言われるように、過去を引きずっている思考の残滓としての意味しかないように思われる。少し言い過ぎの感はあるが、それくらいヘーゲルの存在は大きかったのである。

ここからは少し私独自の見解を述べるが、そういう偉業を成し遂げた者であっても、やはりどこかで何かを見落としている、または矛盾を冒していると思えることがある。アーレントが指摘し、ヘーゲルもそれ以前に（理性と悟性を区別したという言い方で）述べていることだが[*3]、カントが思考を認識から分離したこと、アーレントはカントがこれに気付いていなかったと述べているのだが[*4]、この場合のようにヘーゲル自身もこれとは逆に、表象と概念を区別しながらも、これらを混同して使っていたことに気付いて（疑いを持って）いなかった[*5]。この二つの混同は特に物事の起こり、その原初である「最初」や、全体の目標（目的）とするものである「真理」においてはなはだしかったように見受けられる。要はその「最初」は何か（それが決まれば真理にも自ずと波及する類の何か）であって、知によるか（認識）、感覚自体によるか（感性）、そこに原因があるように思われる。

＊1　フォイエルバッハ「将来の哲学の根本命題」四二頁、松村一人・和田楽訳、岩波文庫、一九六七年。この表題で他に「哲学改革のための暫定的命題」と「ヘーゲル哲学の批判」の二篇が入っている。本書では他の二篇を含めて、以下「将来哲学」とする。ページ数でどの表題の書か判断されたい。

＊2　アーレント「精神の生活」上、二〇一頁、佐藤和夫訳、岩波書店、一九九四年。「哲学史がプラトンへの脚注の集積」（ホワイトヘッド）であるということ。「西洋思想の中でソクラテス的伝統」を指している。しかしそこに問題の解答を見つけることは難しいとアーレントは述べている。

＊3　ヘーゲル「小論理学」上、一七八頁、松村一人訳、岩波文庫、一九七八年（改版）。同じくヘーゲル「精神哲学」下、一五二頁と一五七頁、船山信一訳、岩波文庫、一九六五年。

＊4　アーレント「精神の生活」上、一七～九頁。（「思考と認識」と「用語集」1参照）

＊5　概念は思惟と、表象は真理という直観の二つから混同が生じているように見受けられる。というのも思惟は「永遠で絶対的なものをとらえる唯一の形式」[★1]だし、表象はその絶対的なものを想起するからである。なお表象はその思惟から概念ともなる。[★2]もし感覚的表象と概念の間に思惟的表象を置くならば、より理解しやすくなると思われるが、こういう図式化にはヘーゲルは否定的である。[★3]なお本書の立場では、表象と概念の区別は規定⑧で片が付く話である。それは「不安は抽象的思考における感性的表象である」であった。不安とXまたはxの円環運動（規定①）を基本に、図3―2の「内的存在」により生ずるものの一つが概念である。その他観念や思惟の産物なども挙げられる。概念の本質や意味はそれ以降の話（つくられた言葉としてそうなる）である。（表2参照）――ということが本書なら説明できるが、ヘーゲルの場合、表象は有と本質までで、それ以降は概念の中に含まれる（概念に変わる）。ここは特に神の叙述とされるところである。（「小論理学」上、二五七～八頁、同下、一三〇頁）ヘーゲル哲学のこの部分は、本書の「規定」と考えると理解しやすいだろう。なお「神の叙述」というのは、本書の不安に当たると考えてそう見当違いではないと思われる。概念として、それが言えるのは神だけだからである。

★1　ヘーゲル「小論理学」上、一〇〇頁。他でも述べているように、真理は不安になるものをモデルとし、そこから想起されたメタファーとしての不安に由来している。（モデルの考え、用語集3の④）まだ不安という自覚がないからメタファーなのである。それが真理とは、規定②のb、⑧⑩⑪などでも説明になるが、ヘーゲルに限ってここでは別の見方をしたい。図2の（1）では、不安は肯定的なものに含意する否定的部分であって肯定を伴っている、むしろ肯定的なものに包まれている。これが真理に変わるのは、否定的部分を含意する肯定的なもの、つまり安らかに変化するからである。表象を概念に変えるより原初的にはむしろ自然だっただろう。ヘーゲルは「精神現象学」で「意識は自らをはかる尺度を自己自身でもっている」と述べている。（上、樫山欽四郎訳、一二一～三頁、平凡社ライブラリー、一九九七年。他に長谷川宏訳、作品社、一九九八年も用いる。それぞれ樫山訳、長谷川訳とする。以下「現象学」）例えば「真理」の表象（この表象が何かを本書は述べているのであるが）が自らになかったら、こうは言えなかったろう。ヘーゲル哲学は「神についての人間の意識は神の自己意識」であり、これが人間の思考が神の思考に通ずる考えへと発展する（『将来哲学』四八〜九頁参照、後段は私見）。従って神の表象（思考）はそのまま人間の概念（思考）になる。なお、これらが旧約聖書に由来している点も指摘できるが、ここでは創世記（第一章―二七）や三位一体の二点を挙げるに留めたい。（『小論理学』上、一三〇頁、一五二頁参照）これが経験的事実からも指摘できることは先に述べた通りである。他方、概念からの指摘は次の通りである。ヘーゲルは「意識は、あるものを自分と区別しながら、同時にこのものと関係している」（『現象学』上、樫山訳、一一一頁）と述べている。（ヘーゲルが真っ向から批判しているラインホルトの根元哲学の最初、それは「表象は意識のうちで表象されるものと表象するものから区別され、その両者に関係させられている」という命題であらわされている。（ヘーゲル「理性の復権」山口祐弘、星野勉、山田忠彰訳（本題「フィヒテとシェリングの哲学体系の差異」第四章、注（44）一七五頁、以下「差異」）これに対して本書の規定①は「不安には、それを引き起こすものと、それが引き起こすものとがある」であった。これらは偶然の一致だろうか？　これらは同じことをそれぞれ違った仕方で表現しているだけである。同じこととは、主観と客観に関係したことで結局、対象と知（概念）、存在と本質（思考）の問題に行き着く。）この説明にヘーゲルは八頁（樫山訳）も費やしている。なぜこのことに長々と説明しなければならなかったのか？　この箇所を簡略的に述べると次のようになる。対象があって、それを第一（最初）の知とすれば、その知についての知が第二の知である。[◎1]前者が有、後者が本質と呼ばれる。対象本体の知られていない部分を含む全体を真理と呼ぶ。これらは意識内で生ずることなので、対象の知と本質の一致（照応）は、自らの意識が尺度となっている、ということである。[◎2]これらは（上述の通り）ごく当たり前の話なので、私はこれを言わねばならない特別の理由があるのではないかと考えた。理由は次の関係事から生じているように思われる。①真理と認識知②物自体（カント）と悟性認識③真理と弁証法的運動④①〜③に類するその他のもの。読者は後に続く弁証法的運動（理由の③）と思うだろう。ここでは差し当たり①は自明で②と④はあえて省略したとしたことにしておく。これも規定①

で解決できることである。なぜならその対象（自体存在、真理）がどこからもたらされたのかを、ここでは一切述べていない、つまりそれがもたらした当のものだということになるからである。譬えを一つ。私が相手から悪口を言われたり、何の理由もなくいきなり肩をど突かれたりされたとしよう。この仕返しの場面としては、私は相手に（それ以上の言葉で）言い返した、または私は相手を殴り返した、と言うのが通常であろう。他方こういう言い方を耳にしたことがまれにあるのではないか。それは、私に相手は言い返された、または私に相手は殴られた、という言い方である。これには三つの意味があるようである。①懲罰的②婉曲的③優越的（一般には②、ここでは①と③が有力）で、いずれにしても自らを優位の立場にするという意味合いが強い。これはまるで、私に相手を言い返した、または殴ったという言い方に受け取れるということである。この者の絶対的な権利によって相手を言い返した、または私に相手を言い返させた、または殴らせた者がいて、その者によって、その者のことに関しては問答無用、つまり神の言（言葉）である、ヘーゲルの言葉では「演繹や証明は不可能」だから読者に「認めてほしい」（「小論理学」上、一〇三頁）、言い換えると「認めてもらわねばならない」論理を話しているのだ、ということになるのである。

★2　ヘーゲル「精神哲学」下、75節（一一二～五頁）。

★3　ヘーゲル「小論理学」上、二〇～一頁。「現象学」上、樫山訳、六八～七〇頁。なお感覚的表象と思惟的表象については「小論理学」上、一〇四頁と一二〇頁参照。

◎1　対象の第一の知とそれ自体についての第二の知の関係に、ヘーゲルは必然性を持ち込む。（表1、図5）実際は表1の①にあるように対象の「Xがある」は、②で「不安がある」を含めて自覚されない。③に入って不安は「x1である」という自覚が生ずるので、はじめはこの「である」である。つまりヘーゲルが言っている「真理」は想定されたのであり、（本書も想定であるが、本書はそれを明記している。）その根拠は、本書で言う感覚的部分だがそれには全く言及がない。ヘーゲルの「必然性」は本書で言う無自覚の部分を指している。表1の①と②である。その内容は上に述べた通りである。ヘーゲルはこの表象（感覚的表象）を持っていた。しかしこれを「必然性」と捉えた。なぜ必然性を持ち出したのか、その不安に対応するにはもはや必然しかない、しかも常に（信仰の教義に知悉している）彼の頭にあっただろう、神の観念が必然性を後押しした。（「小論理学」上、一五二頁）それだけではない。直観（知的直観、宗教の啓示）である。それが難局を乗り切るのに有効に働く、これらは「必然性」を介在させることで、まさしくそれが神通力となって真理（存在）と知（本質）の関係を一挙に片付けてしまった。なおここにはカントの「先験的統覚」（意識一般）である「私は考える」（＝思惟）の前提と共通するものがあることを付記しておきたい。（「モデルの考え」二三二頁、注（＊1）参照）

◎2　このことと規定①との関係はこうである。最初の知が「を」引き起こすものであり、第二の知が「が」引き起こすものである。つまり前者がX→不安、後者が不安→xということになる。（表1―図5の内実参照）なお尺度に関しては、規定そのものがそうであるということ、例えば規定②③⑦など、ちなみに意識はこのサイクルの中心にあって、通常意識されることはない、不安は意識される。ついでに弁証法的運動で言っている否定は論理学的に、また言葉の上では必然のように言われるが、これは理由としては弱い、不安はその点で否定を含んでいる（正確には肯定的なもの（肯定）に含意する否定的（否定）部分―図2（1））ので理由として優っているし、はるかに理解しやすい、ということを付記しておきたい。

▼　この第一の知は「ある」の知、第二の知は「あるについて」の知である。つまり前者は存在、後者は思考（本質）とみることができる。これが主観と客観の辿る道である。さらに第一の知は廃棄されたのではなく引き継がれている。必然性は第一の知に何を持ってくるかで、それ以降のあり方が決定づけられる。もし第一の知に絶対者を置くなら、それ以降の思考（思惟）もその思考とするだろう。こういうことが生じる最大の原因は、知ることと考えること以前にある感覚は止揚される存在という位置づけのためで、それ自体（感覚）の深い探求には至らず、知（思考や本質、概念など）にもっぱらの対象が移ってしまうからである。規定①は文字通り感覚からはじめようとするもので、真理はもとより必然性も絶対者も持ち込む必要はない。

概念とはヘーゲルによると、思想と同様思惟規定とみなされるから、表象を思惟規定したものが概念ということになる。ところが「意識」の最初、意識の前にある有（あるという他言いようのないあるを指す）は、そういう表象というしか言いようのないある（有）という言い方でしか表現できないものである。他で言っているように、それは「直接的な無規定」の有ということである。「それを感覚することも、直観することも、表象することもできない」（小論理学）[*1]そういう代物を有と呼んでいるのである。確かに概念化されている、ただし、その有という表象において（彼自身の表象によって）。最初は表象からはじまるのである。[*2]注意しなければならないのは、ここでは「表象」という言葉を使っているが、一般的な意味での表象（感覚的表象）を意味しておらず、これはその表象を概念（思惟規定）で説明しているということである。[*3]つまりこれが表象と概念との混同である。では感覚的表象として表現できるのかというと、それはできない。（現象学、小論理学）であるなら、これを区別して言いあらわす表現の仕方があるのだろうか？　それが「推論」の仕方で、しかも想定という形であらわされるものである。端的に言ってヘーゲルのは一般的な表象と概念の中間を説明しているともいえるが、（この前の注（★2）の「精神哲学」下、75節参照。）ここで言う表象の方は説明されていない。他でも述べているようにヘーゲル哲学には思想全体を思惟で一貫する余り感覚の介入を徹底して排除していることに特徴がある。従ってすべてが思惟規定で感覚的表象から切り離されて、概念だけで説明されることになるが、[*4]それを表象からスタートしたと言うのなら、混同が最初から、この時点からすでにあったことになる。[*5]感覚の表象のない（という比喩のない）概念や思想というものが果たして成立するものなのだろうか。フォイエルバッハはヘーゲルになかった「発生的=批判的哲学」でそこを突き、批判している。[*6]

＊1　ヘーゲル「小論理学」上、二六四頁。
＊2　前掲書、六一頁。
＊3　フォイエルバッハは、ヘーゲルの言葉を引用して『存在は、直接的なもの、無規定なもの、自分自身に等しいもの、自己同一なもの、区別のないものである。』しかし、ここには直接性、無規定性、同一性の概念が前提とされていないだろうか」と述べている。（「将来哲学」一四四頁）
＊4　ヘーゲルは「真理は概念の領域にしか存在の場をもたない」と述べている。（「現象学」長谷川訳、四頁、概念に関してこれに類した言葉は三七頁、四六頁などにも見られる。）この「表象」については、「モデルの考え」と「用語集」3の④参照。
＊5　他方、フォイエルバッハは本項注（＊3）と同様ヘーゲルの言葉を引用して『存在は無に移行し、存在は直接その反対物のうちに消失する。両者の真理はこうした直接的消失の運動である。』ここには表象さえ前提されていないだろうか。消失とは概念であろうか。むしろ、それは感性的な表象ではないか。『成は不安定であり、存在と無の不安定な統一である。定有は安定に到達した統一である。』ここには、安定というようなきわめて疑わしい表象さえ前提とされていないだろうか。または、少なくとも、受け入れられていないだろうか」（「将来哲学」一四四頁）と述べている。なお本項注（＊3）のヘーゲルの言葉とは「大論理学」（上の一、七八頁、武市健人訳、岩波書店、二〇〇二年）から、また同じく注（＊5）の前段の文章は「大論理学」（七九頁）、後段は「小論理学」（上、二七四頁）からのもの（いずれも要旨）と思われる。
＊6　フォイエルバッハは「哲学は、ヘーゲルにおいて（本質的なものと、非本質的なもの、表象や感性などの固有な形式がつけ加えるものとを区別するために＝引用者）たしかに批判的な意味をもってはいるが、しかし発生的＝批判的な意味をもってはいない」（「将来哲学」一六六頁）と述べている。その「発生的＝批判的」な哲学とは何か、「主として、以前は第二原因と呼ばれていたものを自己の対象とする」（同、一六七頁）ものので、「第二原因」とは「発生的＝批判的哲学の基礎である自然的な根拠および原因」（同、一七六頁）である。ちなみに第一原因とは「経験的にだけでなく、形而上学的にも、すなわち哲学的にも把握されるとき

にのみ、真に把握される」（同）ものとしている。なお、フォイエルバッハは「キリスト教の本質」（船山信一訳、岩波文庫、一九六五年（改版））では、メランヒトンの「罪の原因に関する研究」――「神学の教えに関する研究」より「『第一原因は自然的原因なしに且つ自然的原因に反して全く多くのことをなす。なぜかといえば第一原因は自由に活動する存在者だからである』」（一部抜粋＝引用者）を引用している（下、二三二頁）。「神の摂理」としては第二原因を通してもまた通さなくてもなすことができるのである。発生的＝批判的哲学とは、第二原因に基づいて「もっとも厳密に主観的なものと客観的なものとを区別する哲学である」（「将来哲学」一六七頁）。ヘーゲル哲学が神学と共通点をもっていることはここからも言えるだろう。

この区別は一方が感覚で他方が思考にそれぞれ属するとすると一見当然のように思われるし、ヘーゲルの基本的な考えとも合致する。（本書とは反対だが後で説明する。）他の著作の部分を単純な考え方で批判するのはそれほど難しいことではない。恐らく多くの著作で、これと似たことは行われているだろう。ただ、感覚―感性―個別―特殊という図式がしっかりと固定されていると、どうしても思想の概念の部分、下支えするもの、低次のものという考え方に支配される。「哲学は、その本質からして、特殊な事例を内にふくむ一般論として語られる」[*1]と述べていてもそうなのである。つまりこの区別は彼の思想の前提となる、決して疎かにできない思想なのである。私はここを問題にした。そして、それを彼の最大の批判的読者であるフォイエルバッハが次のように述べている。「理念の実在性は感性である。しかし実在性が理念の真理であるから、感性こそ理念の真理である。（中略）思想に、自己を実現し、感性化する要求が生じるのは、実在性、感性が、思想とは独立的に、無意識的に、真理として思想に前提されているからにほかならない。思想は感性によって自分が真実であることを実証する」と。[*2]

感覚が自己発展する。ただし「内的存在」を伴って。私は奇を衒って言っているのではない。主観と客観、主語と述語、主体と客体が逆転（転倒）することはいくらでもある。しかしそれが通常生ずるものなのか、特殊かということになると一概に言えないだろう。だから「規定」たるものがその前提としてあれば、その規定に適うものとしてなら妥当性がある、となるわけである。「論理として一貫している。真理」と決め付けることは神でもない限りありえないことである。

＊1　ヘーゲル『現象学』長谷川訳、一頁。
＊2　フォイエルバッハ『将来哲学』六七頁。この文章は本書では何度も取り上げられる。

私が「真理[*]」に対してらいを感じるし、また面映い思いを抱くのは事実である。「真実」ですらそう感じできれば用いたくない言葉である。

そこで私が考えたのは先の「規定」である。例えば発熱、喉の痛み、咳が風邪の症状であるように、「規定」が一つ、あるいは複数で説明できるものであれば、それは「真実」に近いもの（公認に値する、公認に事実上ある）と見ることができるだろう。こういうところに心を砕くのは、先述したように「真理」や「真実」というものに対する見方にある。

＊「論理学」でいう「真理」は真か偽か、肯定か否定か、の判断の一つに過ぎない。ここで言うのは論理学上のものではなく、日常語の使用側からのものが規準になっている。「経験」や「事実」に相応したものと考えている。ところで、ヘーゲルにとって真理は独特のもので非常にわかりづらい。真理は主体として理解され、表現されるものであり、知から区別されそれ自体としてあるもの、また全体も真理と呼ばれる。（「現

象学」まえがき、はじめに［序論、緒論］）しかし本書で述べている「規定」は、私たちが考えを巡らせば必ずといってよいほど思い当たるもので、少々難問かな思うことであっても割と短時間で自覚できるものがその内容である。そういう一つか複数の「規定」によって、対象としているものの理解が得られれば、それは認識可能なものだということがわかるわけで、それがすなわち「真理」や「真実」とは断言できないが、それらに準じたものであることが明らかになったということではないかということである。

おしまいに、ヘーゲルが自分の哲学に感性的なものを介入させなかった理由に、表象と論理を結びつけることが哲学の理解を妨げていると考えていることが挙げられる。むしろ感性的なものは概念に変えねばならないのである。[*1] ところがこういうことを言うと語弊があるかもしれないが、その概念を束ねるのにさらにその上を行く概念を考えているだろうか？　確かに内包と外延で説明できることもある。[*2] それでも概念にできないものはどうするか、である。感性的なもののままにしておく他ないのではなかろうか。[*3] 個々の概念はそれぞれ個別の表象から発展、変化したのかもしれないが、それらの個々の概念を束ねる概念にも（それらの上位を目指した）表象があったのではなかろうか。（例えばプラトンのイデアのイデアのような。このような場合、何が表象されているか、である。[*4]）。

＊1　「イメージを手がかりに思考を進める一般人にとっては、概念によってイメージが中断されるのは面倒なことだし、非現実の思想のなかをさまよう形式的な思考にとっても、概念を追うのは厄介に思えるだろう。一般人の思考習慣は物質的思考とでも名づけるべく、偶然目の前にある素材にひたすらのめりこんでいくような意識であって、たしかに、そんな意識にとっては、素材から自分のすがた（概念）を純粋に引きだしてきて、そのもとにとどまるのはむずかしい。」（ヘーゲル「現象学」長谷川訳、三八頁）

＊2　不安は物質のように、その概念を適用できる外延と、その本質の内包に分けることが難しい対象である。

（試みにその概念があると仮定してやってみればわかることだが）しかし不安はまだ概念になっていないとすれば、その理由は見えてくる。概念に先立つ表象が概念にならず残っていると考えると、その表象はそのままのはずである。これが表象とは別のあるものを概念に変えたという錯覚（両者の混同）につながった。そのあるものが別項で述べるモデルというものである。このモデルが概念に変わらず残っている表象である。

＊3　不安は概念に変えることが難しいことは、これまでそれをそうしたと明確に言った者がいないことからでもわかろうというものである。（キルケゴールに「不安の概念」がある。本書「まえがき」九一頁、注（＊）参照）であるならどうしたであろうか？　ヘーゲルの場合、それは感覚的表象において「形態」として捉えられた。「不安になるもの（不安としてのもの）」（メタファーとしての不安）がそれで、同様にして「不安そのもの」（不安のメタファー）は「状態」として捉えられた。そして思惟的表象がそれらに関係するものとして考えられた（図3―2）、というのが本書の見立てである。（「モデルの考え」と「用語集」3の④◉関連する表1と図3―2について参照）しかしいずれにしてもヘーゲルは、不安の表象をしっかりと保持していたということである。

＊4　先のフォイエルバッハ「将来哲学」六七頁の他にこうも述べている。「現象学の始めに見られるのは、一般的なものである言葉と、つねに個別的なものである事物との間の矛盾にほかならない。そして、言葉だけをより所とする思想はこの矛盾を越えることができない。しかし、言葉が事物ではないように、また言われた、あるいは考えられた存在も現実の存在ではない。もしだれかが、ヘーゲルにおいては、この場合のように、実践的立場で存在が論じられているのではなく、ただ理論的立場で論じられているにすぎないと異議を唱えるならば、ここでは実践的立場こそ全く所をえていると答えることができる。存在の問題はまさに一つの実践的な問題、われわれの存在が関係している問題、生死の問題である」（五八頁）（傍線引用者）と。忘れてならないのは、しかも決定的なのは他でも引用している次である。「ひたすら或る対象の存在が問題となるときには、私はただ自分だけに相談するわけにはいかず、私とは違った証人に尋問しなければならない。この思考者としての私とは違った証人が、感官である。」（五三頁）本書の表象とは物や感覚のそれであ

る。思惟自体に関係するものを表象とするのはヘーゲルの場合であって、本書でそれに当たるものは「前史」における想定ということになろう。

◉本書の立場の簡単な説明

これもヘーゲルと比較することで本書の立場はよりはっきりするだろう。ここでは哲学を代表してヘーゲル、そして宗教、本書の順に立場の違いを例を出して説明したい。イエスが水をブドウ酒に変えたとしよう。（ヨハネによる福音書第二章一―一一）これは正しいか、それとも誤りであろうか。ヘーゲルなら正しい、宗教でも正しい、本書は誤りと考える。この説明は以下の通りである。ヘーゲルは、ある考えはそれとは別の考えに変えられる比喩と捉えるだろう。宗教は信仰であるからには、言葉と表象は一致すると考えるだろう。本書は比喩としてもものや感覚の伴わない表象は事実上ありえないと考える。ヘーゲルは、内面を徹底して掘り下げていくと地下水脈にぶち当たる、この水脈は神につながっている、これが思考（思惟）である、と考えている。（なおヘーゲルは、比喩でもこんな感覚的表象は用いないだろう。）宗教は、だから奇蹟を信じているのである。本書は、経験になかったことは実際上ありえないものと考える。現実に起こった問題は現実の中で解決を図るものである。哲学や宗教に求めるのはどう譲歩しても参考程度にしておくべきと考える。ただこの二つが絡んだ問題（実際はこのケースが多いのだが）の場合、どうしても二つの考え方を検討して精査しないわけにはいかないだろう。この場合にのみ二つは求められる。以上三つの立場の簡単な違いを述べた。

〈注（＊、ただし＊の注の場合★、さらに★の注の場合は◎であらわす）に関して〉

初出の際に、著者名、書名（翻訳書の場合、書名の後に引用文の頁数と翻訳者名、同一書名で異なる翻訳書がある場合、引用文の後に翻訳者名と頁数を入れる）、出版社名（文庫、新書の場合、文庫名、新書名、全集の場合「全集」と入れる）、出版年（初版、改訂版があればその年を入れる）の順、書名が長い場合は略称とし、以降それを用いる。引用が本文である場合の「注」は原則以上の通りだが、「注＊」のなかでの引用「★または◎」は出版社名と出版年は略す場合がある。その他、文中の［ ］は、その後追加した文章、また［A8］や［Ⅳ3］は、その記述のあるノートの記号である。単に［15.6］などとあるのは、メモ帳の年月で日は略した。

大前提

1

思想とは何か、まずそこから譬えを用いて説明しておこう。建物には地上部分と地下部分があるが、思想とは両方を併せた建物全体を指している。地下部分（基礎部分）がしっかりしておれば、大きな地震に見舞われても簡単に崩れたりはしないだろう。私がこれからやろうとしているのは、この建物の地下部分を含めた全体であって、「思想」というからには、この全体を見据えた上で論を進めるというごく当たり前のことをしようというのである。

ところが地上部分は見えているところで、色々判断の材料にしやすい。他方地下部分は見えないので余り関心が持たれない。どこまで掘り下げて何本杭を打ったとか、どんな構造になっているとか、余り言わないものである。「免震構造」だとか「耐震構造になっている」とか、その程度のことである。

思想には感覚の占めるところが大きい。ところが感覚は昔から不人気である。プラトン、アリストテレス、カント、ヘーゲルなどがそうである。逆にバークリー、ロック、ヒュームなどはその価値を認めている。この感覚が建物でいう地下部分であるのである。人はその華々しい地上部分だけを見て、面倒な地下部分を見ないで思想と言っているのである。この地下部分を私は「経験的事実」に求め、そしてこれを「規定」と呼ぶ。上述したように、この部分は「感覚」が大きな領域を占める。（「規定」一覧参照）思想は建物全体であるが、まず地下部分（規定）から始める。どんな建物も地下部分（基礎）をしっかりつくってから、地上部分に移っていくだろう。[*]

＊ デカルトは「方法序説」のなかで「リュクルゴスの立法」で知られるスパルタの繁栄について書いている。その法律の一つ一つがすぐれていたのではなく、ただ一人の手ですべて同一の目的に向かってつくられたのが幸いした例として挙げたものと見られる。（一七二頁、野田又夫訳、世界の名著27、一九七八年）共著というのがある。その一つ一つはすぐれているかもしれないが、その目的が全体として一貫していないとか、ぼやけているといった書はめずらしくないものである。なお自戒を込めて、表題がそうだからといって心理主義（者）のように「心理学によってすっかり基礎工事をする」（ハイデッガー「形而上学入門」一九七頁、川原栄峰訳、平凡社ライブラリー、一九九四年）ようなことがあってはならないだろう。

2

「規定」は全部で十六あるが、ここでは三つについて述べる。途中出てくるものはその都度括弧内に記す。「規定」は次のような意味である。「思考を巡らせば誰もが経験しているとみなされる事柄で、事実として言葉で言いあらわされるもの」で、少々抽象的だがこの本の「大前提」と言えるものである。

a　存在は到る所にあり、不安はそこかしこにある。（規定⑨）

b　思考は感覚（不安）に追随し、かつ思考は感覚をつくりだす。[*1]（規定⑤）

c　不安には、それを引き起こすものと、それが引き起こすものとがある。[*2]（X→不安、不安→x）（規定①）

cだけを見ると、何か当り前のことを述べているように思えるかもしれないが、これは以下に関係があるので決して疎かにできないものと考える。関係するのは①神②記号論（学）③主体と対象④意識、自我⑤私（自己同一性、義務、自我との関係）⑥思考、理性など。また大きく分けて言葉と感覚の区別（規定④）にも関係する。「不安には……」を「言葉には……」、また不安を感覚として捉えて「感覚には……」という言い方でもこれは成立する。詳しくは後述する。一つだけ挙げると②記号論（学）に関しては語用論、意味論、統語論（シンタックス）のうち語用論と意味論に、また「意味は使用である」とする日常言語学派[*3]の考えとも関係する。以上から、不安を思想にする何か道標でもあるかと言えば、まだよく見えてこないのではないかと思うが、今は先へ進む。

＊1　これはまた規定①と⑦に関係する。思考は不安のサイクルの矢印（↓）上にある必然的な働き（能力）である。思考に感覚（不安）を伴ってある思考があり、同時に思考に伴ってある感覚（不安）があるのはそのためである。（「規定」一覧、前史、内的存在、図3―1、2、図5など参照）

＊2　例えば不安の最中に「私は不安があることを知っている」という表現は成立しない。なぜなら「私」が介入しているからである。この「私」と永遠の継続から神の存在を想起させる。「永遠の継続」（この意味は不安の前にあってそれがいずれ不安になり、以後誰にも継続してあること）とは「不安」を象徴している。不安は無自覚から自覚へ、より自覚（知覚）へと進む。[A.9.261〜6]

＊3　本書では「規定」①により言葉・意味／使用（用法）の立場を取る。[A.9.253, 256〜8]

単なる存在から上位の存在（普遍、一般）への展開には知的な能力（一般的には理性や思考を指すことが多い）が絡んでいると考えられている。これに対し感覚は[*1]、哲学（学全体といってもよい）がその端緒として評価しているものの、その中身においてはせいぜい材料や素材としての意味しか与えていない。他方で感覚を認識（思想）の根底に据えるものもある。[*2] それ以上は知的なものの存在が関与している。直知（直接的知識）、直観（非感性的なもの、知的直観）などもそうである。これが従来からの（踏襲されてきた）一般的な考え方である。こうした考え方の違いはどこにあるのか？　本書では「規定」（例えば②④⑤⑥⑨⑬）でも述べているように、感覚は知覚へ展開することによって、知的なものを自ら関与させていく。（知はそういう過程に生ずるもので、その端緒は感覚にある。それを左右するのが「内的存在」の存在である。）

＊1　もちろんある程度の評価はした上でのことだが、感覚とその意識のごときは「なにごとについてもそれのなにゆえにそうあるかを語らない、……［事実］を告げるのみ」（アリストテレス「形而上学」上、二四頁、出隆訳、岩波文庫、一九五九年）である。「思想内容から言えば、実際最も貧しく抽象的な意識である」（ヘーゲル「小論理学」上、二六一頁）といった有様だ。

＊2　例えばヘーゲルは「すべてのものは感覚のなかに存在している」（「精神哲学」上、一五七頁）と述べているし、また「思惟のうちになかった何ものも感覚のうちにはない」（「小倫理学」上、七四頁）とも述べている。なお、後者の逆の命題はヘーゲルによれば、アリストテレスの言葉（「感覚、経験のうちになかった何ものも思惟のうちにはない」）だとも間違って言われているとのことである。しかし「第一の哲学」（形而

上学）は「主として非感覚的な存在を研究するもの」（アリストテレス「形而上学」上、注（8）三八六頁）でほとんど一致している。哲学とは「形而上学」のこと（ハイデッガー「形而上学入門」三七頁）だから。ただ、私は特別視するわけではないが、私と考え方で共通するフォイエルバッハの次の言葉を紹介したい。「思想は感性によって自分が真実であることを実証する」（「将来哲学」六七頁）。これはヘーゲルにとって最も受け入れられないし、一部の例外を除き哲学としても同様、斥けられる言葉だと思われる。

これに対して、本書では①「実体」としての存在、②「存在」としての存在、③「実在」[*1]（現実）としての存在に分類し、①②を従来の考え方、③を失念された（これまで考えの十分及ばなかった）考え方と捉えた。

確かに①②に知的なもの（理性、直観、直知）、宗教的には啓示のようなものが関与しているように見える。だから次のｂの「規定」がａの条件に加わることで、別の様相を見ることになる。それはｂはｃの前提条件であるということである。二つを総合して述べると、①実体は「驚異」[*2]が、②「存在」は「畏怖」が、③「実在」は「不安」が端緒であり、（「規定」ｂ適用）それぞれは哲学、宗教、現実[*3]（生存）が担っている。

＊1　まず「実在」に関して、誰もがこの言葉から連想するのは、実際あるもの（こと）を指しているということである。（一）（一）の背後にある真実在。ところがおよそ二通りの考え方がある。（一）私たちの意識から独立してある客観的なもの。（二）（一）においては唯物論、（二）においては観念論というまるで逆の意味になる。（二）は観念そのものである。実在論は（一）においては唯物論、（二）においては観念論というまるで逆の意味になる。（二）ではプラトンのイデア、中世の普遍論争や唯名論などで知られるが、（一）はごく常識的には冒頭で述べた実際あるもの（こと）、つまり（一）を言うのが普通だと思われる。（二）からは超越的なもの（超感覚［感性］的、超自然的、超

人間的）を認める立場になる。本書では物体から一般に知られる霊魂や神、精神、心、知的なものなど事象事物を実在と認める。実際「感覚に求められないものは何もない」考えから「経験的事実」の立場を取る。なお、実在を（イ）事実、非事実を問わず、論理的可能なもの、（ロ）事実可能なもの、（ハ）実際あるもの、事実としてあるものに分け、（イ）を①実体、（ロ）を②存在、（ハ）を③実在として扱う。他方「実在（現実）」という表現の仕方だが、次のように使い分けているので挙げておきたい。哲学★、宗教と並べられるときは現実（生存）、実体などと並べられるときは実在（現実）［今回のケース］、生存に重点を置くときは、生存（現実）、不安に重点を置くときは、不安（生存）（現実）、生存と不安に重点を置くときは、生存（不安）、と。

★ 哲学は今日、科学、文化、芸術の源にある西洋思想であるから、哲学はこれらをも指していることを付記しておきたい。

＊2　アリストテレス「形而上学」上、二八頁。プラトン「テアイテトス」五〇頁、田中美知太郎訳、岩波文庫、一九六六年。

＊3　現実（生存）については「実在（現実）と生存との接点とそれらのライン」として後述する。

そして「規定」cにおいて思考や自我（意識も）がX↓不安、不安↓xのサイクル上にあらわれるということである。こういうと、では『私』は実際は存在しないのか」（仮想のものか）とか「意識、自我、思考とは実体ではないのか」とかいう疑いを持たれるかと思う。「自己同一性」(identity)は、社会通念上なくてはならないものの一つである。これがなければ様々な契約も、犯罪の立件も、法も、約束事も成り立たなくなる。しかしすでに確立したそれらの意味は不変だろう。そう誰もが認めるものは公然と「真理」とされるからである。では、これは異説、異論（私論、自説）の類か？

生存[*1]living、現実[*2]realityは自明なものとされてきた。建物の譬えで言うと杜撰な地質調査で基礎工事が行われたようなものである。大きな揺れで崩壊する恐れがあるが、思想（言辞だけの）ではその恐れはないから、誰もが思っているように思われているということだろうか。本書では、その不安を思想にすることで実在（現実）―生存livingとの接点とそれらのラインを明確にしようというものである。

＊1　例えばマルクス、エンゲルスは「すべての人間史の第一の前提はもちろん生きた人間的個体の生存である」と言っている。（『ドイツ・イデオロギー』二四頁、古在由重訳、岩波文庫、一九七八年（改版））
＊2　理想に対する現実realityの意味で、可能性に対するものとしての現実性actualityとは違う。

実体、存在、実在の区別は「内的存在」の設定なしには説明できない。それを説明するには別の「規定」を持ってくるしかない。それは「感覚は無自覚、自覚、知覚の順に進む」（規定⑥）である。不安の前身は無自覚の不安である。これを「内的存在」と規定する。この「内的存在」から実体、存在、実在が生ずる。これは「思考は感覚（不安）に追随する」（規定⑤）から説明される。

4

◉なぜ、生存（不安）に思想の手が及ばなかったのか？

生存といえば、私たちはすぐに働くこと「労働」を思い浮かべるほど、生存―労働という図式が条件反射のごとく「自明のこと」のように考えている。[*1] 果たしてそうなのだろうか？　このことがａ（規定⑨）と絡むところである。[*2] 生存は本書ではlivingであり「生きること、生きていくこと」と考える。他方一般にはlifeであり、生命や生活としての意味で考えられている。

なぜ生存livingなのか、なぜ生存を思想としなければならないのか（不安の思想化の一通路として、生存の思想が考えられているのだが、先にも述べているように「本書では、その不安を思想にすることで実在（現実）―生存livingとの接点とそれらのラインを明確にしようというものである。」）、ここを押さえておくことが（今は存在を考える上で非常に重要であるということしか言えないのだが）、今後の展開において不可欠なのである。

というのは不安―生存の不在が、他の哲学、宗教に向けられたからなのである。つまり生存―労働が哲学、宗教への強力な視線になった。その要因は「存在」の過度の強調にあるというのが本書の立場なのである。支配する側から言えば、生存―労働に縛り付けられるわけである。

マルクスがヘーゲルの主と奴、支配と被支配、階級間の闘争として展開した思想の源にドイツ観念論（古典哲学）、フランスの唯物論（フーリエ、サン・シモンら社会主義）、イギリスの経済学（アダム・スミス、リカード、オーエンら古典経済学）の援用があったことは周知のことである。だから人（学者、教育者）が存在にうつつを抜かす間、支配者は着々とその支配の拡大を図れるわけである。存在への個人レベルの驚異や畏怖は支配に影響を与えない。むしろこれらは個人を支配される側に仕向けることを可能にする。（王権神授説のように）しかし不安（生存）から目を逸らす必要がある。哲学、宗教はその役割を担った。支配者にとって都合がよいからである。このようなもの（哲学、宗教）にうつつを抜かしてくれている方が、支配者としては安心していられる、というわけである。「余りに自明なものと考えられた」（これは生存が労働に置き換えられたことにより、意味が限定された結果によるものと言える。[*3]これが余りにも当然のごとく広く受け入れられたためである。）私が論じようとしているのは「生存の思想」（この言葉は他でも使用しているが）ではなく、それと密接な不安を思想にすることにある。不安不在の哲学や宗教、あるいは労働[*4]や生の思想、生命科学などに対抗する思想にすることとである。

＊1　マルクス、エンゲルスは「生産力および自分自身の生存とつながっている唯一の連関すなわち労働」（「ドイツ・イデオロギー」一〇二頁）、また「生活条件すなわち労働は、したがってまた今日の社会のいっさいの生存条件[★]」（同、一一八頁）と述べている。

★　生存条件（Existenzbedingungen）の生存はExistenzが、また生活条件（Lebensbedingung）の生活はLeben（英語のlife）が、前者では実存（存在）、後者では生命、生の哲学Philosophie des Lebenの意で用いられるから、私の言う生存livingとは異なる。力点は「意識が生活を規定するのではなく、生活が意識を規定する」（同、三三頁）にある後段の「第二の見方」にある。「すべての人間史の第一の前提はもちろん生きた人間的個体の生存である」（同、二四頁）としながらも、生存を生活や労働として捉えることは、生存の「生きること、生きていくこと」の意味をそれらに限定することになる。これは当時の資本と労働の分離という歴史的背景を考える必要があるが、私の言う生存はすでにこの時代には意味が今日のように変質していたことを思い起こさせる。もはや生存を生活や労働としてしか考えられなくなったということ、それだけ生存は思いのままにならないで、不自由になっているということである。今の労働は労働時間やその対価として賃金ばかりでなく、労働者の一挙手一投足にまで管理の手が伸びいわば息苦しい環境に身を置くことを余儀なくされている。これがどういう形で表面化するかは、今後半世紀も経ずして出てくるだろう。生存が労働に転換され、その労働の中身が虫眼鏡で見るように事細かく検証される。これは利益になる、これは利益と結びつかない、などすべてが算盤尽くになってしまう。生存の意味がここで再び問われるわけである。不安を思想にする必要はここにあるのである。だから生存livingは生産や所有、生活といったものと結びつけられる労働としてではなく、不安の一通路として、思想として考えようというのである。なお、私のこの考えに対してマルクスが「ドイツ・イデオロギー」の序文（一六頁）で述べた「重力の思想」に取り憑かれた人々を「改悛」させたいと努力した人［フォイエルバッハ＝引用者］に対する揶揄と同様の思いを持たれたとしても、それを私はあえて甘受するつもりだ。

＊2　では、なぜ不安（生存）を考えるのか、それが言い古された生存―労働をどう変えるのか。この生存―労働観（現代のと言うべきか、そうと理解できるのは）、古くはユダヤ教の始まりまで遡れる。[★1] 古代ギリシア、[★2] ローマ帝政時代[★3]を経て、中世の「義務」[★4]、近代の「賛美」[★5]と少し変化はしてきているが、一貫して生存―労働観は強固になったように思える。支配者側から見れば、これは当然のことで、個人が自らそう考えて行動するなら、これほど好都合なことはない。

★1　それは旧約聖書にある原罪説によるもので、創世記の第二〜三章に詳しい。創造説とも関係する。この創造説の始まりもユダヤ教である。[◎1] これと労働がどう関係するか、後の注（★3）で述べるが、キリスト教の出現によって明白になる。

★2　アテネを中心としてポリスの時代、労働を一手に引き受けていた奴隷がいた。（ローマ時代、その扱いは苛烈を極めた。）「前五世紀のアテナイでは市民一二万に対して奴隷は八万〜一〇万、前一世紀のローマでは市民二五〇万に対して奴隷は一五〇万程度と推定される。」（『旺文社　世界史事典』一九七八年）アテネの市民と奴隷はほぼ同数だったという書もある。（以下の「ポリスの市民生活」二六三頁）このギリシア時代にソフィストが出現し、これに対抗したのがソクラテス、プラトンだった。なぜ対抗したのか。すでにアテネは衰退の道を辿り始めていた。ペロポネソス戦争でスパルタに敗れるなどそれは決定的となった。スパルタはテバイに敗れ（レウクトラの戦い）、ギリシア全土が戦争の繰り返しで弱体化していく。そのギリシアでソフィストらが活動を活発化させるのである。これにソクラテス、プラトンらは非常に危機感を持った。彼らが混乱をさらに増長する思想を展開していたからである。プロタゴラスの「人間は万物の尺度である」は有名で、これは端的にはノモス（社会制度、道徳、宗教上の規定をさす古代ギリシアの観念〈広辞苑〉第二版補訂版、一九七六年）を根底から揺るがすものである。なぜならその意味である法律や慣習は、人間が勝手につくったもの、相対的、人為的なもの故にどうにでもなるという考えになるからである。そこでソクラテスらは、人間の側にしっかりとした考え方を持たせようとする。ソフィストらの自然主義に対して人間主義（人間の自然化）を確立することである。前者を物体主義とするなら後者は形相主義である。[◎2] さらに言えば、自然（身体）に対する魂（精神）であって、いわば魂を自然より上位に置く（今日にまで通ずる主知主義）ということである。誰しもそれまで安住していた秩序を乱されたくない。それをそうするのは迷惑だし斥けたいと思うものである。ソフィストは、政治や社会を乱す詭弁の徒（彼らは相手を言いくるめる術を教えることで利益を得ていた）なのである。しかし本当のところはどうであったのか。むしろ自らの生活と関係していたことが直接の原因だったのではないか。「プラトンは、奴隷は理性を欠いているが故に支配されるのがいいのであり、奴隷に『人権』を認めるなどということはあってはならない、と考えていたのである。」（太田秀通「ポリスの市民生活」（生活の世界歴史3）二四一頁、河出書房新社、一九九一年）ソフィストらは奴隷制度は自然に反すると言っていたからである。（同、二三九～四〇頁）

★3　キリスト出現はこの時代である。ヘーゲルは（マタイによる）福音書を引いて述べている。ここではその内の二例を挙げる。「『なによりもまず神の国をもとめ、神の国の正義をもとめよ。そうすれば、すべてはおまえたちのものとなろう。』『目下の苦しみは、神の国の栄光にくらべればなんでもない。』ここでキリストがいうのは、実生活上の苦しみは神の国の栄光の前では無に等しいから、おそれることも逃げることもない、ということです。」もう一つ。「『なにを食べ、なにを飲もうかといった生活上の心配をするな。なにを着ようかと体の心配をするな。生活は食事以上のものだし、肉体は衣服以上のものではないのか。空を飛ぶ鳥を見よ。鳥は種もまかず、かりとりもせず、倉にためこむこともしないが、天なる父は食糧をほどこしてくれる。おまえたちは鳥よりもずっとましな生きものではないのか。』生計のための労働はやめよ、というのです。」（「歴史哲学講義」下、一七四〜五頁、長谷川宏訳、岩波文庫、一九九四年）

★4　ハンナ・アレントは述べている。「キリスト教哲学、とくにトマス＝アクィナスになると、労働は生きてゆくために他の手段をもたない人びとの義務となった。……しかしこの義務というのは、自分の生命を維持することであって、労働することそのものではなかった。だから乞食になっても自分を養うことができれば、その方がよかったのである。労働を高く評価する近代の偏見をもたずに、これらの著作を読んでみると、教会の教父たちが原罪の罰として労働を正当化しようと思えばできたはずなのに、そういうはっきりとした根拠さえ少しも利用していないのに驚かされる。」（「人間の条件」四九三頁、志水速雄訳、ちくま学芸文庫、一九九四年）

★5　アレントは述べている。「労働が最も蔑まれた最低の地位から、人間のすべての活動力の中で最も評価されるものとして最高の地位に突然見事に上昇したのは、ロックが、労働はすべての財産の源泉であるということを発見したときに端を発している。その後、アダム・スミスが労働はすべての富の源泉であると主張したときにも、労働評価の上昇は続き、マルクスの『労働システム』において頂点に達した。」（「人間の条件」一五七頁）「近代は理論の上で労働に栄光あるものとし、その結果、社会全体は労働社会へと事実上変貌を遂げた。」（同、一四〜五頁）

◎1　この創造説がユダヤ起源であること自体が重要なのではない。これがキリスト教の考えにどう入っているかに注意を向けねばならない。フォイエルバッハはこう述べている。「無からの世界の創造は世界の虚無性以上の何物をも意味しない。或る事物の始まりと共に直ちに――たとい時間上はそうでなくても概念上――その事物の終りが措定されている。世界の始まりは世界の終りの始まりである。世界は獲得されると同じように消失して行くのである。」（「キリスト教の本質」上、二三二頁）「世界は無から作り出されたのであるが、その無は世界自身の無である。」「世界があるところには物質があり、そして物質があるところには圧迫と衝突・空間と時間・制限と必然性があるからである。」（同、二三五頁）私がこれを引用したのはキリスト教が「神の国」をどう考えたか、その理由はこの創造説（無からの創造）（ユダヤ教起源）にあることを言いたかったからである。

◎2　これらはプラトンの「ソピステス」の中で「神々と巨人族との戦い」として述べられている。形相主義とは「真の実在とは、思惟によってとらえられる非物体的な或る種の〈形相〉である」（九五頁）とするもので、物体主義とは「物体と実在とは同じもの」（九四頁）とするものである。（「プラトン全集3」所収、藤沢令夫訳、岩波書店、一九七六年）参考までに「岩波哲学小辞典」（一九七九年、以下〈岩哲〉）では「父祖伝来の絶対的権威として信奉されていた諸ノモス（宗教的、道徳的、社会的諸規定）がその権威を失いつつあった前五世紀のギリシアで、ソフィストたちは、〈自然〉を真実であるとする自然主義の立場から、〈自然〉に対して〈ノモス〉を人為的・相対的であるとしてその権威と絶対性を疑った。この見解はすでにデモクリトスにみえ、またキュニク派やストア派の自然主義倫理にもみえる。」（ノモス）とある。

◎3　アレントは活動力を、労働、仕事、活動に分類している。（「人間の条件」一九頁）このうち労働が、人間が生命を維持するために、他の動物がやっているように自然必然性の範疇に入ると考えられているのは、生活とか生存とかの意味にもこの労働が前提されていることからも理解されるだろう。そこで私の言う「生存—労働」の生存を生命と同一視する向きがあるかもしれない。彼女も「労働は、個体の生存のみならず、種の生命をも保障する」（同、一二頁）と述べている。ただ図らずもここに「個体の生存」とあるように生存は個別、特殊である。これ比し生命は普遍、一般である。私の狙いはこの生存にあるのだからやはり「生存—労働」と言いあらわすしかないと思う。アレントの生命に関しての意味は次の文章ではっきりするだろう。「キリスト教が生命の神聖さを強調した結果、〈活動的生活〉内部における古代人の区別や明確な仕切りが均質化される傾向が生まれた。つまり、労働、仕事、活動は、等しく現在の生命の必要に従属するものと見られるようになったのである。それと同時に、生物学的過程そのものを維持するのに必要な一切のもの、つまり労働の活動力が、かつて古代人の抱いていた軽蔑の念から解放されることになった。」（同、四九二頁）「生物学的過程そのものを維持するのに必要な一切のもの、つまり労働の活動力」すなわち「生存」である。

大　前　提

こうして私たちは生存─労働を当然のように受け入れている。本書ではそこに至った背景として、生存の本来の意味が忘れられ、学の対象にならないまま放置されている理由を述べた。問題はこの次の展開にある。その前に現在「生存」はどういう状況か、目を「労働」から他に転ずると少しばかり見えてくるものがある。①一つは「権利」として扱われるようになったこと、このことは「生存」の意味を別な方向に逸らす原因になっている。②もう一つは「生活」の視点からのものである。これがあえてそうしてまで生を維持しなければならないのか、という疑問の原因になっている。③さらにもう一つは、私たちが絶えず頭を悩ましている問題、誰もその生を自ら決めてこの世に誕生したわけではない。このことからさらにもう一歩進めて、私たちはその生の質と量を自ら決めているわけでもなく、ほとんどは出生（生まれ）と遺伝子が決めている。そこからある「労働」に従事するまでの間の経験の質と量（能力、資質、学業、就職）に大半のことが委ねられているということである。一つひとつを検討したいと思うが、ここでは①だけを特別に考えたい。

＊3　生きていくために働く、生活する、糧を得る。これらは余りにも当たり前のことで、（生存の）思想にするほどには考えられなかった。つまり所有（貨幣）の問題即ち経済の問題とされた。しかし「生存─不安」（不安─生存）の観点から新たな思考が生ずる、本書はそこに焦点を当てるのである。

＊4　だから「労働」に関して対企業、対国家、対管理者の観点から階級、社会、意識へと、他方生命、医療、死、病などへの展開、さらにこれらのイデオロギー、思想、意識化などに関心が集中した。

こういうと次のような反論が返ってくると考えられる。それは哲学、宗教が驚異や畏怖をその始まりとしていながら、これらを対象に思想化しなかったのはなぜか、だから不安を思想化するのを誰もやっていないし、必要もなかったのではないか、と。

ではなぜこうは考えなかったのだろうか、つまり驚異が哲学に、畏怖が宗教に転換したのであれば、生存（現実）には何が転換したのであろうか、と。さらにだから、ここではそれを不安にすることだけを考えればよいのであって、それで十分ではないか、と。

多分多くの人はそれを契機にすることは考えたが、それ自体を思想にすることなど考えにも及ばないことだったろう。

5

ここでc（規定①「不安には、それを引き起こすものと、それが引き起こすものとがある。」）を想起してもらいたい。哲学と宗教はこの「規定」の後段「それが引き起こすもの」（それを不安「という感覚または言葉」から驚異、畏怖として捉えて）を探求したのであって、前段の「それを引き起こすもの」（つまり驚異、畏怖の元になるもの）を探求したのではなかった。

こういうとまた次のような反論が出てくるだろう。前段にあるものは、その対象、後段にあるものは、その扱い方、使用法にあるのだから「それを引き起こすもの」つまり対象の探求に適っている、と。[*1]

自然の美しさに感動する、人の死を悲しむ、人の幸福を喜び、自然や人の災害を恐れるなどの類と同様のものである。驚異の対象、畏怖の対象とはそういうものであり、それの扱い、使用も同様である。対象がはっきりしている場合、五官や思考でそれを特定できるものはなおさらである。しかし対象のはっきりしていない場合はどうか？[*2]

＊1　ここは不正確な理解をしてもらいたくないために言うのだが、多分その驚異や畏怖の対象があったから

こそ、その内容の探求に向かったと解釈されたに違いない。そうではなく「それを引き起こすもの」については、対象は対象でも、なぜそれがそうなるのか（なぜ驚異や畏怖を引き起こすのか）は対象から外されているということなのである。従ってもっぱら「それが引き起こすもの」（驚異や畏怖がもたらしたもの）が探求の対象になった、という訳である。大方それが何によってそうなのか予め決定していて、それ以外の理由のないものを言うからなのである。例えば実験中の新発見、思考中の閃き、アイデア、不可知なものへの新解釈などを「驚異」と言って何ら差し支えあるものではないし、真理の追究の途上に神を見出し、それを「畏怖」とすることに何ら差し支えあるものではない。これらはすでにそうと言いあらわされている、別な言い方をすれば型にはまった言い方なのである。ああ驚いた！　びっくりした！　見事だ！　怖れを感じた！　などと言う場合、すでにその対象は目の前にある。

＊2　ここで見えてくるものは次のようなものである。驚異と畏怖には対象（それを引き起こすもの）が明確である。もし仮に不明確もしくは不在としたら、これはその対象とならない！　とすると驚異と畏怖はいわば（それを思わず、考えず）安心して「それが引き起こすもの」に専念できるわけである。（この先に何があるかはすでに述べた通りである。）以上から言えることは、それがそれ以前を求めない、対象は明確にある、答えようと思えば答えられる、しかしそれ以上のものは出て来ようがない、完結している、などある一定の共有が得られる。（他の人との共有が前提とされるし、またそれに十分見合っているとみなされる。）これが驚異と畏怖のあり方である。これに合わないものはすべて不安が引き受ける。だから限定なしに「それを引き起こしているもの」を「不安」が担っているというわけである。例を挙げて説明しよう。美しい、悲しい、憂（愁）う、優しい、立派だ、幸福などの感情は、それを思い感じて表現する場合それに尽きている。それ以前に遡って追及すること（なぜそうなるのかなどの理由や対象を求めようとすること）を普通しないものである。★

先述の通りその対象は明確にある、明確でないものは対象にならない。だがわざわざそれを追究することまでは普通しない。なぜならそうである条件が整っているとき（それは本人によって設定されるものではない、事故や事件、幸運、喜びはそういうものだから）そうなるものと明らかに決定付けられているように思い、感じ取れるときそうなる（ことが共有されているとみなされる）からである。ところが不安はこれらの条件、思い、感じから外れるときそうなる。このことは「これを引き起こすもの」が別にあるからである。今は不明なもの、対象がないものがあるからである。少なくともそう思わせるものがあるからである。以上が「驚異と畏怖」と不安との違いである。［そして、この不安が（この不安のあり方が）どういう想起を生じさせたか、カントの「先験的」（超越論的、端的には先験的自我）、ヘーゲルの「成」や「定有」、それと知らず識らず概念化されたものなど、彼らの思想の一部が最も貧しいものとした感覚に負っている根拠はここにある。］（「大前提に入る前に」一二頁、注（＊5）参照）

★ 感情言語とそうでない言語との区別はもっとはっきりしている。オグデン、リチャーズはその言葉が喚情的か象徴的かを見分けるには、それが真か偽を問えるか、また代わりの言葉があるかどうかで明らかになるという。当然喚情的というのはもっぱら、ここでいう感情言語のことである。真か偽を問えず、代わりの言葉がないのが喚情的ということである。（「意味の意味」二一六頁、石橋幸太郎訳、新泉社、二〇〇一年（新版））「悲しい」を「悲哀を味わう」「悲嘆の涙に暮れる」に言い換えても「悲」の字はいずれにも入っている。「美しい」「善い」（オグデン、リチャーズはこの言葉を挙げているが）は美しいものは美しいし、善いものは善い、一般に真偽への問いを許さない。そういう言葉が感情言語だろう。

6

単なる驚異、畏怖ではどうしようもないのである。見えないもの、思っていないもの、考えられないもの、もしかしたら、これこれこうで存在しているかもしれない。見えないものを見えるように、考えられないものを考えられるようにしたい、そういうこれとは別の感情（情念［パトス］）としてもいい、それとは全く別の感覚でもいい、そういうものがなかったら、そこまで発展しないのではなかろうか。そのためには、それ自体（この場合、驚異や畏怖）を知らなければならない。そして単なるそれではない、それ自体の働きが別のところから招来されることを知るだろう。それが対象のはっきりしないものの存在である。単なる驚異や畏怖だけでは、その正体のわからないものを対象にすることはできない。*

＊　言葉は思考である、実体をそのままあらわしていない、思っていることと言葉には開き（ギャップ）がある。（思っていることをそのまま言葉にすることはできない。）驚異、畏怖とも大自然に対するものであったことは、もはや明白だと思われる。哲学の始まりが自然学にあったのはそこを言っているのである。従ってプラトンのイデア、アリストテレスの「不動の動者」などは、この驚異との関係で言うと、自然の背後に何かを見たということにある。別の言葉で言うとそういう自然が見せる驚くべきことの背後にある存在を見た（想定した）ということが、この驚異から結語されたということなのである。従って原因はその自然にあるのだが、その自然をそうさせている原因へと考えを発展させたのである。それが哲学の始まりとされる本当の理由である。従って驚異や畏怖そのものの探究に考えが及ぶはずはなかった。すでにもはやそういう感情から離れて知的に解釈しようとする、思考の働きをそこに認めそれを優先させているからである。プラトンは存在とは「機能（力）」［「とにかく、そういった何らかの仕方による能動的あるいは受動的な機能（力）というものを自然本来的にそなえているもの、すべてそのようなものはほんとうにあるのだ、ということだ。すなわち、存在とはつまるところ機能にほかならない」］と言っている。（「ソピステス」一〇〇頁）驚異や畏怖がどこから来たかもはや明らかだろう。それは「存在」から来るのである。

◉存在に関して

私たちは原初の（遠い過去の）ある時点で今でも肉体（身体）とつながっている自然から離脱して精神（心、魂、霊魂）を持つようになった。存在はこのことから人間（精神）の側からと、自然の側からの二つが考えられるようになった。もの（事物）が存在していることを、人間は（離脱した）自然から得ている。自然が目の前に存在している、つまりもの（事物）がある、が一般的に多用されていることである。（規定⑨）

しかし自然は多様な姿を見せる。あるときは穏やかにあるときは荒々しく、そのときの人間の対応はどうだったか、穏やかで豊かな実りをもたらすとき考えも及ばないことが、逆に何の実りもなく飢饉状態の上に洪水、嵐、酷寒、酷暑（極寒、極暑）に襲われ、それも長期に続いたとき、自然が存在する、事物が（単に）そこにあることとして、あるというだろうか？　それで気が済むはずがない、呪いの言葉（呪詛）、怨念の心が生ずるのではないか、また余りにもの圧倒的な（自然の）圧迫から恐怖や怯えを意識することもあれば、豊かな実りをもたらし、穏やかな天候を続けた自然との対比から畏怖の念を持つこともあっただろう。これが自然の背後を考える原因（元の経験）となったことは想像に難くない。

◉人間が「存在」を考えるようになったのはなぜか？

私たちがあえて「存在」（有る、在る）を考えるのはどういうときか、あるいはどうしてか？

「存在」は次のような要件が前提にない（揃わない）と考えられもしないし、言葉にもされない。

それは、人間が精神を持ったことである。これは人間が自然から離脱したこと（ただし身体〔肉体〕は依然自然の一部であり、精神もその制約を受けているが）、認識する、思考する、物を対象（客観）化するなどの前提となるものである。ここから存在に関して次のことが考えられる。人間の側から自然に対して二つの立場がある。

① 自然そのものだけを見て判断する立場

② 自然の背後まで見て判断する立場

この二つの立場は、先述の前提になるものが条件であることは言うまでもない。これに自然がもたらす有様、自然の二面性（穏やかさと荒々しさ、豊かさと乏しさ、極端には［多く］あるかないあるいは全くない）（の条件）が加わることにより、上述の①と②の立場が考えられると言うわけである。

①の立場　この立場は単にそのもの（事物）があると考えるもので、強いて「存在」という概念まで持ち出す必要はないと思われているもの。感性によって捉えられるもののことである。

②の立場　この立場には二つの異なった事情が考えられるように思える。一つはa擬人化で、擬人化には例えばオリンポスの十二神のような神々や、あらゆるものに神（神霊）が宿っていると考える多神教。もう一つはb自然と超自然の間を概念化しようとするもの。さらに、もう一つはc一神教的な信仰の対象とするもの、である。

さて、ここで「ある」と「あるもの」について述べると、「ある」は「あるもの」から発展したものだが、「あるもの」には、（感性によって捉えられる）「或るもの」としての「ある」と、「（何か）或るもの」（X）としての「ある」の二つがあり[*1]、そして、それぞれの「もの」には神霊や悪霊などと同一視されるものと、単なるもの（物や物体）とがある。①は前者[*2]（或るもの）の、②は後者（X）の意味になる。特に後者の「或るもの」は「存在」または「神[*3]」を想起させるもので、以上を整理すると、実体と存在は②のbとcと①が、実在は①と②のaが関係して、（A）あるもの＝ある（存在＝神）＋もの（物）と、（B）あるもの＝ある（存在）＋もの（神霊）とが考えられる。[*4]

＊1　「あるもの」（ある）は「或るもの」を肯定的に、「あらぬもの」（あらぬ）は「或るもの」を否定的に捉えたものである。[H1.7] 時間的発生順序から言えば、何か或るもの（X）、或るもの、あるもの、あらぬもの、となる。

＊2　フォイエルバッハはこう述べている。「古代哲学（ソクラテス以前の哲学、もっぱら「異教哲学」とされている＝引用者）は或るものを思考の外に存続させておいた——いわば、思考には汲みつくせないある残余を残していた。思考の外のこの存在の像が質料、すなわち実在性の基体である。理性は質料にその限界をもっていた。」（「将来哲学」六〇頁）また、こうも述べている。「ただ感官、直観のみが私に主体としての或るもの（＝存在［引用者］）を与えるのである」（同、五四頁）と。ここをさらに整理すると、「或るもの」を（B）は①から得て「ある」とし、「もの」を②のaから得て「もの」としたのに対し、（A）は②のbとcから得て「ある」とし、「もの」を①から得て「もの（物）」とした。なお（A）（B）ともに「あらぬ」（非存在、無）が説明されていない。（B）は何ら問題ない。それはない（非存在）が不在を示しているだけで、存在と同様「存在の感性的表現にすぎない」（同、一六八頁）からである。それでも神霊が伴う。［あらぬ（ない）でももの（神霊）が伴う。］例えば空想、幻想、夢つまり実際は存在しないのに、その世界では存在するものとされる妖怪、鬼、悪魔、得体の知れないものなどがそれに当たる。他方（A）は問題がある。それは神がいない（あらぬ、非神）であるからで、これが哲学、宗教を悩ませることになった。様々な解釈がある。プラトンは「〈あらぬもの〉をそれ自体として単独には、正しい意味で口に出すことも、語ることも、考えることもできないのであって、それは、思考されえないもの、語りえないもの、口に出されえない

もの、論じえないものである」（『ソピステス』六九頁）と述べている。哲学では『無からは何ものも生ぜず、無はあくまでも無である』」（ヘーゲル『大論理学』上の一、八一頁）で一致しており、常に「無からの創造」を主張するキリスト教と対比される。［「『無からは何ものも生じない』というテーゼは西欧存在論の根本的テーゼである」（フィヒテ『人間の使命』量義治訳、一一三頁、注（3）五七六頁、世界の名著43、一九八〇年）フォイエルバッハは「思考はひたすら規定された活動、すなわち肯定的な活動であるから、絶対に無規定なものは、思考されると、規定されたものとして思考され、そして無の思想は行為によって直接に一つの無思想、真実でない思想、思考不可能、全く思考されえないものであることが、明らかになる」（『将来哲学』一七〇～一頁）と述べている。ヘーゲルは簡単である。有を規定する際、無が必ず伴うからである。すなわち規定は否定であるからで、フォイエルバッハはヘーゲルの「無は、われわれの直観あるいは思考のうちにある。あるいはむしろ無は、空虚な直観あるいは思考そのものである」（『大論理学』第一章のB、「無」）を『将来哲学』（一七一頁）のなかで引用している。★1 また先述のプラトンとほぼ同じことを述べてもいる。すなわち「それは思考からではなく、無思考から生じる。無はまさに無であり、したがって思考にとっても無であって、それについてそれ以上なにも言えない」（『将来哲学』一七四～五頁）と。宗教では、無は神の不在を表わすのだから、善と悪、光と闇、一と多、有限と無限などピュタゴラスの反対概念★2の一方に見られるものより、徹底して世界の無を意味している。なぜなら世界は神の被造物であるからで、神が存在しないのであれば、この世界は無ということになるからである。宗教に関して「あらぬ」（非存在）はまだ多くの語るものがあるが他に譲る。哲学の側から言うと、存在における事実存在と本質存在はよく知られているが、非存在の方は多くを語らない。まるで存在だけが重大のようである。

★1　「無もまたわれわれの直観または思惟の中に有る（現実的に存在する）のである。云いかえると、無はむしろ空虚な直観または思惟そのものである。」（ヘーゲル『大論理学』上の一、第一章B無、七九頁）

★2　アリストテレスは、ピュタゴラスの「反対概念双欄表」を示してこれらは「すべて存在と非存在とに、一と多とに、還元される」（『形而上学』上、一一八頁）と述べている。ここで一と多を持ち出したのには理由がある。存在は一である。そしてその存在に関連して多数の存在がある、これが多である。そして同時にそれに対立する多数の非存在があり、これらとは全く独立して非存在がある。それで多に属するものは存在者であり非存在者である、というのが私の考えである。(シェリング「哲学的経験論の叙述」五一四～六頁、岩崎武雄訳、世界の名著43、一九八〇年。「思想」の◉補記参照)。この最後の非存在がプラトンが「ソピステス」で明らかにした非存在(あらぬもの)である。先の「〈あらぬもの〉をそれ自体として単独には、……思考されえないもの、語りえないもの、口に出されえないもの、論じえないものである」(六九頁)。しかも、その非存在というのは「もっとはっきりしたものを、けっしてこの私の内に探してはならない」(同)。それ故に第三者の目(哲学的問答法(ディアレクティケー)三九節(一一八～一二一頁)参照)を通して見よというのである。それが虚偽の言表や判断へと(その存在が非存在としてあるに)つながるわけである。(「前史」一六五頁の注(＊6)参照)ただこれら(前掲の二著作)を総合すると、フォイエルバッハが「ソピステス」を「ギリシア哲学においては、存在と非存在の対立は、明らかに真理と非真理という意味での、肯定と否定、現実性と非現実性との対立の抽象的表現にすぎない」(「将来哲学」一七六頁、注(1))と解したことで十分ではないかと思う。ここには非存在が「偽」や「異」において存在することが表現されている。

＊3　『『存在』または『神』★』こそ「内的存在」(不安自体)[ヘーゲル的に言うと即自存在]が生じさせたものである。詳しくは後述する。

★　「存在は、あくまで彼岸(＝神(引用者))的なものである。」(フォイエルバッハ「将来哲学」五二頁)「思考と存在の同一性とは、単に思考のそれ自体との同一性を言い表わしているにすぎない。」(同頁)端的な例を挙げるなら「神は考えられる、故に神は存在する」である。これの私の解釈は「思惟の思惟」つまり神の思惟は人間の思惟という意味である。ちなみに①(自然そのものだけを見て判断する立場)を裏打ちするものとして、「ひたすら或る対象の存在が問題となるときには、私はただ自分だけに相談するわけにはいかず、私とは違った証人に尋問しなければならない。この思考者としての私とは違った証人が、感官である。」(同、五三頁)

＊4 （A）は先に見たものをさらに詳細に述べるなら、人格化されない客体（近世で主体になる）としての神（神的存在、超越者）と、人格化される客体（主体にもなる）としての神に分けられ、前者を哲学が、後者を宗教が担う。［BA78］前者の「人格化されない客体としての神」とは、無制限の知、超感性的な思考による思弁哲学、思弁的神学、思惟の思惟（神と人間の思惟は同じ）。後者の有神論に反して感性的なものを自分（思考）と神との間に置かない。（「将来哲学」一三頁）

7

これが不安（生存）に思想が及ばなかった理由である。私たちが生存していること自体、不安の根拠になっている。これが自明なこととして知られているのである。本書でも「不安（生存）」としているが、この意味である。自明なものを今さら考えても仕方ないと思われるかもしれない。驚異と畏怖と同じレベルにあるのが不安（生存）である。しかし真意はここにあるのではない。まず不安という感覚とその言葉とは区別しなければならない。そして感覚は言葉よりも時間的に前に位置する。（規定⑥）結論から先に述べれば、不安（生存）は驚異と畏怖と時間的に同じ位置にある。だからそれ自体思想にならないのは同じである。しかし不安には不安以前（不安自体、無自覚の不安、内的存在）があるのと同様、驚異にも畏怖にもそれ以前がある。ただし、この二つの「以前」は不安自体と同じものである。

つまりこの三つは同じところから出ているということである。それが不安自体（内的存在、無自覚の不安）である。この話に入る前に、この不安自体の証明の仕方としてアプローチの方法を説明しておきたい。それはパースの「推論」という方法である。具体的には「既知の事実を考察することによって、未知の事実を発見する」（論文集[*1]）というやり方である。「既知の事実」とは本書で言う「経験的事実」つまり「規定」としているもので、「未知の事実」とは「内的存在」という想定されたものによる探究の内容を指している。

ここで少しこれまでのところを整理しておきたい。この問いは不安（生存）としてで、別のアプローチの仕方、例えばマルクスの思想、生の哲学、実存主義（哲学）、その他生命科学（倫理）などもあった。これらは何らかの感性を前提とするならば（多分そういうものがあると思われるが）、それは驚異（哲学）、畏怖（宗教）と同様、それ自体思想の及ぶところではない。ところが本書で問おうとしているのは、それ以前、不安自体（内的存在）が哲学にも宗教にも、そして生存にも、原初のものとしてあった（前提される）ということを指摘したわけである。当然マルクス以下、哲学思想は哲学に入るので同じ考え方でよい。そこでパースの「推論」の仕方により「内的存在」という想定されたものを通して、これを証明しようというのである。

その前に「不安（生存）」とした括弧内の「生存」について、もう少し敷衍して述べたいと思う。不安自体が本書の問うべき対象であって、生存は現在私たちが入っていける一つの通路であって、不安と生存が密接であることは繰り返し述べた通りである。この点で生存は別の展開も可能であるが、本書ではそこには少し言及するに留めたい。[*2]というのも、そのことは今回本書の目的とするところではないからである。

＊1　パース「論文集」五七頁、上山春平・山下正男訳、中公バックス、世界の名著59、中央公論社、一九八〇年。以下「世界の名著」とのみ記す。（「モデルの考え」二三五頁、注（＊）参照）

＊2　それは生存を脅かすものとしての「貧困」である。［A10.281〜2］

　貧富の差が民族、宗教（宗派）の違いによってトラブル（戦争、紛争、争議など）の原因になっていること。生存が哲学の対象にならない根拠に、哲学辞典に「生存」の項目がないことが挙げられる。あるのは「生存権」と「生存競争」だけである。「生存」の少し上位の意味として受け取られている「実存」がそれをわずかにカバーしていると考えられる。なお、ここに「生命」の指摘がないのを不思議に思われるかもしれない。私が「生命」をあえて強く打ち出さなかったのは、アレントが「人間の条件」で労働が保障する「個体の生存」「種の生命」（二一頁）という表現に依っている。（本項の四〇頁、注（◎3）参照）生命には宗教的なもの（魂や霊）から宇宙、社会、政治、個体といった使い分けがあるのに対し、生存は個体（生物）の意味に限られる。例えば「生命を存続すること」〈広辞苑〉のような用法にみられる。私見では生存というのは生命の運用面（生きること、生きていくこと）を指している。私はそんな広い意味の生命ではなく、人間（個体）を考えたからに他ならない。哲学は、アリストテレスの余暇（スクールの語源になったスコレー）との関係からもそれが言えるのではないか。「『まず生活し、次に哲学する。』（Primum vivere deinde philosophari.）生きることが第一のことであり、思惟しまたは哲学することは次のことである。」（フォイエルバッハ「唯心論と唯物論」三五〜六頁、船山信一訳、岩波文庫、一九七七年（改訳））から。

◉内的存在について

　内的存在は想定されたものだが、「規定」①（大前提のc）と③により明らかになったように、これが①実体②存在③実在に展開され哲学、宗教、現実（生存）が生じた。それぞれの内容は次の通りである。

① 実体としての存在＝思惟において、しかも思惟全体に及ぶ中心的役割を果たす形而上学的（超越的）概念。（例えば自体存在*（即自体）、不動の動者、能動的理性、イデアなど）

② 存在としての存在＝存在を存在させ、それだけにすべてが「真理」とみなされる圧倒的肯定としての存在。（端的には神）

③ 実在としての存在＝存在を現実的なものとし、またそのように限定される存在。（日常経験［経験的実在］、経験的事実）

＊ 存在の即自体の探究から「存在」の原点に達した「存在」を出発点にする考えの基本がつくられた。（ヘーゲル「現象学」上、樫山訳、一一八頁参照）、「大前提に入る前に」一六～九頁、注（＊5、★1、◎1～2）本項六五～八頁、注（＊1～6）参照。

ここからどういうことが言えるか、①実体と②存在が比較的近い関係にあることはわかるが、③実在はむしろ①実体と②存在に対立している。これらが同じ出自を持ったものであることを前に指摘したが、では内的存在はどう考え、どういうことをしようとし、どういう経験を持ったものなのか、これが「前史」に当たるところで、「概念」のなかでもう少し詳しく説明するつもりであるが、ここではポイントを挙げておきたい。

この「内的存在」に関してはヘーゲルを意識せざるを得ないことが度々あった。例えば「規定」③（以下のⅢの文）では即自、対自、即自かつ対自、感覚的確信におけるこのものと一般的なもの、表象と概念の関係などにおいてである。これは私の勝手な憶測か、それとも強引な牽強付会か、しかし私はヘーゲルが「哲学は表象を思想やカテゴリーに、より正確に言えば概念に変えるものだと言うことができる」(小論理学[*1])と言ったことが、現実味を帯びたように思えたのである。

ヘーゲルはちゃんと表象を始終頭に持っていたのではないか、それが「規定」③ではないかということである。概念に変えてあるのでその元になった表象はわからない。まあ読者の中には思わず失笑を漏らされた方もいるかもしれない。しかしこれ(規定③)は事実(経験的事実)なので、私がありもしないことを勝手に述べているとは思わないであろう。(他でも述べているが「経験的事実」とは「思考を巡らせば誰もが経験しているとみなされる事柄で、事実として言葉で言いあらわされるもの」のことであるのだから。)

「感覚のうちには、日常的な感覚のうちにさえ、もっとも深く高い真理が隠れている」とフォイエルバッハは述べている。(将来哲学[*2])ただここで例として挙げている「愛」(この言葉に苛立つ人[*3]もいるが)は、別に「愛」のみを考える必要はない。「感覚」でも「感情」でも、また「不安」でもよいわけである。

*1　ヘーゲル「小論理学」上、六五頁で述べているもので、ほかでもまた引用することになる。

*2　フォイエルバッハ「将来哲学」七一頁。

*3　エンゲルスは「だが愛とは!――じっさいフォイエルバッハにおいてはいたるところまたいつでも、愛が実際生活のあらゆる困難を切り抜けさせる神通力をなしている――(中略)万人協調の夢想である。」(「フォイエルバッハ論」五七頁、松村一人訳、岩波文庫、一九六〇年)と述べている。これと同様のことを本書ならこう言うだろう。「いたるところまたいつでも、不安が(「愛」を換えて)」と。彼の批判はこれに

止まらない。「ヘーゲルの体系の百科全書的な豊かさとくらべて、大げさな愛の宗教と貧弱で無力な道徳以外なんら積極的なものを仕上げなかった」(同、五九頁)とも。

では次の三つの文章を考えることから始めたい。

Ⅰ「それがあるところものであらず、それがあらぬところのものであるような存在。[*1]」

Ⅱ「理性は、対立するもの、すなわち同一性と非同一性を、認識の形式においてばかりではなく、存在の形式においても同一化する。[*2]★」

Ⅲ「不安であるとき、不安がなく、不安でないとき、不安がある。[*3]」

＊1　サルトル「存在と無」で「対自存在」のこと。「即自存在」は「それがあるところのものであり、あらぬところのものであらぬような存在」。この二つの言葉は、松浪信三郎著「実存主義」(一二〇頁、岩波新書、一九六二年)と、同氏訳の「存在と無」(サルトル全集第十八巻、人文書院、一九五六年)による。規定③を、また違った角度から端的にあらわしていると考え取り上げた。

＊2　ヘーゲル「差異」一〇三頁。ヘーゲルには感覚においてのような表象はほとんどない。彼は表象を広い意味で考えており、思惟に関係することも表象の内に入れていた。即自かつ対自をあらわすところがこれである。単なる反省ではなく、ましてや推理でもない。例えば反省は「本質は過ぎ去った有とみることができる」(「小論理学」下、一一頁)や、「われわれが言い表わすものは、このもの、すなわち、一般的なこのものである、言いかえると、それは有るということ、すなわち有一般である。」(「現象学」上、樫山訳、一二六～七頁)などの抽象的な表現に成り替わる。

★　この場合、理性とは絶対者である。(「差異」一〇六頁)

＊3　本書、規定③。これとは別に「不安があるとき、不安でなく、不安がないとき、不安である」が考えら

れる。この文章を(二)に、Ⅲの規定③を(一)としよう。(一)は述語―主語(一般―個別)、(二)は主語―述語(個別―一般)という形態を取っている。というのも(一)は(私が)不安であるとき、不安が(私に)なく、で(二)は不安が(私に)あるとき、(私は)不安である、となるからである。なお、もたらすものが自らか、他からかは問わない。本書の場合(一)が、ヘーゲルの場合(二)に、この(一)が加わる。ちなみに(一)は一般―個別だが、言葉―感覚と対応している。(詳細は以下の「(ロ)ヘーゲルの場合」の注(*)で述べる。)

このサルトルの場合(Ⅰの対自存在)と、ヘーゲルの場合(Ⅱ、弁証法的運動[基本的な考え方])、そして本書の場合(Ⅲ)の三つを「規定」③に即して比較してみる。

なお「規定」③は「(A)①不安であるとき、②不安がなく、(B)③不安でないとき、④不安がある」であった。①〜④、(A)(B)は、以下の説明のために挿入した。

(イ)サルトルの場合=①〜④全体で対自(意識)をあらわしている。彼の場合反省は存在と本質の境目で、無として考えられている。それが表題につながったとみられる。即自が本来性としてあって、対自はそれを理想としている。この存在のあり方が即自かつ対自であり、両者の同一化が神である。(「存在と無」Ⅰ、二四四頁参照)

(ロ)ヘーゲルの場合(先の注(*3)の(二)による)=①感覚的確信、即自、意識、肯定[個別]、②対自、自己意識、否定[一般]、③―④即自かつ対自、理性、否定の否定[個別―一般]である。③―④がなぜ即自かつ対自になるのか。③「不安がない」はそれ自身が否定であり、その否定が④「不安である」だけの理由からだろうか。* なお、絶対知にまで達する意識の経験の過程である「意識」「自己意識」「理性」（精神）は、各々においてもこの区別が踏襲されていることがほぼ推察されよう。

（ハ）本書の場合＝①③対自（言葉）、②④即自（感覚）、なお②④は自覚的な感覚をあらわすため、意識とは①③のみを言う。ただし、言葉と感覚を併せたものを意識とするなら、②④を含めて意識である。このように表象を全く抽象的概念に変えたもの、表象をそのまま概念に変えた（それを表現している）ものもある。前者は表象が概念に含まれる、引き継がれることもその範疇とする。両者の意味、関係が改めて問われるところと言えよう。

＊　①は「肯定」で即自である。②は「否定」で対自である。問題は③—④である。③は「否定」で即自である。④は③の「否定」で対自である。「否定」の「否定」で「即自かつ対自」であって問題はないように見える。ところが「否定の否定」がなぜ「即自かつ対自」なのか、①—②の肯定—否定とどう違うのかである。なぜ③④だけが「即自かつ対自」として扱わなければならないのか。それはこうである。①—②は対立で反省からなるが、③—④は対立で同一性からなる、というのが私の考えである。同一性とは「主観と客観の両者が主観—客観であるという同一性」（「差異」一〇四頁）のことである。しかし（一）と（二）の同一化は全体における同一性である。[★1] さてここで私は規定③は、二つの表現の仕方があるとした。（本項五六頁、Ⅲの注（＊3））一つは本書の場合、もう一つはヘーゲルの場合である。[★2] 「現象学」の冒頭では個別—一般、本書は一般—個別の形態を取っていた。ここでこの二つ、（一）と（二）がどのように採用されているかが見られる場面である。ただしこれを私は「現象学」の「意識」の場面でのみ検証しているものの、「自己意識」と「理性」（精神）においては、これをしっかり行なっていない、いわば推測の域であることをお断りしておく。さて（二）はこの「意識」で行われ、（一）は「自己意識」で、（二）と（一）の全体的な同一性は「理性」（精神）で行われているということになろうかと思われる。これでフィヒテとシェリングの同一

哲学が思想的に完成された、と考えるわけである。なぜか。それはヘーゲルの場合のそれが客観的観念論、本書のそれは経験的事実にもとづく一種の経験論だからである。[★3] なぜヘーゲルの場合が個別からはじまるのに客観的なのか、それは「個別からはじまること」が客観的に言いあらわされているからである。他方、本書は現実からはじまるが故に、一般からはじまる、ということである。[★4]

★1　ヘーゲルの場合（A）①②は反省で即自に対する対自であるが、（B）③④はこれを同一化によって即自かつ対自にする。具体的には（A）を「不安が」ではじまるものが主観的な主観―客観、同じく「不安で」はじまるものが客観的な主観―客観である。これを同一化したのが（B）で、両者は「不安が」と「不安で」が「不安で」と「不安が」で同一化されるのと同様である。同一化は努力や当為の問題ではなく実在の問題である。最終的なつまり全体的な即自かつ対自とは「不安がない」を「不安である」が、「不安でない」が「不安がある」をともに同一化することである。これがⅡで取り上げた理性の同一化である。（「差異」一〇三頁）

★2　それは（一）に加えて（二）が同時に考えられていることであった。ヘーゲルは感覚による表象をほとんど語らなかった。従ってそれがどういう表象おいて概念にしたのかを述べていない。それが右で述べたようにⅢの規定③に即した考え方であった。ヘーゲルは「差異」のなかで、これまで主観的な主観―客観を超越論的哲学（カント、フィヒテ）、客観的な主観―客観を自然哲学（シェリング）とされてきたと指摘した上で「より高次の立場では、一方もしくは他方の学が止揚され、主観と客観のいずれか一方のみが絶対的なものであると主張されることもなければ、また両方の学が混淆されることもない」（一〇七頁）と述べている。そして「両方の学には存在と認識の両者が含まれているが、一方では認識が質料で、存在が形式であり、他方では存在が質料で、認識が形式である。絶対者は両方の学において同一のものである。」（一一七頁）そしてこう結論づける「ひとり理性のみが、それによって両項（自我と自然、つまり主観と客観＝引用者）が措定されかつ否定されているという絶対的矛盾、両項が存在しないと同時に存在するという絶対的矛盾のうちに真理を認めるのである」（一二二頁）と。

★3　例えば「創作」でいうと、ヘーゲルは「神の思考」の立場にある。もし「有神論の神」（人格神）の立場であったなら感性を伴うが、「神の思考」の場合感性を伴わない、あらゆることがすべて「自由」であって飛躍、超越、彼岸などどんなところへでも思考は飛翔する。（「将来哲学」一三〜四頁、六九頁参照）客観的観念論は「個人の主観を中心とする主観的観念論とはちがって、現実の世界を超個人的なイデー、本源的な宇宙的の精神などのあらわれとする」〈岩哲〉ともある。これならむしろ絶対的観念論が適当であろう。

★4　ところで（A）①②から（B）③④へ移る過程に②「不安でなく」が③「不安がない」がある。ここを問題にする人がいるかもしれないので説明すると、この②③間は一般から個別に転換しているが、これはむしろ（A）に対する（B）の対立（反対）、この転換は言わば「既定路線」（直観、ヘーゲルはこれを超越論的直観と呼んでいる）であって、個別が否定されて一般になるのと同じである。◎他方（一）と（二）の同一化の間は、全体化［同一化とそれに対立する非同一化とを同一化すること］と見なければならない。この転換は、プラトンが「ソピステス」で行なったパルメニデスの言説に対する「〈あらぬもの〉（非有）が何らかの点であること、他方逆に〈あるもの〉（有）が何らかの仕方であらぬということ」（七八頁）の立証の仕方のなかにも見られる。

◎　一方、②→③を述語から主語への転換とする見方もある。これは④→①でも同様である。いずれも本書、規定①、表1、図5で説明可能である。そして全体的にはどうなるか、「現象学」では①「不安がある」（不安である）は④「不安である」（不安がある）に十全な認識を得て進化、発展しているように見られる。最終的には「ことば」（ロゴス）に行き着くのだが。（「差異」一一九頁）

　さらに疑問は次のようなことにも生じるのではないか。（イ）以上は意識（現象学）の感覚—知覚—悟性の上で生じることであって、この後続く自己意識、理性（精神）ではどうなのか、また論理学の有論、本質論、概念論にも適用できることなのか。（ロ）規定③に沿って解釈されているが、それはたまたま本書とヘーゲルの思想の一部が近似的ということであって、ヘーゲルの全体の思想あるいは彼の頭の中にあったものとは違っているのではないか。（ハ）（イ）（ロ）を通してヘーゲル哲学を余りに矮小化していないか。それぞれに答えたい。（イ）確かにすべてを検証したわけではない。「意識」以外に出てくるそれらの内容は「推定」である。（ロ）「意識」のところは、まさしく規定③に含まれていることが多いのでそうしたに過ぎない。従ってヘーゲルの場合、あくまで本書の狙い（目的）と一致する限りで取り上げているだけで、ヘーゲル哲学の理解を助ける目的は持っていない。（ハ）後で述べるが、ヘーゲルは不安という表象を思想体系にすることはしなかった。（それらしい概念はいくつもあるが）むしろ目標やモデルとして扱った。なぜか、未だ不安は思想になっていないからである。（「モデルの考え」、「用語集」3の④参照）

◉追記　例えば「〇〇が存在する」という表現には、そもそも「〇〇」が「存在する」に含まれる。結論から先に言うと、存在をあらわす文章や言葉は必ず主語が述語に含まれる。◎

◎　端的に「〇〇がある」と言うとき、〇〇（主語）は必ずある（述語）に含まれる。なぜなら〇〇はあるより前に確定していなければならず、このあるに含まれなければ、あるとは言えないからである。神ですら「神は存在する」と言えば、神は存在に含まれる、さらに言えば「あるはある」も同様であり、同語反復になってしまう。この同じ「〇〇」は「△△である」とした場合のことを考えるとき、この△△は「〇〇がある」ことが前提になっていなければならない。なぜなら「〇〇は△△である」と言うためには、〇〇を知っていなければ成り立たないからである。（ただし知っていることが、あると考えている場合である。）他方「〇〇は△△である」と言った場合、△△は〇〇を説明する文章である。これは本質を言いあらわしている。「〇〇がある」とは区別される。ここで実際問われているのは何か、である。（Ａ）①「不安がある」は結局（Ｂ）④「不安である」になった。個別—一般、感覚—言葉、存在—思考という構図である。他方、（Ａ）①「不安である」は（Ｂ）④「不安がある」になる。一般—個別、言葉—感覚、思考—存在と逆である。ヘーゲルではこの二つが一つになる、つまり理性による同一化を全体化としているのである。（表2参照）

　ところが主語は個別（感覚）を、述語は一般（言葉）を言いあらわしている。これでも一般（言葉）は個別（感覚）を含むと言えるだろうか。「現象学」の冒頭、ヘーゲルは▼「哲学は、その本質からして、特殊な事例を内にふくむ一般論として語られる」（長谷川訳、一頁）と述べている。ここから「がある」存在（個別）は、「である」思考（本質）に含まれることが招来される。（表2参照）つまり存在＝思考（同一哲学）である。これをフォイエルバッハは矛盾と言っているのである。存在は思考からは出てこない、思考は存在から出てくるのである。真にあるものは、私たちが単にある（存在する）と思考するものから出てこない。私たちは何かにおいてある（存在する）からこそ思考するのであり、思考するからある（存在する）のではないと同様である。（★1と同様後述する。）なお規定⑤によれば思考は感覚をつくり出すことになっている。これは今言ったことと矛盾するのではないか。果たしてそうだろうか。思考には理性的思考と認識的思考とがあった。明確にそうと言える思考は後者（認識的思考）にある。理性的思考は認識的思考に対し、アイデアや何かしらの示唆など、認識の端緒に相当するものを提供するだけである。観念や概念をつくり出すのは認識的思考である。ただし、理性的思考によりそうなることが求められる。理性的思考でない単なる思考から存在が出てくることがないようにするためである。なお、その中で働く内的存在については後に述べることになるだろう。

▼ヘーゲルはなぜここで「特殊」という言葉を使ったのか、個別でもよかったのではないか。イポリットははっきりと感覚的意識は「抽象的なる個別意識」であると述べている。（「ヘーゲル精神現象学の生成と構造」上、四四頁、市倉宏祐訳、岩波書店、一九七二年、以下「イポリット」）この「抽象的なる個別意識」が特殊である。これは制限された意識であり、感覚的確信においては「一般的なもの」で本来の「個別的な意識」（同）（直接的なもの）ではない。なおこの一般的なものもその上位の一般（普遍）からみれば個別である。その特殊が一般に含まれるというのである。ともあれ本書はヘーゲルが、「小論理学」（下、一三五頁）で述べている「主語と述語とが相互に持つ最初の規定である」「個は普遍である」に着目した。（同、一三一頁参照）これらにはヘーゲルの大いなる展望があってのことだった。それは「普遍的精神とその個別性（感覚的意識）とのあいだの媒介項として、意識のもろもろの形態化の体系」（「現象学」上、樫山訳、三三八頁）を築くことだった。この背景については「大前提に入る前に」一六～九頁、注（＊5の★1、◎1～2）で述べた。ヘーゲルが「表象と概念を区別しながら、これらを混同して使っていた」（「大前提に入る前に」一五

頁）理由もここから明らかになろう。なおヘーゲルの特殊と、本書の特殊も個物も自然や感覚と同じと見る「個別」とは決定的な違いがある。この特殊は（本書のように）感覚に限定される経験の範囲が、理性（思弁的理性）が対象とする、つまり思考の及ぶ範囲にまで拡大される。本書で言う個別とは、個々のもののことで、それぞれは特殊や個物などを指している。この意味で特殊は、言うまでもなく普遍や一般に対する語で、個物や個体も同様である。（「用語集」三一四頁、注（＊4、＊5）参照）「普遍であると同時に特殊でもある発展過程――『〈具体的普遍〉』――」（「イポリット」上、四三頁）を「運動」として捉え、それを「内発的な力」によるものとした「思想」一三四頁、注（◎）も参照してもらいたい。

なお、「規定」③の慣用的表現では、「不安であるとき、不安があり、不安でないとき、不安がない」（この文言は、言葉や存在をあらわしており、この場合感覚を指していない「感覚したことをそのまま言ったことになるが、ヘーゲルによれば「私が思ってだけいるものを言いあらわすことはできない」（小論理学）のだから」）となるが、これと上記の中間に（つなぐものとして）「推論」があることを付記しておきたい。サルトルの場合、これを即自体（「それがあるところのものであり、それがあらぬところのものであらぬような存在」）としたのは、その感覚自体を言ったものとみられる。しかしこれは実際上「意識の対象」（意識にとって存在するもの）としても、右にある通り「言いあらわすことはできない」と思われる。ちなみに「現象学」の場合、言葉は②④、感覚は①③となるだろう。

視覚には、見る自我と見られる対象がある。同様に不安にもその対象と感じる自我が考えられる。違うようで同じなのは、前者が全部を見ておらず、細部まで知らないということが起こる。後者も全体がよくわかっていないし、対象がそもそもないということまで考えられるのでさらに厄介である。

しかし前者はその細部がわかってくれば全体はわかる。カントの言う物自体も（本人の考えとは異なり）こういう形で認識可能というわけである。しかし後者はむしろ前者の全体がわかるまで不安でい続けるという指標（リトマス試験紙）の役割を提供する。その結果として不安が解消されるとき、対象は完全に認識されるという根拠になるわけである。そういう関係がこの二つ（視覚と不安、認識とその状態）にはある。ではどちらがどうで、こうだというレベルまでは判定できないが（どちらも感覚に過ぎないのだから）、ある表象にはなっているはずである。

さてそこで、「現象学」のケースである。私は（A）の①を即自、②を対自にしたところ、その文言は「①不安があるとき、②不安でなく」（この文言は「現象学」に適用されるものに変えてある。サルトルでは「それがあるところものであらず」）の、①「不安がある」が、彼の言う意識があるものを知るとき、最初が「初めの自体」であり、その次に「この自体の、意識に—とっての—有[*1]」が来るとしたところで、さらに（B）はどうか、この文言は「③不安がないとき、④不安である」（サルトルでは「それがあらぬところものであるような存在」）が彼の言う「即自かつ対自」としたところであって、これらを含めて、それが（この場面に限らないが）「いわば意識の背後で起っているようなもの[*2]」としたところの表象ではないか、ということを私は主張しているのである。[*3]（なお（B）では、不安自体が否定的なものであるから③「不安がないとき」すでに「否定の否定」として捉えられるが、「即自かつ対自」を文字通り尊重すれば「「不安がない」が「不安である」に含まれることを言うためには」④「不安である」までを入れて、そうだと考えるのが適当と思われる。）これには別の言い方である「自体存在[*4]もしくはわれわれ[*5]にとっての存在[*6]」が絡んでいるのだが、このように表象はあるのである。サルトルは明確に不安から取っているが、対自、即自の意味がヘーゲルや本書と違う点が指摘される。

＊1　ヘーゲル「現象学」上、樫山訳、一一六頁。ちなみに数行後にこうある。「この、自体の、意識にとっての有が真であることになる、すなわち、これが実在であり、意識の対象である」(同)と。

＊2　ヘーゲル「現象学」上、樫山訳、一一八頁。ちなみに他の著では「意識の背後にひかえているもの」(長谷川訳、六二頁)、「意識の背後で、かくれて生起するもの」(「イポリット」上、三三頁)とある。

＊3　この視覚による比喩は木から家へ、昼から夜への移り変わり自体が問題ではなく、それを感覚から言葉へとしたときの変化を問題にしているのである。それが個別から一般へ、として説明されるわけだが、一方「意識の背後で起こっているようなもの」についても、これは視覚の比喩として使われている。対象と自我の構図がそれである。ところがここに「不安」の表象があらわれる(と私は見ているのだが)、そして混乱してしまう。それが「自体存在」と「われわれにとっての存在」である。言い換えれば前者が感覚、後者が言葉である。その原因が感覚を視覚から得ていることからにある。そもそもそこから発想されているのに、そこに不安が介入してくる。★個別から一般への個別、自体存在からわれわれにとっての存在への自体存在は、言葉にすることができない。それをどうして表現するのか。「意識の経験」を語ること以外にない。

★　やってはいないが、他の感情(喜怒哀楽など)でも当てはまるかもしれない。感情は知覚された感覚だから感覚に入る。(規定⑮)不安の対象は次から次へとやって来る。だから私たちが言葉にしているのは、一般の不安であって、個別の不安ではない。人それぞれが別々の不安を不安と言っているのであるから、共通した不安、一般的な不安を言っているのである。この不安を比喩としているのは何か、である。

＊4　樫山氏の解説では「自体存在は、当の意識にはまりこんでいて、対自的になっていない意識にとっては、それがそうであることがわからない。当の意識にとってはむしろ隠れていたり、本来在るべき姿であったりする。あるいは真だと思いこんでいるような姿をいう」(「現象学」上、一一八頁)と述べている。

＊5　同様に「『われわれ』は著者、哲学者をさす、当の意識のなかにはまりこんでいる意識にはわからないが、それを見ている哲学者にはわかるという意味で使われる」（同）と。

＊6　ヘーゲル「現象学」上、樫山訳、一一八頁。他の著では「『それ自体のありさま』あるいは『わたしたちにとっての存在』（長谷川訳、六二頁）。「ここに存在するのは、即自あるいは『われわれに対して』といった契機」（「イポリット」上、三二頁）である、と。

なお、ここでは概念と表象に焦点を当てている。ヘーゲルが概念にこだわって表象を蔑ろにしているものの、ちゃんと表象を抱き続けている。私の言う「表象」は感覚的なものを指している。ヘーゲルは「哲学は常に思惟による認識である」（「小論理学」上、二六六頁）と言っている。そして表象を介入させない。思想とは「また概念でも」「思惟規定」（同、一一七頁）であるから、あくまで思惟は哲学の基本ということになる。しかし私は思想、概念、思惟から表象を切り離してはならないと考えている。切り離されたものは、確かに（制約がないのだから）自由ではある。しかしそれだけに空想や想像、抽象、超越、彼岸的なものに陥りやすい。こういうと理想や非感覚的なもの（精神や理性、知性）、思惟や認識などを認めないのか、と反論されるかもしれない。私の言うのは、感性的であっても、その内にそういう能力が発揮できるし、そのなかの自由もあると言いたいのである。「思想は感性によって自分が真実であることを実証する」（フォイエルバッハ「将来哲学」六七頁）からである。

なお、①③を感覚、②④を言葉とすると（これは私のとは反対になるのだが）（「現象学」上、樫山訳、一二七頁参照）、しかも「感覚的なこのものの真理は、意識にとってこそ、一般的な経験であると言うが、むしろその反対が一般的経験である」（同、一三五頁）でも同様であろう。

彼は個別的な「このもの」が一般的な「このもの」になる経緯を「いま」と「ここ」の形式を使って説明している。ここで取り上げられている事例は昼や夜、木や家である。これらが個別的な段階（普通に個人的に知られることを指す）から一般的な段階へと移るのは、言いあらわされること、それを言葉にすることによる。この間にそういう変化が生じるというのである。私たちが思い込んでいるこのものは、言葉にできない、できるのは一般的なこのものだけである。

この個別→一般の謎（からくり）を解く鍵は「否定」である。私たちが口にするとき（言いあらわすとき）この否定が絡んでくる。昼といえば夜、木といえば家というように考える（否定する）ことで、昼や木を私だけのものではなく、私たちのもの（一般的なもの）にするのである。では本や車ならどうか、恐らく彼はテーブルの上にある本ではなく（否定）、本屋さんの本とか、我が家の車庫にある車ではなく（否定）リース会社の車庫にある車とか、ディーラーに並べられている車というように、否定を介入させて説明することだろう。

「規定」③によれば、私たちはこのように、不安を言っているとき、不安がなく、不安でないと言っているとき、不安があるので、いつも反対のことを口にして（あるいは書いて）言いあらわしていることになる。そして本当に不安であると意識するとき最初に戻るわけである。このことがヘーゲルから想起されたということなのである。彼はまた「表象は一般に思想および概念の比喩とみることができる」（「小論理学」上、六五頁）と言っている。

他方、フォイエルバッハはこれを矛盾として捉える。「哲学は、その本質からして、特殊な事例を内にふくむ一般論として語られる」（現象学）としているヘーゲルにとっては当然の論理を、存在と思考（感覚的確信では「このもの」と「一般的なもの」に配分される）の矛盾としているのである。なぜ矛盾か？　それを「私の生存」が何に負っているかを問えばよいというのである。彼の言い方だと「論理的なパン――抽象的なパン――に負っているのではなく、いつもただ『言いあらわすことのできないもの』であるこのパンにのみ負っている」（「将来哲学」五八～九頁）と。「存在は、ただこのような言いあらわすことのできないものに基づいている」（同）からなのである。（「新・思想としての不安について」四～五頁、注（＊2、★）参照）

感覚的確信は、確かに視覚から想起されるものの方が説明しやすいかもしれない。しかしこれはどこかで、それらは表象の表象という現象を生じさせているような、つまり二重映しに見えてくるのである。視覚で表象させながらその表象がさらにその背景にあるという図である。入れ子構造というともっと分かりやすいかもしれない。私はこれをモデルとしてみたり、全体を包む大きな表象として考えてみたりしているが、あるいは理念やイデアの比喩として考えてもみたが、表象を概念に変えることを哲学とする立場（ヘーゲル）からすれば、到底納得のゆく話ではなかろう。それを承知の上で述べると、それは彼自身の持つ根源的な問い、本人は言葉にしてもその真の意味はまだ自覚していない（かなり不遜な物言いだが）ことからくるものと思える。それが「不安」だったのではないかということである。

このこと（以下）について――（実存することについて）他でも触れているが、X↓不安、不安↓xのケースで、私はこの不安はいつのときのそれか、を考えたとき、上記のような文言（規定③）が自然に思い出されたのである。感情一般、いや言葉自体がこのような性質を帯びている。また事物を対象化する場合でも同様の現象が生じる（現象学）。すべてこれは言葉の介入から招来されたものである。しかし典型的なのは感情や特に不安に関するものがそう言えるのではないか。そこで不安を原型、モデルとする考え方が出てくる。（モデルの考え）

繰り返し言えば、感情はそれが正に生じている時、その感情に気付かないか、後にそれが感情的であって例えば怒りであったり、虚しさであったり、を意識することになる。「それがあるところのものであらず、それがあらぬところのものであるような存在」でいうならば、前の「注」でも述べたように、これはサルトルによれば意識であり対自存在であることになるし、私は不安を代表させて言葉と感覚として受け取った。*ヘーゲルは弁証法的に捉えたものとして解釈した。ここでの解決策は意識＝言葉＋感覚としてもよいし、意識にある二つのパターンとしてもよい。いずれにしても対象が意識、言葉、感覚と異なるものの、共通している点は「対象化」にあるということだろうと思う。

＊「自己があるとき、自己でなく、自己がないとき、自己であるような存在」と言い換えられる。これは意識の有り様、つまり対自存在を指しているというわけである。

不安で言うと、不安を対象化するとき、不安はなく、不安のとき対象化されない。これは不安を対象化するとき生じる意識で、対象そのものを自分の中に求めようとしていることなのである。これは「言葉」だけでは弱い、感情的なもの、さらに典型なのが不安である。けれども、これは明確に意識されておらず、これらに付随するものと考えられている。特に実存主義ではそうである。対自存在をそのように（先述のように）考えていながら、それが意識そのものにおいて生じるとしか考えられていない。これは奇異である。ここにはモデルがある、しかしそれを意識していない、念頭にあり表象されているかもしれないのにそれに気付いていない。

つまり、これは感情的なものの性質[*1]から取られているということである。しかし「実存[*2]」は感情的なものか、実存のモデル（素材）は感情か、その感情からその内容を抜き去ったらどうなるか、性質が残る、その性質か、その性質そのものか[*3]、一般（特定）の感情には前者が、そのまま当てはまる。しかし後者には不安を当てるのが相応しいのではないか[*4]、というのも特定の何か、ではなく、広くあまねく、あらゆるものすべての何かでなくてはならないからである。しかし対自存在やそれを働きへと方向付ける実存主義（サルトル）は「特定」のケースと考えられる。

＊1　感情は「知覚された感覚」なので、いずれは感覚に解消される。（規定⑮）

＊2　先の二つの引用文にある通り、「実存」は「対自存在」の引き伸ばしである。この「対自存在」の考えが実存主義につながる、その道を拓いたわけである。

＊3、＊4　ここはもう少し説明がいるようである。特定の感情、例えば喜怒哀楽ならその対象がはっきりしているため、そう呼ばれることと、その性質（そう呼ばれる条件）はほぼ一致している。しかし性質そのものはそういう特定のものに限定されない性質自体を指しているので、それについて名称を与えようとすると、それ自体でもよいが意味としては不明瞭な点で不安を充てるわけである。この不安が本来の意味であり、「内的存在」はここに由来している。「特定」のケースとは、他でも述べているように、よくわからないことを取り除くため不安を充てることがよくある。不安にしておけば、とりあえずその場は切り抜けられるような場合である。例えばどこどこまでは解明されているが、それ以上は不明といった場合がそれに当たる。「不安として残る」という言い方がされる。

物を見る視覚の角度からこれは取られていない。（ヘーゲルの場合のように）特定の感情とも意識されていない。しかしそれに近いもの、最も典型と私が言う不安から取られているのである。そこで不安そのものの性質が問われるわけだが、それは「――である」というこれまでの述語から、単純に引用されているのが現状である。「最も典型」というのも「特定」のケースに入る。どういうことか、型通りの、従来から考えられているもの、という意味だからである。

もし私たちが今不安の最中だとするならば、必ずそれを対象化するときが来る。それをはっきり意識すること、そういう存在が実存である。つまりこれは感情のなかでも不安の性質から（性質そのものからではなく）、実存は考えられているということである。＊

* それらの現象（先述のサルトル、ヘーゲル、私のケース）がなぜ起こるのか、それは「不安の思想」が確立していないからである、と私は考えている。

ここから不安の主語が求められる。（規定⑦）「X↓不安」は何か、不安（の対象＝X）の主語を以て（不安の）事実《不安がある》を示すことにある。［ちなみに「不安↓x」は不安（の内容＝x）の述語を以て（不安の）本質《xである》を示すことにある。］不安の主語は不安自体（内的存在）を主体とすることである。［A.3.2］（表1参照）

8

ここから「内的存在」それも「主体」として働く内的存在についてである。内的存在は無自覚の不安として規定される。「無自覚」というのは「前史」における不安のことを指している。この領域は直接的には誰も知ることができない、いわば原初の時代の話なのだから。そこをパースの「推論」[*]を使って説明しようというのである。そのために私は、ある存在を想定したということである。

* 「推論というものは、既知の事実を考察することによって、未知の事実を発見することを目的としている。」（パース「論文集」五七頁）（「モデルの考え」一三五頁、注（*）参照）

ヘーゲルは「生きた実体は、実際には主観［体］であるような存在である」（現象学[*1]）と述べ、さらにその後もっと重要なことを述べている。実体の「否定性」とか、真理の「円環」であるとかである。ここには私の言う「無自覚」的な何かについては一言も述べられていない。ただ無自覚、自覚、知覚（規定⑥）は、有、無、成／正、反、合／即自、対自、即自かつ対自と何か関連が（照応する何かが）あるように思われる（その試みは前述した）が、特別検証してみたことがないので実際はわからない。ただ言えるのは実体が主体として働くということだけである。[*2] ここだけを注目するわけである。

さて、実体を主体として考えるとは言っても、実体とか真理とか、後者は特に本書では特別な意味を持っているわけではないが、実体を一つの想定された概念、現実に沿った言い方をすれば媒介、それを契機とするもの、関与するもので最初に挙げた「媒介」とするのが相応しいように思う。実体ではなく、媒介である。この媒介が主体として働くというのである。[*3]「媒介」が出てきた、そしてこれが主体として働くということを、さらに現実に即して言えば、それが念頭に置かれるということである。しかも表象される、その表象の内容が経験されたものであることは言うまでもない。[*4]

＊1　ヘーゲル「現象学」上、樫山訳、三三頁。
＊2　「実体はそれ自身で主観［体］である」（前掲書、七三頁、三二一頁）。
＊3　主体として働くのは、想定されている間だけである。意識されないものをそうするのだから。
＊4　意識される（感覚される）側からはそのような形を取って言いあらわされる。

その内的存在が、当初（原初的に）は無自覚というのである。それがどうして得られるか、X↓不安、不安→xですでに述べたところである。（規定①、また感情や言語をキーワードとして）［A9.245～7］私がX→不安という場合、この不安はどういう不安なのか、意識したとき不安は去っているし、不安でいるとき、私はそれを意識していない。これを長い時間性で考えたとき、つまり、人間の意識がまだよく発達していなかった時代、不安はこの意識していないときのままであったと考えられる。しかし今の私は私なりに不安自体を知っている。こういう意味での無自覚と言う意味である。つまり、意識していることも、意識していないときも同時にそれらの状況を知っているということである。そういう意味での無自覚であるから、この無自覚は自覚（意識）を前提にしているということである。「歴史」を見れば同じことが言える。古代、前史時代はちゃんと記述されている。

　そういう意味で「内的存在」は「媒介」として働く。[*1] 再度主体が媒介に？　これは奇妙ではないか、と思われるかもしれないが、意識されない状態を意識されている側から推論するわけだから、意識する側からすれば「媒介」として働いているように見える。（意識されない側では「主体」として働いているとしても）私たちはこの推論では意識している側にいるのだから、想定の方が「主体」でも想定する（意識している）側では「媒介」として働く。（媒介である）[*2]

＊1　繰り返しになるが、「媒介として働く」は、それが主体として働くことを実際は見ていない（想定されているものだから）からで、それを意識する側からはあたかも媒介として働いているように見えること。

＊2　主体と媒介★からは様々なことが考えられるが、一つには媒介からは主体が、また他方、主体からは媒介がそれぞれ呼び起こされるということである。というのもこの「媒介から主体が」において存在の即自体が、「主体から媒介が」において「神」が考えられているのではないかということである。すると神（即自体＝神より）とはすでにこの時点ですぐ近くにある（存在する）ことから、哲学と宗教は同根であることが理解

されるのである。ただその方向性が違うということになろう。

★「内的存在」は「神」に通ずるが、前者が事実に基づくなら、後者は思考に基づく。主体が実体として働くのは、想定されているものとして、である。ただ制限のないバーチャルなものとしての可能性を指摘されるかもしれないが、ここは「規定」によるものであり、その指摘は当たらない。内的存在（不安）には三要件（動揺、自然必然性、経験）があるとともに、経験的事実（規定）による推論で想定されたものである。両者の違いは、想定される側と想定する側との違いであるし、また意識されない（無自覚）と意識される（自覚）との違いでもある。媒介は念頭に置かれるし、表象されるが、主体は意識の外に置かれる。

それが「主体」として働く場合、表象、内容が伴う、さらに形式が現れる。（それ自体として）内的存在*とは次のようなものとして想定される。［A.2.31］（図3―2参照）

① 内的存在は、その感覚の内に内容（第一感覚）とそれ自体（表象、形式）をもたらす（生ずる）。

② 第一感覚におけるそれ自体は、内的存在の関与により、第一感覚の内に第二感覚とそれ自体（表象、形式）をもたらす（生ずる）。

③ 第二感覚におけるそれ自体は、内的存在の関与により、第二感覚の内に第三感覚とそれ自体（表象、形式）をもたらす（生ずる）。

＊（一）内的存在は、魂とか、心とか、精神とか呼ばれる可能性がある。（二）内的存在は、不安に広義と狭義があるように（「新・思想としての不安について」四頁、注（＊1））心、魂、精神に対しての広義と、哲学、宗教、現実に対しての狭義の区別がある。（三）内的存在は、広義では前史全体を、狭義では前史のなかの内的存在を指している。後者に限り不安自体（自体存在★）に由来するとみなされる。（四）内的存在は、言葉と感覚の二つで言いあらわされる。（不安も他の言葉［感情や感覚など内的なもの］も同様）感覚は表

象と、言葉（＝言表）は主体と直接関係する。後者は表象の主体として、またその主体の実体として働く。[A.9.251]（五）不安（＝言葉）は、不安＝主体とその実体で、不安（＝表象）は、不安＝感覚で、時間的発生順序としては先だが、表象は言葉に先行しても主体にならず、しかしそれが言葉で言いあらわされるとき、（規定⑥）その述語のなかにその表象は含まれ（反映され）ている。（表1）その述語が転倒して、表象が主体になったのが内的存在で、実体をあらわす。その述語（第一〜三感覚）が内容とそれ自体（表象と形式）である。その状態は「図3―2」の通りである。アリストテレスの「形而上学」（上、第二巻第一章七一頁、注（3）三四〇〜一頁）によると、我々の感覚に最も近いものが個々特殊のもので、我々の感覚から最も遠く離れたものが普遍的なものとされている。なお「我々にとって」と「自然において」（「端的に」「それ自体において」とも言う）を、「より先のもの、より多く可知的なもの」として、前者では感覚により近いもの、後者では感覚からより遠く離れたもの、としている。（「分析論後篇」第一巻第二章）［「アリストテレス全集2」分析論後書、高橋久一郎訳、三四四〜五頁、岩波書店、二〇一四年］ここに先の、普遍的なものとしての言葉と、感覚としての表象が、まさに端的に画然と区別される形で言いあらわされている。なお「内的存在」については「規定」②の＊を参照。[BA.26.28] [ZS.13.10] なお、ここで注意がいるのは「図3―2」は「表1」とともに言葉であらわされているものである。（特に表1の①と②は想定されたもので言葉に起こしたものであるから）言葉に先行する表象（＝感覚）と混同しないようにしなければならない。（後続の七八〜九頁、本文と注（＊1〜4）参照）

★　自体存在は「感覚内自体存在」の意、「内的存在」の由来となる語で前不安、原不安と言う場合もある。それ以外では「内的存在」で統一した。両者に「存在」が入っているのは、別項の「或るもの」が「あるもの」や「ある」に変化すると同様で「前史」に矛盾しないと考えている。

存在者（物、精神、言葉）が存在しているということは、それをそうさせている存在者が存在しているということである。引き起こすもの（驚異、畏怖、不安）の思想（これまでの本質存在［或るものの述語］、引き起こされるものの思想ではなく）を重視する立場から、偏ったこれらの思想を質していく、改めて「引き起こすもの」の視点による思想を考えてみる必要がある。

何をそうさせるのか（引き起こすものそれ自体）［「引き起こすもの」については「補記三」参照］を明確化させるとともに、その際に関係するものと、それらの関係の「構図」をも明確化させること、例えば生存と経済（家計、生活、家庭経済）の場合、その関係だけでなく、それらを関係付ける方法（両者を成立させる、満足させる手段）を含むこと、両者を両立させるための手段も同時に論じることである。生存とは生きること、生きていくことであるので、まずはその生存の保持に心を傾けなければならない。すると、労働市場が悪い場合（不況、景気後退）その手段である職種を選べないということ、糧を得るための生活手段が優先されるということである。

最後に述べておかなければならないことがある。それは「規定」①である、X↓不安と不安↓xについてである。これはずっと長い間私の頭の中にあって、何とかうまく説明したいと思ってきた対象だった。やっと考えが最終段階に来ていると実感したので、説明したいと思う。［A.9.250］

まず全体的にはどうかということである。X↓不安、不安↓xとも「○○が不安である」でも「不安は○○である」でも表現できる、しかし両者が異なるのはX↓不安はどちらも「対象」を、不安↓xは同様に「内容」をあらわしているということである。そして端的に言えば前者は「不安がある」、後者は「xである」をあらわしていると言い得る。*

すなわち各々は事実存在と本質存在、個別と一般、主観と客観、意味と用法（後述）をあらわしている。（表2　個別・一般比較対照表）そして重要なのはこれらが肯定（的）と否定（的）に還元できるということである。（図2）それはこうであった。不安は肯定（的）なものに含意する否定（的）部分であり、安らかは否定（的）部分を含意する肯定（的）なものであるということである。ただこう言うと、不安や安らかは肯定的、否定的よりも前に位置していたのではないか、と反論されるかもしれない。しかし「前史」は後付け（推論）であり、しかも表現の仕方としては自覚しない不安を前に置いておく必然性があるから、そうしているだけである。不安や安らかが肯定や否定の後でなければならない理由はなく、ただ表現上は右のようにならざるを得ないから、がその理由である。

＊　これはX→不安と不安→xが各々対象と内容であり、「不安がある、その対象はXである」（その不安を引き起こしたもの（対象）はXである）と「不安がある、その内容はxである」（その不安が引き起こしたもの（内容）はxである）と言うことができる。（詳細は表1―図5の内実を参照）「がある」と「である」は、不安でもX（x）でも、さらにそれを遡ると「ある」になる。これは同語反復（トートロジー）でも説明できるが、不安でもX（x）でも言葉自体知らないで言うとしたら「ある」（何かしらのもの）と言うしか言いようがない。ヘーゲルの「有」[★1]がそれで、不安→xが「知の知」[★2]に当たるように思われるところである。

★1　ヘーゲルの有には、最初の有である直接的な無規定（Sein）と、直接的ではあるが規定された定有（Dasein）、或るもの（etwas）とがあって、ここでは前者を指す。本書の内的存在（想定された無自覚の存在）は、意味が異なるが強いてあてればsomething、etwasを言う。（表1参照）ヘーゲル「小論理学」上、八六～八節（二六二～七七頁）参照。

★2　ヘーゲル「現象学」上、樫山訳、一一二頁参照。

「自己がいまだあらぬところのものであるように、また自己が現にあるところのものであらぬように、自己を成らせていく」[*1]ことが実存主義の言う「実存する」ということなのである（実存主義）が、存在（実存）が本質に先行しているが故に、このように説明されている。

　このように私たちは普通「ある」でも、それ以前の知識を拠り所として言っている。だからもしその知識を除いたら「ある」としか言いようがないわけである。これだと普遍は個物に先立って実在するという、西洋中世のスコラ学初期にいわゆる普遍論争の的になった実在論、神の本質にその存在が含まれるとする神の存在論的証明は、存在（個物）が本質（普遍）よりも先行しているので誤りということになるが、これを図5、表1（図5の内実）で説明するとどうなるか。ポイントはX↓不安が無自覚ということである。これを自覚している（言葉にする）と仮定した上で話を進める。[*2]本項七五頁注（＊）の（四）と（五）で述べたように、表象は言葉に先行しても主体にならず、しかしそれが言葉で言いあらわされるとき、（規定⑥）述語に含まれる表象が主体になり得る。表1（図5の内実）の①は、述語の中に表象が含まれている。「Xがある、その対象は不安（表象）である。」②は、これが転倒したものでX↓不安としてあらわされる。これが「不安を引き起こすもの」を代表する図式である。③によって、この表象（不安）は主体となり、x1を実体（主体）として述語（定立）する。「不安がある、その内容はx1である。」これが「不安が引き起こすもの」を代表する図式であるいわゆる不安↓x1である。以上からx1を神として定立すると、[*3]X（何か或るもの）よりは後だが、本質[*4]（神）がその存在（X）より前にあるとみなされる。（表1の①②は無自覚だから）付言すれば、その本質は存在を含む。なぜならその述語（＝x1である）のなかに、先行する存在（＝X（何か或るもの）がある）が含まれるから。ただしこれは繰り返すようだが「言葉」の上での話である。これらはいずれも不安が関与していることが最大のポイントである。（厳密にはそれがよく自覚されていないことによる。）このことは重大なことを意味する。なぜなら以上述べたように、本質が存在を含むことも神の存在論的証明も、この無自覚の部分をある（仮定でなしにある）とすることで成立することになる。本来言葉にすることはできない、それができるのは「神の叙述」としてだけである。[*5]

＊1　松浪信三郎「実存主義」一三一頁。

＊2　これは本来の目的とは異なる存在と本質の関係を明らかにするために用いられている。特に表1の①と②（X→不安）が③と④（不安→x1）に変化するのを感覚と言葉として捉え、これを存在と本質の関係に適用しているので、その点注意が必要である。

★　図5とその内実である表1のことで、無自覚の感覚が自覚、知覚の言葉となり、概念や観念、思惟の産物に発展するその変遷をあらわしていることを指している。なおこの関係（感覚と言葉）は、前史とこの前史をもつ哲学、宗教、現実との関係にも適用されている。（「用語集」三三七頁参照）

＊3　x1をなぜ神として定立するのか、それは「不安は神である」（厳密にはある不安のメタファーを指して神と言う）からである。（用語集3―④参照）加えて神を感じる、それから神の立場に思いが移る、またその逆でもある、からである。（フォイエルバッハ「キリスト教の本質」下、一五七頁、注（＊＊）参照）

＊4　神であることが本質であること。同じく前掲書および表1の④参照。

＊5　このあるはXを深淵とするケース。過去「神は『深淵』（先始元）などと呼ばれる」（「エネアデス」訳者付記）であらわされている。（「日本人の思想」二七一～二頁、注（＊3）さらに「不安」一五九頁の三つ目のパラグラフ参照。また「何か或るもの」については、本項◉人間が「存在」を考えるようになったのはなぜか？　四六～五一頁、本文およびその注（＊1～4）参照）

ここに至った経緯には「不安には、それを引き起こすものと、それが引き起こすものとがある」（規定①）ことからであった。例えば不安を言葉に換えても同じことが言える、感覚にしても、その他様々な言葉をここに代入できる。つまり、これは事実上誰もが考えを及ぼす内容をそのまま言っているだけである。ではそれがそんなに重要なのか、と言うことが次に出てくる疑問だろう思う。しかしこの言わば当り前の問い（命題）を、他の事実と併せて問うことで、これまで放置された問いが解決できるとするなら、それは諒（了）としなければならないのではなかろうか。

今日哲学上の問題も言葉の問題（記号学［論］）として考えられるようになった事実*を見ても決しておかしなやり方（アカデミックではない、素人のやり方だとしても）とは思えない。感覚と言葉の区別から見えてきたものでもあった。ヘーゲルの「現象学」の感覚的確信も感覚と言葉の問題として取り上げることができる。その他様々な概念や観念の発生の契機（糸口）さえ見えてくるようになるし、哲学と宗教と現実の区別も、想定されたものによるとしても明確になってくる。いずれも当り前に考えて妥当と思われる内容を用いて、説明可能なところを逐一指摘しているだけである。直観も啓示もここには関係していない。事実の突き合わせと、それらの妥当な積み上げと総合により考えられ、認識されたものばかりである。

＊　木田元氏は「わたしの哲学入門」（新書館、一九九八年、以下「哲学入門」）のなかで「ハイデガーの考え」として「人間よりも存在が、そしてその存在の住処である言葉が先立つ」（二四九頁）と述べている。

言葉には意味と用法がある。記号論（学）には意味論、統語論（シンタックス、構文論、統辞論とも）、語用論がある。統語論が言葉と言葉の関係であるなら、言葉は意味と語用（用法）とこれらの関係で成り立っていると考えることができる。[*]

＊ 統語論の私なりの解釈である。一般に統語論は「他の記号との関係」をあらわしたもの、としている。しかし言葉は語用論にしても意味論にしても、言葉であらわされるものであるし、この二つは切り離せない。[★1] 言葉自体がこの三つ（意味論、統語論、語用論）の側面を持っているのだから、「他の記号との関係」にしろ、「文の間の構造的関係」にしろ（いずれもカギ括弧内〈岩哲〉による）、言葉で行われるし、それぞれが意味と語用を持っているのだから、統語論はこの二つの関係とも言えるわけである。例えば、自分と自分との沈黙の対話といわれる「自己内対話[★2]」は言葉抜きでは成立しない。統語論が意味と語用（用法）を切り離し、言葉を単なる記号として扱うとしても、それは実際のところ難しいと思われる。

★1 ヴィトゲンシュタインは「論理哲学論」（山元一郎訳、三四四頁、世界の名著70、一九八〇年）で「記号が呑みこんでいるものが、記号の使いかたによって語りだされる」（3・262）と述べているが、その訳注ではやがて「言語の意味はその『使いかた』にほかならないという思想に発展する」（三四五頁）と。

★2 辞書（一般の国語辞典）を開くことは、言葉の意味と用法（使用）を調べるためである。「言葉には、それを引き起こすものと、それが引き起こすものとがある。」（規定①[◎]）だから、意味を問う、使用を誤らない、正しく認識するには、必ずもう一人の自分か複数の相手が必要で、自己の場合（もう一人の自分）でも他者（複数の相手）の場合でも同じである。他者を立てることが必ず伴う。（自己内でも自己外でも）

◎ また、言葉自体から自然と人間、精神と身体、主観と客観、主体〈私、自我〉と対象、事実存在と本質存在などの認識の仕方が生ずる。というのは「その言葉を引き起こすもの」と「その言葉が引き起こすもの」とが必ず意識されるからである。記号論の三つの側面（また言語表現の三つの関係）はここから生じている。

「言葉には、それを引き起こすものと、それが引き起こすものとがある」（規定①言葉バージョン）

の「それを引き起こすもの」を意味、「それが引き起こすもの」を用法（語用）とすることができる。つまり「規定」①はこのようにではあるが、「規定」③はどうか、これは言葉と感覚（二つ併せて意識とする考え方もあるが）で説明できるように、身近なところで「思考を巡らせば誰もが経験しているとみなされる事柄で、事実として言葉で言いあらわされるもの」（経験的事実）であり、事実上どこでも通用する考えとみなされる。（多数の人々に支持される妥当なものとみなすことができる。）それは、私たちが超越的（超感性的、超自然的、超人間的など絶対自由）な存在ではない、人間、自然、地球（宇宙の一つの惑星）という制限の上で存在しているからである。

ここで「言葉・意味／用法」を再度取り上げる。「不安を引き起こすもの」「不安が引き起こすもの」にはいずれにも「私」という主語がない。しかし両者が統一されて「私」が生ずる。自我が生じ、それを私たちは「私」と呼んでいるのである。つまり、私たちは両者を意識しない内では「私」を自覚しないわけである。この「私」が自覚されるまで、両者は相互にこの循環を繰り返す。そして、ある結論なり途中経過を自覚するわけである。

さらに詳細に見てみよう。結論から先に言うと、「不安を引き起こすもの」それは「意味」である。「不安が引き起こすもの」それは用法（使用法、使い方）である。では言葉・意味／用法とX→不安、不安→xとの関係を考えてみる。

この究極的な例としてX→不安、不安→xにおける永遠的なもの（ずっと継続するもの）として「神」が考えられた。言葉が限定されたり、ある枠（形式）がはめられたりするのは、永続性のそれ（不安）に関係している。どこかで納まりが付くということである。*

＊　「実在的なものとは、知識や推論がおそかれ早かれ最終的におちつく先であり、わたしやあなたの気まぐれに支配されないようなものである。」（パース「論文集」一六三頁）

これら意味、用法にしろ、言葉の多様性や他への展開、新しい言葉の創造、考え（思考）、私（自我、意識）さらには認識、知性や理性の意味など、全くとは言わぬが、これまでとは異なったアプローチ、考え方が出てくる。まず、主観（主体）や対象、私というもの（自己同一性、自己責任や義務、規範などとの関係も含めて）の定義（有り様）が変わってくる。[Ⅳ15.18〜25]

そのポイントになる（核になる）のが、これらの関係の要にあるもの、あるとするもの、あればさらに理解が深まり、これまで不問にされたものや、放置されたり、意に介されなかったり、等閑に付されたりしていたものが間近に迫ってくる、解答らしきもの、理解されるもの、認識可能なもの、が得られそうに考えられること——のようになるのがわかってくる。それとは何か、

主体の捉え方である。主体が全く独立してあるのではなく、受動性（例えば感覚）の中に主体性なるものが控えている、といった形のもので考えられることである。[*]

＊　これまで、あくまでも受動的なものであったものが、実は内部に主体性を持ったものが控えている（抱えていている）ということである。主体性（主体）というのは、独立して考えられるのではなく、何か他のものとの関係があって、考えられるもので、受動性というといつまでも受動性のまま、独立したものであれば（そうと規定したものであれば）いつまでも独立したものと考えられてきた。さらに主体と表象との関係もまた区別され遠ざけられていたが、これも実は密接な関係があることもまた同様である。（「引き起こすもの」二一七〜八頁、本文と注（＊１）参照。フォイエルバッハは「キリスト教の本質」のなかで「受動形は自分

自身を確信している能動形であり、客観は自分自身を確信している主観である。……受動形は能動形に転化し能動形は受動形に転化する」（下、一五七頁、注（＊＊））と述べている。）

発想の源として考えると――。いきなり言葉・意味／用法、X↓不安、不安↓xを言われても戸惑うだろう。しかしその発想の源を言えばわかってもらえるのではないか。つまりこれも「経験的事実」（規定）から説明する必要があるのである。というのも例えば「不安を引き起こすもの」とは、主観と客観、主体と対象、事実（現実）存在と本質存在、ましてや「存在」の観点から発想されなくて、「私」からも招来されないだろう。

実はこれは「不安」自体、不安という言葉（あるいは記号）から発想されている。これでもまだ十分な説明になっていない。私の内にある「不安」という知識（経験については後述）から出て来ているのである。それも何処か別のところから持ってきたものであるから、それが深浅の度は自らでは分からない。ある程度認識を集めたものと考えられるものに過ぎない。それと私の経験（現実に活動しているなかで得られた、身をもって得た体験）が加わって、その認識は幾つもの過程（経験）を経て知識となっていった。そこから発想されている。それが私にとって不安というものの実際、事実として認識されている。そこから発想されて「不安を（が）引き起こすもの」が生じたというわけである。従ってここから主観以下のもの（八四頁）に考えが及んだということは確かだが、その逆ではないというのも確かである。端的に言うと不安の元にあるもの（不安を引き起こすもの）、例えばそれが健康だとすると、その対処法、健康法（不安が引き起こすもの）との関係である。これを言葉自体まで展開させたのは、もちろんこの後であることは言うまでもない。

「要約」について

表題にある「(要約)」は、「集約」の意味でそうした。着想から約十年やっとここまで漕ぎ着けたが、その間おびただしい文章が訳もなく費やされたように今になって思う。*迷子になったように、今どこを歩いているのかわからなくなったり、同じところをぐるぐる回っているように思えたり、ところどころで空想に駆られるなど様々であった。すでに読み返す作業が大変なことがわかってから、新たに数冊のノートを使って記憶を頼りに書いたのがこの本の元になった。この経緯からも「要約」は適当でないのだが、これが大仰に思えるのだとしたなら、それは私が思想に関して全くの素人で、アカデミックな経験を積んでないことから来るものである、と考えて差し支えない。そのことはよくよく承知しているつもりである。

* 内訳は、ノートのサイズ別で普通一〇七、中型四、小型(メモ帳)二六の計一三七冊だった。(中型、小型のノートは構想の初期段階のものがほとんどである。)なお頁数は六〇頁のもので、片面を空欄としコメント、引用、訂正、新たな考えなどの書き込み用としているので、本文はその半分の三〇頁となる。またこの中には、プラトンやヘーゲルの文章を抜き書きしたノートや、「雑記帳」と称して「コメント」専用のノートも含まれている。「雑記帳」からは様々なアイデアや発見に発展したものが数多くある。さらに、これは数えてはいないが、修正、整理、新しい考えなどを記したノートはどんどん増えていく一方だった。なお本書は、自らの求めに自らが応じ自らが書いた自費出版物である。(「あとがき」参照)

まえがき

1

本書は前作（思想Ⅰ〜Ⅲ）で書き切れなかったところ、不備だったところ、熟考が足りなかったところを補い、幾つかの新しい視点で書き改めたものである。

今日ほど不安を意識する時代はないのではなかろうか。人は不安に駆られ、それをうまく処理できないと、時として哲学や宗教から解答を引き出そうとする。私がやろうとしているのは、不安を思想にすることだが、その際「哲学」を念頭に置いているわけではなく、純粋に不安を考えられるものに（思考の対象に）したい、というだけの動機に基づいている。ヘーゲルは哲学は表象を思想や概念に変えるものだと言っている。（小論理学）すると私もヘーゲルと同じようなことを（表象［不安］を思想に）しようとしているのだろうか。確かに、しかもこれ以外にも似ているところがあるようだ。[*1] ただ決定的な違いがある。ヘーゲルの場合、表象は考えられているが、表に出てくることはほとんどなく、もっぱら概念（または表象以外の抽象的表現）に換えられている。ヘーゲルは思想や概念になっているものを表象に求めるな、感覚や直観や表象を思想と混同するなとも言っている。[*2]

*1　例えば「規定」③の（B）「不安でないとき、不安がある」の「不安がある」は先述の通り、様々な概念のヒントになっている。これは「前史（先史）」（後述）で詳しく述べる。「内的存在」（前不安、不安自体、

原不安）にもつながっている。この括弧内の不安自体は、ヘーゲルの即自（それ自体）を想起させるだろう。「潜在」とも「可能性（態）」とも言われており、またヘーゲルの言う感覚的確信における思念（思い込み）は言葉にできないが、このこととも関係する。「即自」が表象でいう不安自体（感覚されていない、無自覚）を指していることは、概念だけからはわからない。しかし「概念で通せ！」、表象を絡ませないで、概念だけで思惟せよと言うのである。逆にここがヘーゲル哲学を難しくしているのだが、そうでないと自由に思惟できないことも、これはあらわしていることにもなるわけである。

＊2　その点は「思想および概念として意識のうちにあるものを、あくまで表象の形で思い浮べようとすること」が哲学を難しくしているもう一つの理由である、という風に言いあらわされている。（『小論理学』上、六六頁）

◉不安を思想にする目的にある三つの理由

ところが、私にとってもっとも頻繁に表象させているのは「不安」であって（なぜならそれを思想にすると言っているのだから）、絶えず念頭にあるものは不安であると言い切ってもいい。ヘーゲルにとっては、思想（思惟規定とも言っている）と概念が一切なのである。しかし言っている額面通りには受け取れない、どこかで詳しく述べると思うが、ヘーゲルには動かしようのない表象が常に彼の影のように付きまとっている。今言ってしまえば、それは不安である。（この指摘は他でもあるが、私の知る限りそれ以上のものではないように思われる。）それはともかく不安を思想にする目的には、次のような三つの理由があるように思われる。①不安は意識されているが（メディアその他各専門分野で思想としてではなく、感情、気分、情緒として）、様々なバリエーションを以て語られている。

(規定⑫) さらに不安は様々な産業や事業に転用されている。[*1] にもかかわらず、不安は思想化されていない。もっともこれは私の考えでは、現在の不安は他でも述べているように感情、気分、情緒の形式で一面的に語られているだけである。もう一つの理由は、②メンタルな問題として、である。[*2] これが過度に意識されると、正常な感覚や精神的身体的な面に変調を来たす、ということである。この改善のために様々な手が打たれてきた。「堪えがたい不安」[*3] は病に発展する。

*1　治安、公安などの安全(セキュリティー)対策、防衛、外交、政策などにも反映されている。

*2　しかしこの分野は一面的(病的、他方、積極的なところを取り上げる一面もあるが)で大きな視野で捉えようとする傾向に乏しい憾みがある。

*3　不安とメンタルな問題には様々なアプローチがあるのは知っているが、今回はフロム・ライヒマンの「精神病は堪えがたい不安への、ある個人の反応」(梶谷哲男「不安と精神分裂病」、「現代のエスプリ〈不安〉」所収、一四八頁、至文堂、一九六九年)だけを取り上げた。なお、これに関連する書はこの「現代のエスプリ〈不安〉」のみであることをお断りしておく。今回はそのことへの検証に時間を割くことはできなかった。別な機会に譲りたい。

最後の理由、これが本書の核心になるかもしれないが、③言葉や精神といった根源的なところに不安がある、ということによるものである。その理由は不安の周辺にあるもの(憂い〈愁い〉、恐れ、心配、懸念など)と比べて、より原初的で深い意味があり、それが宗教や超越的なものへの志向につながっているのではないかということである。[*]

*　この点に関しては、小此木啓吾「現代の不安について」(「現代のエスプリ〈不安〉」所収)や、霜山徳爾「仮象の世界」(思索社、一九九〇年)に詳しい記述がある。

2

①〜③いずれも原因は、思想、平たく言えば考え方だが、客観化、対象化、意識化することの問題だと思われる。そこで読者は次のような疑問をもたれると思う。（1）なぜ不安なのか（なぜ不安だけが問われるのか、他にも思想の問題はあるのに）、（2）思想にするのは哲学すること（ヘーゲル）ではないのか。こういうことは一般的でないし、誰もそれを望んではいない、望んでいるとは限らない。（3）なぜ不安以外の、しかも日常用語（例えば心配とか、恐れとか）を使って説明できないのか、などではないかと思われる。そこで本書ではそれぞれに答えを出し、なぜ思想にするのかを説明したいと思う。その前に「大前提」で述べた「規定」を想起していただきたい。本書ではこの「規定」によって説明を行うことを基本とする。

例えば、一足飛びに理性とか悟性（知性）とか直観とか直知とか、もちろん天啓とか啓示とか、とも異なる、形而上学的な説明は可能な限りしないことを原則とするが、唯一形而上学的なものに拠らねばならないところもある。（他でも述べているパースの推論によって想定された「内的存在」がそれである。）さてそこで、特に理由の③について先に述べておきたい。というのも「不安」は単に不安ではないからである。

③の内容は、不安は言葉や精神などの根源的なところにある、ということだった。これが「不安とその周辺にあるもの」との違いを際立たせており、不安をあえて選んだ理由になっている。こういう

と人によっては突拍子に聞こえるかもしれない。それは不安は神であるとともに、存在の後見人であるということ、平たく言うと、不安は神を想起させ、到る所にある存在を存在たらしめている存在（創造主）として、宗教と哲学にその思想（まだ誰も思想として取り上げていないのだが）を注ぎ込んでいるということである。*

* ここでは宗教と不安の関係において、キェルケゴールの「不安の概念」（斎藤信治訳、岩波文庫、一九七九年（改版））を念頭に置いている。本書は不安そのものを論じ、キルケゴールは原罪に焦点を当て『不安』の概念を心理学的に取扱う」（二一頁）ことを課題としている。彼の不安には二義性がある。それは共感と反感である。（六九頁）しかし本書はその一面、否定的なところ以て不安としている。その反対の側面であるキルケゴール言うところの「共感」は「安らか」に照応する。このように考え方は異なるが、共通するところがある。それは彼が「罪は不安のなかで出現してきた、ところが罪がまたもや不安を携えてきた」（八九頁）と述べているところである。これは本書の規定①、図5に倣うなら、不安→原罪、原罪→不安ということになろう。「不安の概念」で最も重要な概念は、反復と瞬間であろう。両者は表裏一体の関係にある。反復は失ったものを「取り戻す」とか「モトノ状態ニカエル」という意味がある。（「反復」桝田啓三郎訳（注）一七二頁、岩波文庫、一九五六年）「反復されるものは存在していたのである」（三八頁）。瞬間は「時間的なるものと永遠的なるものとの綜合」（「不安の概念」一四八頁）である。この二つを同時に可能にするものは何か。信仰である。（二〇九頁）

こうして不安には古代ギリシアからずっと続く系譜みたいなもの、いやもっと古い前史からの歴史としての内容を持ったものと考えることができる。それに対する哲学、思想、宗教は、こういっては言い過ぎかもしれないが、無知、無関心で、余りにも自明なものと考えた節があると言わざるを得ない。

こうして③は①や②に反映して、中でも②メンタルな問題では専門家でも手を拱いているのである。このことから不安は①哲学、②宗教、③現実に絡んでいることは明らかであろう。(「大前提」三一〜三頁、本文および注(＊1〜＊3)参照)[A.10.273]

ところが不安は「不安」として意識されていなかった。不安という言葉自体は近代用語である。日本では西洋語の訳語としてつくられた明治以降の言葉である。[＊1] もし仮に日本の古文の訳語にこの言葉が使われているとしたら、それはあくまで現代の意味においてであって、古典時代にその言葉があったわけではないことを理解しておく必要がある。[＊2]

＊1　哲学(philosophy)、数学(mathematics)、自然(nature)、心理学(Mental Philosophy)、革命(revolution)、社会(society)はもとより、ほぼすべての哲学用語がそうである。翻訳語について長谷川三千子氏は、柳父章氏の「翻訳の思想」(ちくま学芸文庫、一九九五年)の「解説」でこう述べている。「つまり、幕末から明治時代にかけて、西洋の文物、思想を日本に紹介するにあたって、それらを表わす多くの言葉が日本語のうちにはなかった。そこで、あるいは旧来の漢語をあて、あるいは新たに漢字を組み合わせた新造語を拵え上げて、それらの輸入概念を翻訳した。これが翻訳語である。」(二五四頁)

＊2　この不安の系譜には、先に少し述べたが不安の意味に深刻さが増しているという事実がある。周辺(この言葉に近い意味)の言葉(心配、懸念、憂(愁)いなど)ではなく、なぜ不安かという疑問に答える唯一の答えは、このことにある。ただ心配(心安らかでない)ではなかった、いよいよ切羽詰まり、もっと強い意味の言葉はないかというとき、不安にその意味を込めたのである。(その事情は、不安と恐怖との対比で説明している霜山徳爾氏の「仮象の世界」に詳しい。後述。)だから不安なのであって、心配といった生易しいことではない事情を抱えるようになってきたということである。そういう状況が本当にあったかどうか

というより、そう言わざるを得ないほどのことがあり、それを表現したかったということなのである。

「不安」は意識されていなかったから、私は「アパテイア」(apatheia) や「アタラクシア」(ataraxia) が不安の反対の言葉としてあったが、不安自体の言葉はなかった、例えば「霊魂の動揺」(エピクロス) とか「心が平静でない状態」という感覚はあっても、それを「不安」として言葉にして (表現したり)、強く意識したりしたという形跡がない証拠に、不安の思想はなかったことからも理解されるだろう。たとえ「霊魂の動揺」としてもそのことに関する思想はなかった、あったのはその反対の「アパテイア」(自若、無感動) や「アタラクシア」(心の平静) だったのである。こうして不安の周辺にある言葉と区別しなければならない理由は理解されたのではないかと思われる。しかし通り一遍の不安でこのことが説明できる、と私が思っているのではない。

不安には系譜があると言ったが、その前史たる前不安、不安の前身 (あるいは不安自体、原初的不安［「思想」Ⅰ〜Ⅲでは「根源的不安」としていたもの］) を説明しないことには、私が不安を特別視する理由を説明したことにはならないと思う。それは不安に、無自覚、自覚、知覚の三段階があるということである。(規定⑥)

「不安が意識されている」とはどういうことか、それは自覚の段階か、知覚か。無自覚ではないことはわかる、ではそれは感覚の上だけか、それとも言葉を伴っているか、このことを分けて考えなくてはならない。エピクロス派、ストア派、懐疑派の時代を例に取ると、恐らく不安は感覚の上で自覚されていた、だから「アパテイア」や「アタラクシア」の言葉が出来たのである。しかし言葉の上では不安はできなかった。（つくられなかった。*）

＊　正確に言えば西洋では言葉自体としてはすでに古代からあった。しかし現在の意味でのそれではなかった。霜山徳爾氏は「これらのすべての表現は、あらゆる種類の心理的狭窄感、圧迫、心痛、苦悩、を包括し、特に恐怖の圧迫を意味している」（『仮象の世界』一二〇頁）と述べ、『旧約聖書』ではその比喩（「陣痛に苦しみ、出産の心配におののく妊婦」）が用いられているという。日本語の「不安」は明治以降の言葉であり、西洋の哲学や文学の訳語として使われ、心理学としてはもっと後のこと（小此木氏は「臨床に於ける不安」（『現代のエスプリ〈不安〉』所収）のなかで、不安の問題がスタートするのは、フロイトの一九二六年刊行の「制止、症状、不安」の論文（一五一頁）からだと述べている。）になる。

こうして不安は感覚と言葉の二つの領域に分けられるのである。そして感覚において無自覚、自覚までまだ言葉にすらならない（名実ともに言葉になったと言えるのは近代以降からである）時代を、本書では「前史」として扱う。先述した通りこの領域だけは、パースの「推論」という形、あるいは少々形而上学的な手法によって説明されるということである。

そして、不安を特別視するのは、この「前史」から見た場合さらに明らかになる。この「前史」で不安は「内的存在」として扱われる。その無自覚性を言う場合、前不安、不安以前とし、より即自的なところを強調する場合、不安自体または自体存在として統一したい。

◉この「内的存在」から何が見えてくるか

先述の三つの理由のうちの③に挙げたものが、この段階から枝分かれしてくるのである。①哲学②

宗教③現実（生存）と先にこう述べている。（大前提3）そしてこれらは次の感情に対応する。①驚異②畏怖③不安である。本書は③を扱うことはこれで理解されると思う。①②の展開も実は「内的存在」から出ているのであるが、さらにこれを対象で見てみると、①実体②存在③実在で、これに①形而上学②神（信仰）③生存が対応するのはすでに述べてきたところである。（大前提7）[A.10.291]

これまでのところを整理すると、「不安」は思想として未だ成立していないこと、この不安には「前史」があり、これまで右の①哲学②宗教への展開だけが行なわれており、現実（生存）としての思想はこれからである、つまり本書において行なうということである。*

＊ なお、これは「前史」（先史）を含めてという意味である。例外的に生存（生活）と労働を結びつけたマルクス思想がある。（大前提3、4）これに関連して最近よく使われる言葉に「生命」がある。殺人、自殺、災害死、事故死、児童虐待や暴力による死などに対して、その死者の増加、その死の過程や内容の重さが問題になるとき、「命の尊さ」という意識の希薄さを強調する際に用いられる言葉がそれである。この生命と生活とは英語では同じlifeである。本書で生存は「生きること、生きていくこと」で英語のlivingに相当する意味で使っており、生命と生活とはその点からも違っているが、一般にはこれらを混同し、無造作に使っているように思えて、違和感を覚えるのである。というのは前二者には倫理（道徳）が介入しており、それが意識に明確になっていないにもかかわらず、何の脈略もなく使われていることによるからだと思えるのである。はっきり言うとよくわかっていずに、流行語のように「命の尊さ」を口にしているということである。これに似たものに国会議員や労働組合がよく使う「安全、安心」がある。これもよく考えもせず使われる常套句であろう。

私の言う感覚と言葉は、オグデン、リチャーズの言う象徴的と喚情的（意味の意味）、ヘーゲルの言う感覚的確信におけるこのものと一般的なもの（現象学）、フォイエルバッハの言う思考と存在[*1]（将来哲学）、また、カントの言う本質と現存[*2]に対応しているように、この二つは区別して考える必要があるようである。結局のところ哲学の思想展開で躓きやすい根本的なところに言葉の問題があるということである。しかしまた同時に哲学は言葉の問題でもある、言葉との格闘の場面がいくつも出てくるからである。

各概要に入る前に、「X→不安、不安→x」（規定①）、このことだけ考えてみても、まず言葉の問題に早速ぶち当たることになる。不安を引き起こすもの（B）（X→不安）は、一体どういう状況でどういうものを対象に、どういうことを示唆、言いあらわそうとしているのか、不安の直接経験から離れている状況下にある（A）不安が引き起こすもの（不安→x）でも同様である。

＊1　フォイエルバッハは思考と存在を、一般的なものと個別的なもの、言葉と事物（存在、感覚）に照応するものと考えている。（「将来哲学」五七〜八頁）ところが存在と本質は切り離せないものである。この本質がヘーゲル★やカント言うところの思考で、それを矛盾というのである。「すでに言葉が存在（Sein）と本質（Wesen）とを同一視している」（同、五六頁）からである。これを私流に言うとこうなる。この言葉の成り立ちをずっと過去に遡って考えてみると、一つは人間が長時間をかけてつくった成果（営為）、もう一つはそれをそうとした存在、それに関与しそれを見届けた存在、つまり神の成果（営為）の二つが考えられる。同一哲学は言葉の成立に関係する主語と述語、つまり思考と存在（主観と客観、本質と現存）を一致させる思想である。現実的に考えてこの二つは一致するだろうか、それとも一致させられるだろうか、同一哲学は、それとは別な何かあるものをどこかで直観しているからそう考えたのである。私はそれを難しいことは言わず、「規定」①（言葉バージョン）のように受け取った。「存在は主語であり、思考は述語である。」（同、一一六〜七頁）言葉はその真ん中にある。

★　この場合「本質」という意味で使われているが、訳者によると「ヴェーゼン（Wesen）という言葉は一義的でないが、哲学では本質の意味を持つことが多い。しかしこの言葉が存在くらいの意味に用いられるのは、よく知られている。フォイエルバッハは大体そういう意味で使っている」（「将来哲学」四頁）とのことだが、他方、この言葉は木田元氏によると「もともとは〈存在する〉という意味の動詞（sein《ザイン》）の過去分詞（gewesen《ゲヴェーゼン》）に由来する」としている。ちなみに、その動詞（wesen《ヴェーゼン》）を使っているハイデガーやメルロー＝ポンティの文の訳語には「現成《げんじょう》する」を当てたという。（「哲学入門」二五三頁）とはいえ、私はこの言葉通りWesenを「本質」と受け取って、右のように解釈したのである。

＊2　フォイエルバッハ「将来哲学」四六〜七頁。思考と存在の同一性に関しては五一頁。また、「同一性」に関しては、エンゲルス「フォイエルバッハ論」二八〜三一頁、マルクス、エンゲルス「ドイツ・イデオロギー」五九頁、一一四頁などに言及がある。

◉言葉としてだけ見る見方

ここに引き合いに出されるのが、「規定」③、「（A）不安であるとき、不安がなく、（B）不安でないとき、不安がある」である。（A）の「不安である」で不安は推定されているだけで、（A）（B）とも言葉において、つまり記号論でいう「記号」であり、指示対象は推定でしかない。その不安は大きいか小さいか、その中間か、よくはわかっておらず、可能性としてあるに過ぎない。つまりX↓不安、不安↓xは言葉の上でのみ、可能な命題ということになる。（推定すら言葉の世界であるから）感覚（思い込み）は言葉にすることはできない（ヘーゲル[*1]）理由はここにある。（感覚したことを後で言葉にするのであって、感覚それ自体を言葉にすることはできない。直接経験の感覚は言葉にできない。[*2] できるのはその感覚[*3]が通り過ぎた後である。)

しかし自覚された感覚を言葉の介入なしにはありえないとするか、言葉の介入なしにありえるとするか、で二つの立場がある。後者は純粋経験、主客未分の状況などを設定する場合がこれに当たる。どっちが正しいのか、どちらとも言えないのが現状であろう。

X→不安、不安→xは結局、言葉（＝記号）の世界であり、物事を対象化して述べているケースということになる。X→不安、不安→xを対象化しているのは、現実の状況を引き離して見ている立場から言いあらわしているということである。[*4]

＊1　ヘーゲル「現象学」上、樫山訳、一二七頁、「小論理学」上、一〇五頁。フォイエルバッハも「将来哲学」のなかで「われわれが、自分たちの思いうかべている感性的存在を言いあらわすことは、全く不可能である」（一五五頁）とヘーゲルから引用している。
＊2　パースは「論文集」の中で「直接経験はたしかにそれ自体では説明不可能なものである」（一四六頁）と述べている。
＊3　この感覚については諸説様々である。例えば「感性的な、すなわち個別的な存在」（つまり感覚）（フォイエルバッハ「将来哲学」五八頁）が「思想は感性によって自分が真実であることを実証する」（同、六七頁）というように高められているのに対して、マルクス、エンゲルスは「どんな深遠な哲学的問題もきわめて簡単に一つの経験的事実に解消してしまう」（「ドイツ・イデオロギー」六一頁）と批判している。さらに「人間というものをただ『感性的対象』としてのみとらえて『感性的活動』としてとらえない」（同、六二頁）ともいう。「かれは決して現実に存在する活動的な人間には達せず、……感覚においてみとめるところまでしかすすんでいない」（同）と批判を繰り返す。彼らの思想の重要な契機にフォイエルバッハの思想があったにもかかわらずこれである。感覚は歯牙にもかけられていない。

＊4　例えば、象徴と指示物（オグデン、リチャーズ）、表象と思想、概念（ヘーゲル）、内部知覚と内部観察（ブレンターノ）のように。

これは当り前のようでなかなか難しい問題を抱えている。言葉で表現しているのだから、言葉の制約を受けているのは当り前ということで済まされることなのかどうか。では、感覚は永久に言葉にすることはできないのか。（過ぎ去った感覚は振り返ることができることで［その感覚は］言葉にされる。）

するとX↓不安、不安↓xは、直接経験したことを後で解釈していることになる。反省、追考、追思惟（ヘーゲル）と言われる所以もここにあるというわけなのだろう。*

＊　感覚と言葉を区別するためには、存在（有る）から始めることになる。言葉から感覚を引き離し、言葉（意識、思考の産物である概念）で一貫させようとすれば、（論述は言葉で行われるのだから）存在（ある）から始めることになる。それ以前は直接的な無規定であり、意識も表象もない世界である。つまり、有（存在）からの始まりとなる。（感覚から切り離し、表象から概念、思想へはこのことを言っているのだと考えられる。）（ヘーゲル）［1.2］

各概要（今回は「大前提」を除いてすべて「要約」である。）の前にこれを述べたのは、本書ではすべてそうならないことを言いたかったことに他ならない。思想も概念も感覚の制約を受けている。だから概念だけ、思想だけで構成されたものには、感覚の規制を受けず、恣意的なもの、無分別、無謀、無法なものも混同してしまう可能性がある。

もう一つは、このことがもっと基本的なところ（考え方の基礎部分）だからである。ここを押さえておかないとあらぬ方向へ行ってしまう可能性がある。しかも通常は余り意識していないことだからで、念押ししておく必要があるように思う。

では「不安」は今後どういうことになるのか？　扱いは感覚で、か、言葉で、か、ここをうまく調整しないと矛盾した内容をそのまま語ることになる。それに気付いている人は、以下についても気を留めるだろう。

「規定」①は「不安には、それを引き起こすものと、それが引き起こすものとがある」である。この①には感覚バージョンと言葉バージョンとがある。感覚バージョンとは「規定」⑥にあるように、無自覚から知覚までを指しており、言葉バージョンとは、同規定により自覚、知覚を指している。

「規定」③は「(A)不安であるとき、不安がなく、(B)不安でないとき、不安がある」である。この③には(A)(B)ともに言葉と感覚が含まれている。(A)(B)とも、それらの前段（不安であるとき、不安でないとき）が言葉によるもの、後段（不安がなく、不安がある）が感覚によるものを指している。無自覚、直接経験（ヘーゲルのこのもの（思念）、パースの直接経験[*1]、ジェイムズや西田哲学の純粋経験、ベルグソンの純粋持続など）は言葉として言いあらわせない。ただ「規定」⑨（存在は到る所にある、不安はそこかしこにある）が推定されるだけである。

後段（不安がなく、不安がある）は様々な示唆を思想に与えている。先験的[*2]（カント）、有と無（ヘーゲル）、内部知覚（ブレンターノ）、両義性（使用の誤謬、誤魔化し）[*3]（オグデン、リチャーズ）などで、こういうとき想起されるのがフォイエルバッハの次の証言である。「ひたすら或る対象の存在が問題となるときには、私はただ自分だけに相談するわけにはいかず、私とは違った証人に尋問しなければならない。この思考者としての私とは違った証人が、感官である。[*4]」［S.S.1〜6］

＊1　本項九八頁、注（＊2）。

＊2　これはアプリオリなものに限られるのだが、対象の認識ではなく、その認識の仕方に関する認識について、を言う。（「純粋理性批判」上、七九頁、篠田英雄訳、岩波文庫、一九六一年、以下「純理」）この際「不安でないとき、不安がある」の「不安がある」に表象されるものがそれを想起させる、と言っているわけである。これに関連しては、三〇四頁の注（★の◎）と、三〇六頁の二つ目のパラグラフを参照。なお本文の次のヘーゲルの場合、他でも述べているように有と無に限らず、もっと多くがこれらの表象のもとに考えられていることを付記しておきたい。

＊3　それは知覚（作用）perceptionに知覚作用と知覚対象があり、両方の意味で使われることを言う。ブレンターノの内部知覚と内部観察を混同して用いるのと同様である。まさしく「不安でないとき、不安がある」である。オグデン、リチャーズ「意味の意味」一五八頁、一九五頁参照。

＊4　フォイエルバッハ「将来哲学」五三頁。

はじめに

◉驚きについて

誰もが自分なりのしっかりした考えを持ちたいと考えている。そこで参考になる書を読むことから始める。ところが自分の考えと開きがあり、なかには全く理解できないものもある。そして、どうしてこう考えるのか理解に苦しみ、その書を途中で放り投げてしまう。なぜこうも考え方が違うのか、それとも自分の理解力が足りないのかと思い悩み、しばらくはどの書も読む気が起こらなくなる。

例えば、古代ギリシアの哲人は存在（あるもの）に驚いたという。なぜ存在に驚くのか、個別の存在、この他多くの存在を認識する自分に驚くのだという。動物たちは目の前の生存に必要なものだけが存在であって、人はそれだけの理由でばかりでなく、他多くの理由から多岐にわたる存在を認める。だからそういう人間の立場（自分のあり方）に驚くことを禁じ得ないのだということらしい。*

＊　木田氏は「哲学入門」のなかで「この驚くべきことさえもが当然きわまりないことにされようとした。そこで、それ（自然主義者のソフィスト＝引用者）に抗して、この驚くべきことを驚くべきこととして保持しつづけようとする人たちが現れてきた。それがソクラテスであり、プラトンであり、アリストテレスであった」（一九九〜二〇〇頁）と述べている。この驚き、それは自然の雄大さ、奥深さにあり、それに比べると人間のやることは相対的、変動的である。その通りだと思うが、これだと人間社会の秩序は保てないらしい。そこで彼らが考えたのは、人間の知を自然の上に持ち上げること、いわば「人間の自然」を確立することである。「おのれのもとで〈存在〉という視点の設定がおこなわれ、すべてのものが〈存在者〉として見られ

ているということ、『まさしくこのことがギリシア人を驚かせた』」（一九九頁）という。ちょっとこれだけで納得のいく人はいないだろう。この後に続く指摘、ポイントは「存在」にあって、これが畏敬をもたらすことにある。そこで、彼らはその「驚くべきこと」〈存在〉を探究しようとしたというのである。

はじめに

ここから存在するものを承認する（＝肯定する）とし、そこに存在しないものを（＝その存在のないものとして）承認しない（非存在とする＝否定する）ことになったものと思われる。つまり、存在と非存在は肯定と否定をあらわす根拠（理由）になったのである。存在に対する非存在は肯定に対する否定となった。

それまで万物の根拠（始まり、目的）は、地、火、水、風とか一であるとか言っていたのである。（自然学、ピュタゴラス）ところが、それ（原理）をヌース（知性、精神、理性）である（アナクサゴラス）とか、愛とか、憎しみとか言う人（エンペドクレス）もいた。神という人（ヘシオドス）も出た。

存在を前にして驚くというのは、どういうわけか、自然の例えば波によって削り取られた岩、瀑布（大きな滝）、地震によって割れた大地、洪水によって流れた大木等など、自然の破壊力に対する驚き（自然の脅威への驚異）ならわかる。しかし目の前の存在に驚くというのである。だからこうとしか考えようがない。自然を介して生じた存在物は自然の背後の神の力（働き）によるものであり、その驚きは存在の背後の存在（つまり神に）向けられたものだと。だからこれは正確には「畏敬」である。ここが理解しにくいのは、私たち（日本人）が自然の背後のものを考えていないことによる。（「翻訳の思想」五九頁参照）むしろ私たちは自然そのものをそうだ（その力、働き）としているからである。（ちなみにヘーゲルは神を意識した観念論者だが、その驚きについて、私の知る限り「精神哲学」と「歴史哲学講義」の中でアリストテレスの言葉として述べているだけである。[*1] 彼はその存在からスタートするが、あくまで「感覚的確信」としてのそれ（存在）であって、驚きからではない。）

ギリシア哲学の初期は、ミレトス派の自然哲学と言われているように、自然が対象であった。前六世紀のことである。それがエレア派（南イタリア）（前五世紀）になると、存在や神（パルメニデス、クセノファネス）の考えが出てくる。驚きを口にしたプラトンやアリストテレスは、その後の人であることから、自然や神、存在の観念ができ上がっていた頃ということになる。初期のミレトス派の自然哲学は自然をそのまま対象として考察したのであるから、「存在」などという観念は自然のなかに含まれていて、対象となる観念にもなっていない。彼らは、地水火風を万物の根拠としていたし、せいぜい愛とか憎しみ（エンペドクレス、[*2] 前四九〇頃〜四三〇頃）を、それらを補完するものとして扱っていたに過ぎない。

神といえばプラトンのイデア（イデー）がある。自然の背後の存在（超自然的な存在）である。やはり、この辺りに驚きの根本的な動きがあると思わねばならない。しかしアリストテレスは「形而上学」の中で、その対象を自然のものと考えていたから、元祖はプラトンということになろう。タウマゼイン（驚き）の語源は「見る」（ギリシア語の動詞の一つtheasthaiテアスタイに由来する）[*3] だから、やはり自然に対する驚き（その背後の神）が本当のところであろう。

＊1　ヘーゲル「精神哲学」下、一〇八頁と「歴史哲学講義」下、一二五頁。

＊2　アリストテレス「形而上学」上、三七頁。
＊3　theasthai、アーレントは「精神の生活」のなかで「ホメロスでは驚異して見るということは神を目のあたりにした人間に対して使われるのが普通である」（上、一六四〜五頁）と述べている。この驚くことに関しては、もっと単純に考えて、その驚きの対象に自分が無知だから、それから脱却せんがために知恵を求める（愛知）、つまり哲学することを言うのだという説明もある。（アリストテレス）これだけだと哲学することは、驚き以後のことだと受け取られるだろう。しかし究極的には驚きそのものが問われる。ここが前史（前不安）を問うた本書と重なるところである。

はじめに

驚きについて長々と述べたのは、私にとって理解しにくいものがあること、あるいはどう考えても、ある一定の理解に達しないものがあることを示したかったことにある。だから、誰もが理解できるものであって、同じ対象を扱い、質を落とさないで説明、表現をしなければならない、ということだろうと思われる。わざわざ難しくする意図がない以上、やはり誰もが理解できるものでなければならない。しかし文化の（宗教や学問や習慣まで含めて）バックグラウンドの違いによるものは、どうしてもややこしくなる。例を挙げると西洋哲学そのものが、（仏教、中国などの思想とも異なる）西洋人の考え出したものだから、やはり西洋の文化に精通していない私たちにとっては、理解しにくいところがあるのも致し方ないことかもしれない。ただそう言って事を済ますわけにはいかないので、そこをちゃんと把握した上で議論を進める必要がある。そのもっとも大きな違いが宗教によるものである。またヘーゲルを例にとって述べると、ヘーゲルの思想にはキリスト教の考えが心から染み込んでいるために、やはりキリスト教の教義や神学を抜きにしては意味の通らないところがある。人によっては、デカルトにしろ、スピノザにしろ、カントにしろ、そうであるし、このことは西洋哲学全般に言える、なかでもヘーゲルの場合、基本概念からしてそうであるようにも思える。

もう一つある。これは自分の中にもう一人の自分がいて、もう一人の自分と対話するということである。これは周知のこととされており、誰もがこのことを疑わない。なぜ自分の中にもう一人の自分がいるのだろうか、誰が自分の中に住まわせたのだろうか。誰もが信じて疑わないことを否定してもはじまらない。事実は事実なのだから。実はこのことを何か特別のことのように感じていた時期があった。しかし実際はこのことは蓋を開けてみれば、特別であることは確かに特別なのだが（それは人間が言葉を用いるということ、そのことに尽きることなのだが）、そのことによって生じる、ごく当り前のことだということなのである。アーレントは「精神の生活」のなかで「我々が思考するのは何によってであるか」という章に「一者のなかの二者」という一節まで設けて、このことを詳しく論じている。その彼女が「思考の場である言葉」[*1]という表現を使っているように、思考は言葉によって行われる、と述べているのである。（なおこの指摘は、古くはプロチヌスにあるようである。[*2]）にもかかわらずこの「二者性」を言葉によるものとする指摘はない。言葉に関しては、他で「規定」①の言葉バージョンで説明しているように、これは特別なことではない。言葉を使って生活している以上、誰もがこの行為は行っているのである。以下で説明することにする。

*1　アーレント「精神の生活」上、一一頁。
*2　シェストフ「迷宮の哲学」一三〇〜一頁、植野修司訳、雄渾社、一九七五年。なおこの言葉が、プロチヌス（プロティノス）のどの書にあるのか確認できていない。恐らく「エネアデス」二八六頁（田中美知太

郎、水地宗明、田之頭安彦訳、世界の名著15、一九八〇年）辺りを指しているものと思われる。プラトンは「ソピステス」のなかで「〈思考〉とは魂が自己自身を相手に行なう対話」（一五五頁）と言っている。

結論から先に述べておこう。この現象は（自分の中にもう一人の自分があらわれること）には言葉が介在しているが、この言葉がもう一人の自分を登場させるのである。結論はこの現象の原因は言葉であるということである。私の見るところ言葉には二つの面がある。それは一つが意味であり、もう一つが使用（用法）ということである。この二つが言葉にある限り、言葉を介して何かを考える以上、必ず二つの間に対話が生じる。意味とその使用に関して会話が成立する。一つの言葉ですらこうなのだから、言葉がいくつも関係し合ってあるまとまりのある複数の言葉（主語と述語の成り立った最低限の言葉から、それらがいくつもつながった言葉も含めて）になれば、なおさら会話は一層活発に展開することになる。一つひとつの言葉の意味と使用から始まって、それらの関係し合った複合した言葉に至るまで、意味と使用は常に付きまとう。そのために言葉自らが意味と使用（この段階では表現を巡る意味と使用）という形を取って、主張、表現の方法、仕方、注意、反論、批判、命題、課題、問題などという形式をまとっているか（構造をもったものになっているか）、いずれにしても基本は意味と使用である。「あなたの言った意味はどういうことか」「その言い方では間違った内容を伝えることになると思う」などの会話にもあらわれているように、意味と使用が必ず伴う。言わば意味と使用で対話されている。つまり自分の中にもう一人の自分がいるというのは、言葉を介在させる限り必然的に意味と使用に関して会話が成り立つということである。

それは言葉の成立過程を問うことからはじめなければならない。私たちは数多くの言葉を用いている。そして多くの複雑な意味伝達を行なっている。人に道を聞いたり、物を尋ねたり、教えたり、習ったり、手紙を送ったり、金を借りたり、預金したり、遠くまで旅行したり、教育機関に入ったり（で学んだり）、結婚したり、訴訟を起こしたり、人に訴えたり、などを行なっている。すべて言葉が介在している。私たちはこと言葉なしには何もすることができない。人と会話しなければ自分と会話を行なっており、これも言葉を通してである。そのほとんどは今の私たちがつくったのではない、過去につくられた言葉である。が、あるまとまりのある言葉は一人一人で異なった形態を取っている。これは他の人と異なる部分であるが、用いられている言葉も大体の意味は同じでも多少の違いがあるし、間違った意味で使用することはいくらでもある。

私たちは、その一つひとつの言葉の成立過程から関与しているのではない。私たちはその一つひとつの言葉の意味を習得している。そして使用の仕方も同様である。意味と使用を自分のものにして、複雑な形態の言葉を駆使し、書き、会話し、主張し、また書かれたものを読んでもいるのである。最初から意味と使用が必ず伴っている。しかしそれは習得したものであって、直接その言葉をつくり出したり、それに関与したりしたのではない。その言葉はつくられたのである。多くの人々の会話や思考を通して使い勝手のよい言葉につくられたのである。使用に耐える意味をもったものとして、多くの人々はそのつくられた状況を知らず、意味と使用を習得して使っているのである。その意味と使用に関してつくられたままをずっと維持しているとは限らない。それは微妙に変化し、意味も使用も最初のものから変化していっている。もちろん木は木だし、緑は緑、山は山である。しかしそういうものに対して付けられた名称はともかく、暗い、明るい、安定している、動かない、静かだ、遠い、近い、高い、低い、速い、遅い、甘い、辛い、厚い、薄い、熱い、冷たい……など感覚的ものの意味は、比較対照のものが必要になるし、ものにつけられた名称と比べれば、いつも変化しているといってもいいくらいである。それらは安定していない。文学的、哲学的、科学的、生物学的、社会学的といった枠組の違いによっても変化する。

そもそも言葉から生じたものなのに、この段階では言葉の方は忘れ去られ、それ自体の問題となり、それぞれは独自に展開されていく。それは言葉がつくられた当時のままを、そのまま伝えていないで、変化することのなかにこの展開が準備されているのだが（変化する言葉に対応し切れていないことによるものなのだが）、それはそれとしても、構造までをも変えてしまうのだから、考えてみれば偽りの姿を伝えているようなものである。つくられた当時の考え、見方、捉え方から逸脱したものになる。しかし言葉それ自体は人為的なものだから、最初からその意味の不安定さは含意されているものと考えられる。別な言い方をすれば、言葉自体がもつ性質といってもいい。

言葉＝感覚（「イコール」の意味はない。これは両者の関係を指している。「言葉と感覚は対応関係にある」という意味である。「同一」でもない。）、私は、これは基本ではないかと考えている。知覚、悟性、知性、理性、精神などという言葉はここから出発している。はっきり言えば、（言葉は）感覚に形を与えたものである。規定されたもの、それが感覚以下に付けられた言葉（概念、真理、観念……）である。[*] 以上「驚き」と「言葉」に関して概略を述べた。

＊　ヘーゲル「小論理学」上、三節（六四～六頁）参照。

◉驚きと不安に関して

不安にはエピクロス（前三四一〜二七〇頃）からはじまって、後期ストア派の一人であるエピクテトス（五五頃〜一三五頃）、そしてキルケゴール（一八一三〜五八年）へとつながる一つの系譜がある。（なお、今日哲学的な用語から言えば、アタラクシアやアパテイアの方が知られている。ここで言う不安はこれらの反対の意味の言葉として捉えられる。しかし後述するように不安は驚きの次に登場したれっきとした哲学の感情的契機である。）エピクロスが「霊魂の動揺」[*1]として捉えたものは、その感覚の存在と概略に留まっているのに対し、エピクテトスは「哲学の始まり」をそれまでの「驚き」から「自分の弱さと、無力さとを、自覚する」こと、このことにより「不安」をはじめて位置づけた。そしてはじめてこの内容を明確に示したのである。それを今度はキルケゴールがそれよりももっと深刻な形で「概念」化した。[*2] この二人の間には一七〇〇年の隔たりがある。この間不安はどういう状態にあったのか。宗教（キリスト教）である。この間宗教が不安を教義のなかに取り込むことで引き継いだ。他方哲学はデカルト（一五九六〜一六五〇）に至るまでも「懐疑」や恐らく「恐れ」のようなものと混同され滞留していたものと見られる。ところがキルケゴールがこの宗教（キリスト教）から「不安」を再び取り上げたことによって、著作（不安の概念）を通して、宗教や哲学を超えて一般の人々の意識への浸透の役割を果たすことになった。その後は今日見られる通り、人文科学、精神科学、芸術、さらに深刻な事態へと展開している。

＊1　エピクロス「ヘロドトス宛の手紙」（「エピクロス」所収、三九〜四一頁、出隆、岩崎允胤訳、岩波文庫、一九五九年）。

＊2　「霊魂の動揺」とは、アリストテレスの「なにであるか」（ト・ティ・エーン・エイナイ）が「本質」となるようにはまだ「不安」にはなっていない段階にある。それがエピクテトスになると「訳語」としてだが、「不安」として言いあらわされている。そのもととなったのが、エピクロスの「霊魂の動揺」に当たる「自分の弱さと、無力さとを、自覚する」こと（『語録』三二五頁、鹿野治助訳、世界の名著14、一九八〇年）であろう。これは斎藤信治氏が指摘しているキルケゴールの「不安」の経緯と重なる。（『哲学初歩』八〇頁、東京創元社、一九六六年（改訂増補））

はじめに

◉表象と思想（概念）の関係

表象（頭に思い浮かべるもの）は、一般に感覚のことである。ところがヘーゲルは思惟（思考）関係も表象に入れている。（表象に「観念」を入れる解釈もある。）当然思惟に表象は伴う。これを逆にすると表象に思惟が伴うことになる。これは誤解だが、感覚的表象を思惟したものを表象とすることによって、これを思惟的表象とした、と言えないこともない。後でこの具体例を見ることになろう。（モデルの考え、用語集3の④参照）ただし、このことは感覚的表象が思惟段階を経て変じた表象として考えられており、例外とするのが適当と思われる。いずれにしてもここで述べたいことは、表象はもっぱら感覚的なものを意味するし、表象に先行するのは感覚であるということだけである。

実は感覚（そして表象）は、すべての感覚、知覚、悟性（知性）、理性の源であることを、問わず語りに証明していることと、この感覚に担わせていることが明確になっている。アリストテレスは「霊魂論」の中で思惟することと感覚することの同一性を述べている。[＊1] エピクロスもどこかで感覚することと、一定的に感覚すること（思惟）の同質性を述べているし、[＊2] ヘーゲルも、アリストテレスの言とされている誤りを指摘した上で、このことに言及している。[*3] ただ、（他でも述べているように）感覚は知覚以下（悟性や理性など）の知に対しては貧しい知であることは共通した認識である。

＊1　アリストテレスは「霊魂論」（アリストテレス全集6、山本光雄訳、岩波書店、一九六八年）のなかで「思惟することも思慮することも感覚することの一種であるように思われる」と述べている。（九二頁）そして、同じ考えに立つエンペドクレスやホメロスを例に挙げている。（同）しかしその逆「感覚することが思慮することと同一でない」（九三頁）し、「それは思惟することとも同一ではない」（同）ともに述べている。

＊2　ジャン・ブランは「エピクロス哲学」（有田潤訳、文庫クセジュ、一九六〇年）のなかで、ディオゲネス・ラエルティオスの言として「いっさいの概念は（感覚のあいだの）遇合、比較、類似、綜合により感覚から生ずる」（七一頁）と述べている。なお、概念は思惟によるものであるから、思惟と同じ意味に扱って差し支えない。ブラン氏も「思考は間接的な感覚である。思考は感覚から生れる」（同）と付言している。

＊3　ヘーゲルは「小論理学」上のなかで「(思惟のうちになかった何ものも感覚のうちにはない)」（七四頁）と注（＊1）の通り正しく述べている。

出発点を同じにしないから（出生は同じながら）育ち方が違うのだと言いたいらしい。人間にそれでは能力に差があるのは、ある人は教育を受け教養を身に付けるが、ある人は粗野なままだということらしい。で、そのことが本書と余り関係がないのは、本書が存在以前を主に扱おうとしているからで、存在以降を主に論じたソクラテス以後（つまり、存在の背後にある神の存在を認めた存在）とは決定的に、まるで逆の発想の下にあったことを、明らかにすることになるからである。[*]

＊　「大前提」1〜4参照。

「哲学は表象を思想に、正確には概念に変えるもの」と言ったのはヘーゲルだが、彼は表象を感覚的なものにも、思惟に関係するものにもあることも指摘している。そして哲学が難しいと感じられるのは、それを表象で捉えようとするからで、概念は概念で捉えなければならないとしている。（小論理学）[*]しかし私の考えでは、表象は抽象的思考（哲学）にもしっかり適用している。表象に対応しない哲学概念などないとさえ考えている。そして私は、抽象的思考において表象されているものがあると考えた。思考においても表象が伴うのだから、精神にも理念にも表象が伴っている。もっともその表象を精神や理念に変えるのだと言われればそれまでの話である。しかし表象が伴っていること自体には変わりはない。小さい思考にも、大きい思考（精神、理念）にも表象が伴う。だから分けて考える必要も序列をつける必要もない。ここで言えることは表象は必ず伴うということである。

＊　ヘーゲル「小論理学」上、六五〜六頁。

さて、この表象において、まだ言い残しているものがある。最大にして最高の表象は何かということである。真理、神、自然、宇宙、大地か、これらの言葉は言わずもがなのことであるが、人間が付けたものであって、誰かが（人間以外の）他から持ち込んだものではない。言葉のところへ戻ってみると、言葉には意味と使用があった。そしてそれらは大部分が今の私たちがつくったものでも関与したものでもなく、私たちが先人がつくったものを学んで習得したものであり、そこには使い方にも、意味の取り方にも変化があること、間違って身につけていることもあることを取り上げた。

次に言葉から一者のなかの二者のことにも言及した。ここまで来ると、先が見えてくるのではないかと思う。小さい表象から大きな表象まで含めると、さらに鮮明になるのではなかろうか。そうである。その表象とは、エピクロスからストア派を経て、長い中世の眠りから近代の目覚めに登場したあの不安である。

つまり、言いたかったことは、最大も最小も含めて、それらの表象には不安が入っているということなのである。

真理とは、そんなものはないという不安を伴っている。これを概念的にあらわすと、真理とは非真理を伴っている、存在には非存在（あらぬ）が伴っている、思惟には否定が伴っている、有には無が伴っている、などという表現になるのである。真理は不安によって保証されている。というのは不安がある限り真理はあるはずだという予知があり、事実真理はあるものという推断に結びつくからである。真理は不安によって保証されているのである。それ以外にも多々ある。（不安によって保証されているもの）その最大のものは「神」である。そしてこれと同じことが不安という表象を思想（神という思想）や概念（哲学）に変えることにつながるのである。本書はこの不安そのものを思想にしようというのである。

本書において重要なのは各概要の思想、不安、前史までということになる。補記以下、感覚と知覚、思考と認識、引き起こすもの、モデルの考えは、これまで論じてきたものの、考え方の組み換えである。付録の「日本人の思想」は、この度初めて組み入れたもので、西洋哲学との違いを述べるのに、別枠で捉えた方がよいとの考えからである。

「規定*」一覧（*経験的事実★1）

① 不安には、それを引き起こすものと、それが引き起こすものとがある。（X→不安、不安→x）［感覚バージョンと言葉バージョンがある。］（図5、表1—図5の内実参照）

＊ 関係するもの、「言葉には意味と用法がある」（言葉・意味／用法）

② a 言葉は肯定的なものが先に、次いで否定的なものがつくられる。

b 感覚は否定的なものが先に、肯定的なものが後に感覚される。

c 肯定的な言葉には、否定的な感覚が、（否定的な言葉には、肯定的な言葉が）先行する。

＊ 関連するもの、内的存在（大前提、まえがき、その他等で説明）。

内的存在（不安の前身）は、次のように進む。（X→）否定的（無自覚）→安らか（自覚）→肯定的（安らかの表象＝あるものの自覚）（規定②b）、以上は言葉を伴わない。★2 ここから私の言う「世紀の大転換★3」（「用語集」三三七頁参照）によって「言葉」（存在）が介在する。（言葉の意味が限定されるという意味で、換言すれば、［その意味の］言葉の介在がこの転換をもたらしたと言える。）以後次のように進む。肯定（ある）→安らか（表象）→不安（表象）→否定（あらぬ）、以上がある（存在）、あらぬ（非存在）の起源である。（規定②a、c）（補記三　引き起こすもの、図1、図3—1「前史」、図3—2参照）。［BA.26.28.ZS.13.10］

③ 不安であるとき、不安がなく、不安でないとき、不安がある。（感覚によるものと言葉によるも

のとの区別がある。）他に「不安があるとき、不安でなく、不安がないとき、不安である」が考えられる。

④　感覚と言葉は区別される。

　＊　関連するもの①の「言葉には意味と用法がある」（言葉・意味／用法）

⑤　思考は感覚（不安）に追随し、かつ思考は感覚をつくりだす。［A.8.214.219］

　＊　関連するもの、「規定」①⑦。

⑥　感覚は無自覚、自覚、知覚の順に進む。（言葉は感覚の自覚から進む。）

⑦　思考は不安のサイクル（X↓不安、不安↓x）の過程に生じ、自我、意識、主体はこのサイクルの中心に生ずる。（図5参照）

⑧　不安は抽象的思考における感性的表象である。

⑨　存在は到る所にあり、不安はそこかしこにある。

⑩　それぞれの言葉や感覚には、それぞれ反対の（対立する）言葉や感覚が伴う。

⑪　あるものに対して引き起こされるものには、肯定（的）なものと、否定（的）なもの（原初的、身体的）がある。

⑫　不安や安らかには様々なバリエーションがある。

⑬　自覚、知覚には思考の関与がある。

⑭　感覚にあるものは思惟にある。しかし感覚にないものは思惟にはない。（思惟にないものは、すべて感覚にあるからである。）

⑮　感情は知覚された感覚である。感覚するは知覚で、感覚は感覚されることである。［Z1.6.13.6］

⑯　不安はその対象化（認識）とともに解消または減衰する。

以上、十六が挙げられる。

★1　経験的事実とは、「思考を巡らせば誰もが経験しているとみなされる事柄で、事実として言いあらわされるもの。」であらわされる。［Ⅳ3.3・5.28］

★2　この辺を視覚を例にとると、みる（無自覚）、見る（自覚）、視る（知覚）となる。みるは見て見ていず、見ていず見ていると思っていただきたい。いずれ見る対象がみつかる。それが視るにつながるが、その最初の契機となるのが不安である。

★3　なぜ「世紀の大転換」か、それは「大前提」四七〜八頁、本文と注（＊1）で説明したように、本書は或るものを肯定的に捉えたものをあるもの、或るものを否定的に捉えたものをあらぬものとした。それをそうではなくある（存在）とあらぬ（非存在）にしたのである。「用語集」⑥世紀の大転換（三三四〜七頁）で述べたように、そのある（存在）に神の後見を取り付けたことが最大の原因である。（「引き起こすもの」二二七〜九頁）そこで問題になったのがあらぬ（非存在）の扱いである。（「大前提」四八〜五一頁、＊2〜＊4）存在（ある）、非存在（あらぬ）の後に肯定、否定があるのはそのためである。（「将来哲学」一七六頁、注（1））なお、ある（存在）には本書のようにあるものからのものと、絶対的肯定からのもの（プラトンを想起、「引き起こすもの」二二七頁）、さらにXを対象としたもの（ヘーゲルを想起、「大前提」七七頁、注（＊））の三つがあるように思われる。いずれにせよ、その元になったのが不安（内的存在）であることに注意する必要がある。

概要

概要に入る前に

人の感じ、思い、感覚などというものは、個別、特殊であって一般化できないと言われる。それは個人的な領域のものと考えられているからで、決して誰にも共通するものと受け取られていないという意味である。それはそうかもしれない、人それぞれの感じ方、思い、感覚が違うというのは、例えば個人の好みという感覚では、音楽にしろ、スポーツにしろ、嗜好品や趣味にしろ、人によってこうまで違うのかと思われるくらい違う。クラシックが趣味の人にロックやジャズも趣味という人は余りいない、いやほとんどいないのではないか、むしろ嫌っている人がいないとも限らない。こういうわけで個人の感覚（感じ、思いなど）は、一般化できないばかりか、当てにならない、信頼性に欠ける憾みがあるとさえ考えられている。[*] ここで取り上げる不安は、では感覚だろうか、感情だろうか、単なる感じ、気分だろうか？　今仮にこれらを感覚として（なお感情もいずれ感覚に収斂されることは後述する。［ZT.6.13.6］）一つにまとめても、やはり上記の個人的なものという認識では一致しているので、感覚として述べるが、やはり不安はそうなのだろうか？

＊　「いっさいの概念は（感覚のあいだの）遇合、比較、類似、綜合により感覚から生ずる」「思考は間接的な感覚である」（ジャン・ブラン「エピクロス哲学」七一頁）であっても一般的にはそうなのである。

メディア、口述でまた、政治、経済、社会のあらゆる場面でこの言葉（不安）は連発される（よく出てくる）。この不安の反対の言葉とされる安心とか、これに近い意味で別の状況を指している安全という言葉も不安の裏返し（安全の反対は危険とされているとしても）とみなすなら、この言葉は（その反対の言葉を含めて）かなり広範囲に思い使用され、意識されているということになる。しかも、今日ほどそうではないかと思えるほどである。

これは不安を個別、特殊（個人的なもの）から引き離して考えることができる証左ではないかと思う。こういう性格のものがまず本書の対象であることが理解されるなら、次はなぜこの不安をそうしたのかを説明するのが順当だろうと思う。（前著でも同じ表題［タイトル］を使っているので察しはつくだろうが）今回このように不安に関する知識（私の持つ知識）を述べるのは、このことを明確にしておきたかったからで、感覚を一律に個別、特殊とするような、先入観や予断を持ってもらいたくないためである。それも前著では述べてこなかったし、それを説明する必要も実は考えなかったばかりか、述べるところを述べていない、不備なところがいくつもある、など反省することしきりで、そこを補う必要を感じていたこと、いずれはそこをちゃんとしたものにする考えを持っていたからでもある。述べるべきところを述べなかった点、不備の点とは、①テーマ設定の理由②目的③論証の仕方（考え方の基本）ではないか。特に③は独立したテーマでもある。これらが前著では説明されていなかった点ではないかと思う。それを補う必要と、それに関連したものが今回の不可避な課題となった。

前に私は不安と生存と思想がどう結びつくかを説明した。不安が想起され、その考察の用となり、かつアプローチの契機となった思想で、すぐに頭に浮かぶのは実存主義[*1]（哲学）ではないかと思う、その系譜にはパスカル、キルケゴール、ハイデガー、サルトルなどの名前が、またメンタルな問題としては、「堪えがたい不安」[*2]を挙げることができる、精神科学からのアプローチ。また文学、絵画、音楽などにもその影響を残している。特に実存主義、その「実存」と、私の言う「生存」とが近い意味もあって、私の言っていることは実存のことではないか思われる（それと混同する）人もいるかもしれない。

しかし不安は実存主義（哲学）や精神科学、芸術などとの関わりがあるだけではない。哲学特に形而上学、その他の思想や宗教とも関係してくる。[*3]

これとは逆に、アタラクシア（心の平静）を求めるエピクロス派、懐疑派、アパテイア（泰然自若）のストア派、快楽主義とも幸福主義とも言われるキュレネ派、禁欲的なキュニク派、またソクラテス、プラトン、アリストテレス、スピノザのような幸福主義もある。

＊1　生存と実存の違いは、英語のlivingとexistenceの違いであるとはっきり言っておこう。もちろんlifeとも違う。存在（being）とも違うのはもっとはっきりしている。この生存（living）は実在（現実）（reality）の志向を持っているが、しかし感覚（sensation）がそれらの接点にあることも忘れてはならない。ちなみに知覚はperception、これが知識（knowledge）となるが、英語におけるこれらの連続性は感じられない。

＊2　フロム・ライヒマンの言。「まえがき」八九頁、注（＊3）参照。

＊3　「『自然または世界はどこから来るか？』という問いは、本来、自然または世界が存在することに対するおどろきを前提しており、または『自然または世界はなぜに存在するか？』という問いを前提している。」（フォイエルバッハ「キリスト教の本質」上、二三九頁）ここでは「おどろき」よりも「存在」の方に注目してもらいたい。問いはこの存在に向けられているのだから。こうした見方は自然的人間（人間的自然）と

して問われることはない、と彼はその後言っている。「存在への問い」は特別なのである。「しかし、このおどろきやこの問いやが発生するのは、ただ人間がすでに自分を自然から引き離して自然を意志の単なる客体にしてしまっているところでだけである。」（同）「存在」をこうした見方で考えているのは別として、というのは本書は存在自体を問うことよりも、それ以上に存在以前を問うことにしているからである。それは「生存」から発せられた存在への何らかの志向から来ているからである。つまり「存在」は生存の方から、何らかの事情により「存在」へと見方、考え方が、より質量ともに移っていったということに他ならない。

この存在を問うのはもっぱら哲学であり、中でも形而上学がそうである。むしろ哲学は形而上学と言い切ってもよい。（存在を問題にしている限り）ハイデガーは哲学は形而上学のことだと言っている。[1] ジェイムズも「哲学は『形而上学』を意味する」[*2] と言っている。ただし後者においては、科学との対照においてという条件が付いているが。

＊1　ハイデガーは「形而上学入門」のなかで「形而上学はすべての哲学の規定的な中心と核心とを言い表すための名前として通っている」（三七頁）と述べている。ここで言う形而上学、ハイデッガーは「なぜ一体、存在者があるのか、そして、むしろ無があるのでないのか？」を、「すべての問いの中で第一の問い」としている。（同、一一頁）そして、それに関連して語源とか、文法とか、意味の変遷とか、問うわけであるが、本書ではあくまで起点は現在にあり、現在はどうかということは探るが、「かつて」は、それを元に「推論」による、それを通して全体像に迫ろうという訳である。なお、ハイデッガーはこの後で「この根本の問いの中には、既に『存在はどうなっているのか？』という先行する――問いが含まれている」と述べている。（同、一二五頁）これと私の言う「X→不安」において、「不安は『ある』としか言えない」、なぜなら「不安自体は言葉にすることができないから」、しかし「不安→x」において、「不安については（言葉に

することは）できる」、このこととは、どこかで通底するものがありはしないか？　「不安自体」が「先行する問い」であり、それは「言葉にすることができない」、「無」であるのだから。

＊2　ジェイムズ「哲学の根本問題」二七八頁、上山春平訳、世界の名著59、一九八〇年。

ここで言いたいのは、存在への問いはごく限られた範囲、本書では止むを得ず使わねばならない場合に限って、形而上学的に扱ったものとして、取り上げるだけで、それ以外は「生存」がメーンであるということである。これは生存と存在に全く接点がないということではないことを意味している。

もう一つ別のアプローチにも触れねばならないだろう。それは論理学とか自然学とかである。また知識学的なこともそれに入るかもしれないが、これらについて一言述べておく必要を感じている。なぜなら、なぜ不安だけを取り上げるのか、なぜそういう狭い領域のもの（一つの感情、一つの気分というような）を、本一冊を使って論じるのか、を説明するために避けられないことからである。

不安は私たちに「生存とは何か」を迫ってくる。しかしそれには答えず、だから例えば哲学、宗教のように思想になることもなく、半ば放置されている。本書はそれを（哲学や宗教と同様に）思想にしようというものである。不安をあらわす一端が生存にあるということを手掛かりに。

「規定」①において、「それを引き起こすもの」を（B）、「それが引き起こすもの」を（A）としよう。「それ」とは言うまでもなく「不安」を指している。（B）には思い付くだけでも、例えば仏教で言う四苦（生老病死）［八苦もある］などが挙げられよう。では（A）はただ傍観していたり、手を拱いていたり、要するに何もしないのではなく、何か手を打つとしたら、その対策を考えるだろう。

よい方向に行くものもあれば、悪い方向に行くものもあるだろう。これがこの「規定」の説明か？というと、そういう受け取り方もあれば、また別の説明もあるということを述べておきたい。というのも、むしろ今から述べることが本旨だからである。*

＊　不安を図式化したもので説明すれば、（Ｂ）Ｘ↓不安、（Ａ）不安↓ｘは、不安が感覚のケースと言葉のケース、つまり、無自覚から意識（自覚）、言葉（知覚）まで幅広い領域を示しているので、その不安は一体どういうケースの場合を指しているのか、明確にする必要があるだろう。私たちはＸ↓不安（大文字のＸが付くもの）を考えないで、不安↓ｘをもっぱら感じているわけで、（Ｂ）（不安を引き起こすもの）［これは言葉を引き起こすものと同じく適用できる］は、先述の様々な例（メディア、口述で、あらゆる現場で語られ、文字化されている）にある通りである。これらが、不安↓ｘ（Ａ）（不安が引き起こすもの）［同］となり、これも先述の通りとなるという訳である。

規定①による「Ｘ↓不安」自体は無自覚であるが、私たちは「Ｘ↓不安」という無自覚のものをあえて自覚されているかのように言表している。ここが端的には「Ｘ↓不安」に考えを及ぼさない（閉ざしてしまう）ことが理由として考えられる。本書はそれまでやそれ以上のものまで考えようとしている。Ｘ↓不安は、それが感覚されようとされまいと自覚されず、それに続く不安↓ｘを伴って（待って）自覚へと至る。ここに規定③が適用される。それは「不安であるとき、不安がなく、不安でないとき、不安がある」であった。そしてそれ以降は感覚するしない、自覚するしない、言葉（言表するしない）がより明確になっていく。不安であるときと不安でないときの感覚と言葉、不安がないときと不安があるときの感覚と言葉のそれぞれの区別が、意識の上で主観と客観、主語と述語、個別と一般という形であらわれてくる。なおこれらは感覚の自覚と無自覚、言葉（言表するしない）が関係した事柄であるが、これを私たちは瞬時に行なっているので、その内容を事細かに分析したり分類したりは普通しないものである。この瞬時のものを反対（対立）、反省、記憶、経験、時間（過去、現在、未来）などを介在させて、長期にわたるもの、人類の歴史にまで拡大適用させる方法が考えられることを付記しておきたい。

ここでは不安という言葉ではない感覚としてのケースについて述べたい。なお、これは「規定」①であり、もっとも問題を含んだ規定と言える。ここをクリアしないと本書自体の存在そのものの価値が問われることになりかねない。

もう一つ「規定」②では、「a 言葉は肯定的なものが先に、次いで否定的なものがつくられる」「b 感覚は否定的なものが先に、肯定的なものが後に感覚される」ということを述べた。この②と①はリンクしている。*

＊ 例えば「肯定的な言葉には、それを引き起こす否定的な感覚があり、それ（前者）が引き起こす否定的な言葉がある」というように。（規定② c参照）

言葉と感覚（規定④）は違う。このことははっきりさせておかなければならない。（ヘーゲルの、もっぱら「現象学」で捉えられている個別的なこのものと一般的なこのもの、言葉の扱いなどの例でいうと、個別的なこのものとは感覚、一般的なこのものとは言葉のことであるように思われる。また、哲学は表象から思想や概念に変えること、と言っているが、これも感覚と言葉をそれぞれ示していると言えまいか。つまり、これまで感覚の中にあったものが、言葉になったということをこのことは示しているということである。）

言葉を感覚に換えてもこの規定①は適用される。概念でも表象でも同じである。ただし適用される内容が変わる（言葉と感覚の違い）ということである。しかも「肯定的な言葉には、否定的な感覚が、（否定的な言葉には、肯定的な言葉が）先行する。」（規定②―c）

これらをまとめると、「言葉（感覚、表象、概念）には、それを引き起こすものと、それが引き起こすものとがある」ということになる。

これまでの説明で少々問題のある「規定」としていたが、内容的には以上の通りであるから、思想として任務に堪えられるのではないかと思うが。

不安は「不幸な意識」*（ヘーゲル）として、可能性のシンボル（象徴）として、様々な問いや批判（否定的なもの）を、私たちに突き付けている。それをここでは仮定的なものや超感性的（主知主義的）なものによらず、経験的事実に裏付けられる「規定」によるとしたのである。自我、意識、思考、理性などの基本的な概念の意味は、当然そのことから招来される。例えば理性は「自然理性」であるし、思考は不安のサイクル（X→不安と不安→xの）過程に生ずるもの（規定⑦）だし、自我や意識、主体は、そのサイクルの中心に生ずるものである。（同規定に関連して。）

＊　なぜそれがそうなるのか？　不幸な意識は、意識の経験の内意識が理性へ向かう自己意識の中に、ストア主義と懐疑主義とともにその三つ目に登場する意識である。なぜそれが「不安」から来ているのか、いや、この不安は「現象学」全体を表象していると考える者（私）からすれば、何もここに限ったこととするわけにはいかないのだが、ことさらそれを強調するのは、この意識が神との対立関係で論じられているからである。「不幸な意識はさしあたり分裂した二者をそのまま一つにしただけで、しかも、その二者は同じものではなく対立するものだから、そのうちの一方、つまり、単一で不動の存在（神）が本質とされ、もう一方、つまり、多様で不安定な存在が非本質的だとされている。二つがたがいに異質な存在であることが意識に自

覚されている。」（「現象学」長谷川訳、一四六頁）この二つの間を意識は揺れ動く、そしてついには「自己放棄」へと進み、「自由であるという意識」を獲得することになり、両者は統一（理性）へと展開することになる。

概要

一　思想

まず要点を挙げるのが順当だろう。

① 主体として語られるものがあること。（主体があることとも言い換えられる。）要は「思想とは主体たるもの[*1]を、主体として語ることである。」

② これまで見えなかったものを、見えるようにすること。考えられなかったものを、考えられるようにすること。

③ 問題（主張したいこと）の全体を見通せるようにすること。

④ 体系であること。部分ではなく（それぞれが）関係を持つ全体であること。

⑤ 平板であるもの（つまらないようにしているようなもの、本当はそうでないと思えるものだが）を立体的、奥行きのあるものにして語る、つまり本質的なものにすること。

それぞれの内容を検討する。

①は、「実体を主体（主観）にする」[*2]（ヘーゲル）ことに倣ったのではなく、「それを念頭に置く」あるいは「何かを基に」という場合の「それ」や「何か」を主張するという意味である。

②〜④は、月並み（平凡）な説明かもしれない。しかし思想はそういうことをしてきたのであるか

ら、事実としての意味はある。

⑤は、重要と思える。というのは不安と生存の関係に気付くのに、誰も特別な思考も感覚もいらない、常日頃それらしい感じ方はしていたはずである。これが「平板であるもの」、余りにもいつも「通り過ぎているもの」（遣り過ごしているもの）であるだけに、これを取り上げて対象化することをしていなかった、これを新たな視点（観点）から対象にするのだから、これは思想を措いて他にないと言わなければならないだろう。

特に①の「主体」について、それが念頭にあるということは、表象されているということである。しかしこれは「反省」で行われていることで、実際は無自覚、自覚、知覚と進む。（規定⑥）無自覚の第一感覚、自覚の第二感覚、知覚の第三感覚がそれである。私たちは、この第二感覚におけるそれ自体を、内的存在の関与によって第三感覚と、表象と形式を得るのである。言葉、観念、概念などはこの段階におけるものである。[*3]

＊1　単純に「主体たるもの」とは、文、言葉で言う主語となるものである。だから「風が吹く」「雨が降る」「川が流れる」の「風」「雨」「川」に当たる。これと同様に「内的存在」は考えられるというのである。これに当たる動詞は自動詞、端的には「ある」だが、ちなみに神を主語にした場合どうなるか、ブレンターノは「神が存在する」の述語（動詞）の「存在する」を無主語とみなす。なぜなら「判断者の肯定、確信を表現しているだけ」だからと言う。（ブレンターノ「道徳的認識の源泉について」七〇～一頁、水地宗明訳、世界の名著62、一九八〇年）（「前史」によれば、これは正解だが）内的存在はこんなややこしい内実は伴わない。自然のなすまま存在する（自動詞）が表現する通りである。この自動詞を他動詞に変えるとどうなるか、プラトンのイデアに「与る」（関与する、関係する）は自動詞だが、イデアを「分有する」は他動詞で

ある。私たちが現象（感覚）としているものは、誰かがイデアに与らせたり、分有させたりしているからに他ならない。それが（その主語、いわばイデアのイデア）が神もしくは神的存在であることは明らかだろう。内的存在は自然がそうであるように、先述した風、雨、川が何らかの目的のために作用を及ぼし、働き掛ける対象を持つことになるだけである。「風が雲を運んできた」「雨が肩を濡らした」「川の水嵩が増した」などのように、「もたらす」「生ずる」「引き起こす」などがそれである。神とてそれは同じであろう。しかし神には規定①による「それを引き起こすもの」がない。自然から外れているのである。（「前史」によれば、それは内的存在だが）

＊2　本書では、主体を「実体ではなく（主体としての内的存在の関与によって）媒介」として考える。（大前提8参照）なお、これは見方の相違という指摘により、どちらにもなるという批判の可能性がある。

＊3　「内的存在」の③（七四頁）は「第二感覚におけるそれ自体は、内的存在の関与により、第二感覚の内に第三感覚とそれ自体（表象、形式）をもたらす（生ずる）」である。ここで繰り返しになるが、本書で「内的存在」がどのように扱われているか、おさらいをする。内的存在は、不安の前身であり、これには、動揺、自然必然性、経験が要件として挙げられている。内的存在には、驚異、畏怖、不安の元になったもので、これらには哲学、宗教、現実が対応する。次に内的存在は主体として働くことが想定されている。（なお主体は英語で主観、主語と同じsubject、以下同様のものとする。）この主体は「雨が降る」「風が吹く」「川が流れる」と同様に「雨」「風」「川」を主語として述語されることと同じである。この述語部分が「内的存在」の内容（本質）に当るところである。その内容（本質）が、本書では感覚とそれ自体（表象と形式）になる。[★1]（図3―2参照）「風が吹く」で説明すると、「風」つまり「内的存在」が主体に、「吹く」が感覚（内容）と「それ自体」（表象、形式）ということである。「それ自体」の「表象」というのは「吹く」に伴う「感覚自体の表象」であり、「形式」とは「吹く」の「表象形式」、その知覚が「言葉」である。[★2]その説明は後述する。さてここに来て、さらに込み入った話をしなければならない。通常、主語（基体）と訳されているギリシア語の、hypokeimenon《ヒポケイメノン》には、antikeimenon《アンチケイメノン》という語が、以下の語と同様対にして使われてい

たのではないが、ラテン語、ドイツ語、英語の順で前者にsubiectum《スブイェクトゥム》、Subjekt《ズブイェクト》、subject《サブジェクト》として主観が、後者にobiectum《オブイェクトゥム》、Objekt《オブイェクト》、object《オブジェクト》として客観の訳語が当てられていた。ところがラテン語ではobiectum《オブイェクトゥム》が主観的な意味で、subiectum《スブイェクトゥム》は客観的な意味で用いられていた。それがカントを機に主観と客観が逆転し現在の意味になった。この経緯を論じている木田氏は「哲学入門」（三一六頁）でその語obiectum《オブイェクトゥム》を「心に投じられた映像」「〈表象〉〈観念〉という意味」で使われたと述べている。私が着目したのは、それを投じた当のものが「心の外にそれ自体で存在する〈基体〉」、言わば主観（主体）subiectum《スブイェクトゥム》と考えられていた、ということである。主観と客観それぞれの語の意味は同じだが、その扱い（語用）がかつてと今では逆だった。特に主観が心の外にあって、主体として考えられたことは特筆すべきことであろう。★3 そうとは言いながらも、これは今もまだ生きている。というのも、それと同様なものとして内的存在も挙げられるからである。プラトンのイデアや一神教の神、自然宗教の神々、神霊もそのうちに入る。ただその主体になるものが異なるだけである。この世界が、主体である「イデー、理念」のあらわれとするヘーゲル哲学が客観的観念論と呼ばれる理由はここにある。フォイエルバッハが「ヘーゲル哲学は思考を、したがって主体的なものを、といっても主体なしに考えられ、主体から区別された存在として表象された主体的なものを、神的な、絶対的な存在とした」（「将来哲学」四九頁）と述べている意味もそれを指している。★4

★1　その主体が感覚（内容）とそれ自体（表象、形式）をもたらす（生ずる）ところが最大の問いとなるところだと思われる。そこで想起されるのが、感覚自体のことである。感覚を内容、感情や理性、観念（もちろん感覚もその中に入るが）を形式と捉えることが一般だろうと思われる。（ヘーゲルも「小論理学」のなかでもっと広い意味でそうしている。）あることを主体に置くと、感覚という内容と、それらが何かという本質に当るところの名付けである形式を設定することは避けられない。私たちはあることを思う（想う）とき、必ず念頭に置いている（伴う）ものがある、それが主体である。そして、今私が言ったように、「主体」「思う（想う）」「念頭に置く」ということは反省（自覚）によるものである。（規定①③）「それ自体」というのは、そのとき「思う（想う）」つまり感覚自体の表象（内容［第一感覚］ではない）と、それに伴う概念、観念、思惟の産物などの表象形式、種々なる言葉を生じさせる要因を指すものと考えることができる。（言葉も形式である。）またそのように想定したわけである。（大前提8参照）「それ自体」をさらに具体的に述べたのが次の注（★2）である。

★2　「風が吹く」の「風」から、木々を揺らす、水面を波立たせる、草木がなびく、雲が流れる、砂煙が上がる、などが表象だけのこともあれば、その実際の状況が想起されることもあろう。もしそれぞれの木々、水面、草木、雲、砂煙などの言葉を知らなければ、（もし知っていれば連想で終わるか、そのままの可能性があるが）揺らす、波立たせる、なびく、流れる、上がるなどの表象が、次いで木々や水面以下の言葉や形式への強い欲求が生じるだろう。また実際その運びとなろう。これと同様なことが内的存在にも起こる。例えば「善は人間の究極の目標である」の「善」から、意識は良心である、思考は目標をもつ、宇宙につながる知がある、などが表象だけのこともあれば、実際に考えたこともある経験として想起されることもあろう。もし意識、思考、宇宙という言葉を知らなければ、（知っていれば連想で終わるか、そのままの可能性があるが）良心がある、目標をもつ、知がある、などの表象が、次いで意識、思考、宇宙などの言葉や形式への強い欲求が生じるだろう。また実際そういう運びとなり、この場合イデア（イデー）が別に設定されることに何ら不可解さはない。哲学思想関係で言えば、こういう形で言葉（概念、観念、思惟の産物）はつくられるのである。感覚にしろ思考の産物にしろ、いずれも述語に注目した。この述語が主語を決めるのである。ここに類を見出す人がいるかもしれない。つまり類は感覚自体からでも十分可能だということである。両者の主語は、当初風と善であった。しかし後者は「想起」にはないイデアになる。主体が別にあるということである。これは宿題でも何でもない、すでにわかっていることである。他項で述べているように、それ自体（表象、形式）は具体的には以上のように説明できる。なお規定①と表1の説明の仕方は、以下の通りである。最初は無自覚の感覚である。（X→不安）そしてその次（不安→x）から述語されることのなかで様々な表象が生ずる。この表象から内的存在の関与により◎、様々な言葉（形式）を生ずる。そこには概念はもとより観念や思惟の産物が含まれる、というわけである。

◎　一般に哲学や思想関係では内から湧き起こる力を「内発的な力」と呼ぶことが多い。これこそ「自然の力」なのだが、それを言わずまた他の根拠を示さず、そういう力を認めている。大方は神、絶対者、直観、啓示で説明することになる。ヘーゲルのように弁証法的運動における否定のように、否定をその力としている場合もあるが、そのほとんどはスピノザの「規定は否定」に負っている。本書では、想定されたものではあるが、感覚に内在する内的存在をその力としている。経験的事実から推論されたものとはいえ、上述した「内発的な力」およびその説明の仕方よりははるかにその根拠を示していると言えよう。

★3　この「心の外」とは、また木田氏の言葉を借りれば、「心の外にそれ自体で存在する〈基体〉」であり、これを私は「神」の位置になぞらえれば、有神論にぴったり当てはまると考えた。正しくヘーゲルの主体（イデー）はこの意味である。すると私たちは主体から投じられた映像（表象、観念）を意識としていることになる。これを行為的に捉えれば、それが経験というものであろう。なお、この神に通ずるイデー（理念）はヘーゲルの思想に一貫としてあるもので、端的には主体としてのイデーが、自然や精神を通して意識にあらわれる。私たちはこれらの経験を通して、最終的には絶対精神（絶対知）の域に達するとされている。つまり神の立場になるということである。参考までに内的存在のわかり難い理由としては、それが感覚内に設定されており、しかも実体として働くということだろう。こと感覚に関しては一般に、哲学と思想では個別、特殊としてドグマとみなされる。それだけに余計わかり難いのだと思われる。しかし哲学と思想上の概念や観念がこの感覚から生じるとすれば、また別の見方になるのではなかろうか。

★4　ここは「大前提に入る前に」一六〜八頁注（＊5の★1）、また規定①や表1、図3―2と関係するが、簡単に述べるに留める。私たちは主観と客観について（真に知っているかどうかともかく）よく知っていると思っている。ではそれを感覚に、しかも原初に近い感覚に還元したらどうなるか、その辺を考えるところだと思われる。これがヘーゲルが言う哲学を難しくしている原因である。

◉思想と自由、生存の関係

思想は自然だけでなく生存に制限されている。（マルクス思想を待つまでもなく、意識は社会に規定されている。[*1] つまり私流に言わせれば、思想は生存に規定されているのである。）いくつも例を出すことができる。制限というのは自由の反対であるから、自由も同じく考えに入れねばならないはずである。（例1）人々の進路（進学、就職、結婚、生活設計、老後など）では様々な選択の中に自由や制限を意識せざるを得ない。しかしこの中に「生存」は入っていない。自明なこととされている、つまり制限、自由は生存の条件に規定されていることを自明のこととしているということである。（例2）私が研究者として何を専門とするか、職業であれ、何であれ、自由とされている。しかし実際には制限があることは今言った通りである。「運」を言う人もいる。[*2] ところがいずれも「生存」の（条件を付け加えてもいいが）上においてであること、このことを忘れてはならない。

＊1　「人間の意識がその存在を規定するのではなくて、逆に、人間の社会的存在がその意識を規定する」（マルクス「経済学批判」序文、一三頁、武田隆夫訳、岩波文庫、一九五六年）。また、エンゲルスとの共著「ドイツ・イデオロギー」（三三頁）にも同じ内容の文章がある。

＊2　その人が現在そうであるのは、大半が運である。（記憶が正しければ、八〇パーセント以上が「運」である、と某新聞の寄稿欄で筆者は最後にそう述べていた。以下は私見である。）そのなかには出自、教育レベル、経済力、社会的地位など、いくつも挙げられる。その人の努力が寄与するのは二〇パーセント以下とも受け取れる。であれば、公平な社会をつくるには運に恵まれた人の貢献があってもよいということになるだろう。だがこれは私の拡大解釈である。

もし私が生活基盤を持たないか、失っている場合（何らかの事情があってのこともあれば、病や障害など生来のものもある、様々なケースがあるが、生存の条件に著しい欠如がある場合）先述の職業の選択に様々な制限があることは明白であろう。もちろん例外というものはある。何事にも負けない不屈の精神、刻苦勉励（精励）で、あらゆる悪条件や高い目標を克服（クリアー）した人もないわけではない。だが、それも適わなかった人の方が圧倒的多数を占めるのも事実であろう。それを努力不足、自助、自立の精神、自助努力の欠如と責めるのは酷だろうと思う。むしろ生存の条件にその点を求める方がむしろ客観的な判断が得られやすいと思われる。

これまでのところでもっとも分かり難いところは、感覚が無自覚、自覚、知覚へと進む（規定⑥）ところだったのではなかろうか。主体とは、私は念頭に置かれるもの、あるいはそれに基づくものという意味で用いているが、感覚が主体になる場合、それは実体として働いているであろうし、私の意識からは媒介として働いているであろうと想定されているに過ぎない。[*1] ヘーゲルは「実体は本質的には主観（体）である」（現象学[*2]）と述べている。この実体（主体）とは、イデー（理念〈理性的概念〉）のことである。物事を判断する基準（真偽、善悪、肯定否定、美醜など）を何に置くかで変わってくるが、厳密な意味で最終的な判断を下すことができるのは神だけである。その神の思考（イデーを原型とする）が、私たちの思考（理性的思惟）を通して現実化する（その意識の経験が「現象学」である）と考えるのがヘーゲルである。

＊1　「大前提」七一～七三頁参照。
＊2　ヘーゲル「現象学」上、樫山訳、三三頁、四〇頁、五三頁。

しかしその神はどこにいて、どういう考えで、どのように判断するのかわからないではどうしようもない。それには神の考えと人間の考えが一致するところがなければならない。その一致するところが理性なのである。従って理性を語ることは神を、最終的には絶対的精神（神）を語ることになるというわけである。それが論理学、自然哲学、精神哲学である。（「大論理学」は「世界創造以前の神の叙述」（上の一、三四頁）だとしている。）その主体（イデーや理念）は自己から出て自然に入り（自然哲学）、再び自己に戻ってくる（精神哲学）。主人公である主体が最終的に絶対的精神（絶対知）になるその経験の全過程がこの思想体系ということである。このケースで経験的事実に基づくものというのがあるだろうか。まるでSF小説のような感覚に陥るのではなかろうか。（何しろ確かめようのないことだから）つまりフィクションや神話など想像の産物ということである。ただ例外がある。それは神の名の許に語るならば、ということである。個人の考えというよりも、神の考えを叙述しているということで、単なる個人的なものとは違う、これらは明確に区別されていることで、想像とか空想とかの烙印を免れているのである。人間の許を離れた主体たる精神は長い旅路の末、絶対的精神として回帰する。今はその途上にある、行く行くはこれが達成される、そういう過程（歴史）の物語を語っているのである。

人間から離れた精神は自然の中で様々な抵抗に出会う。本性あるいは本能との闘いは終生変わらない。こういう現実は誰もが経験している。そこから再び人間に戻るとき、もはやそれらとは訣別した人間になるというわけであろう。自由、不死、正しく神のような存在になると思っているようでもある。ヘーゲルの立場は、人間を神の立場に置くのではなく、神を思考者の思考そのものに置く（フォイエルバッハ「将来哲学」[*1]「人間の思考と神の思考とを同一視する」）こと、アリストテレスの「思惟の思惟」（「形而上学」[*2]、ヘーゲルの「精神哲学」[*3]に同文が最終頁に引用されている。）のことである。こういうことがなぜ可能なのか、いや可能と考え切ったのか、大いに疑問があるが、そうと確信されている、いやそうと信じられている。これは一種の信仰ではないかと思わされるのである。[*4]

＊1　フォイエルバッハ「将来哲学」四九頁。別のところでは「神についての（人間の）意識は、神の自己意識である」（四八頁、九八頁）とも述べている。

＊2　アリストテレス「形而上学」下、一五三〜四頁。

＊3　ヘーゲル「精神哲学」下、三三一〜二頁。

＊4　本文が少々長過ぎた感がある。私見では次のようになる。①神は人間において自らの思惟（イデー、理念）を実行する。②最初は自然において、[★]次いで③精神において、②③は（人間において）精神を現象させ、それぞれ不安、安らかという感情（感覚）を伴う。それは「規定」③の通りである。神は自身を逆の形で人間に現象させる。自然／不安がある（神がいない）とき、精神／不安でなく（神がおり）、精神／不安がない（神がいる）とき、自然／不安である（神はいない）［ヘーゲル・バージョン］。

★　以下は自然に対する私見である。自然には「自らの自然」と「対象としての自然」とがあり[◎1]、両者には感覚が関与している。自らの自然には主観が、対象としての自然には客観が与えられる。[◎2]自らの自然には自然自体のものと、所与としての自然のものとがある。対象としての自然は、私たちの周囲にある自然すべて（生物、無生物、人間も含めてすべて）である。自然自体のものとは、対象としての自然が自らの自然に反映したもので、間接的な意識（感覚）であり、所与としての自然のものとは、「我が内なる自然」[◎3]のことで、直接的な意識（感覚）である。この意識（感覚）をさらに深めると知覚または精神となる。[◎4]

◎1　本書の図1、図3―1にみられる通り、すべての発端は自然（X）である。この二区分は多少工夫したつもりである。というのも「自らの自然」といわゆる「自然」（対象としての自然）は区別がつかないことによる。

◎2　卑近な例で言えば、そこにあるもの（机でもペンでも本棚でも）が対象で客観、その対象を感覚することが主観である。

◎3　我が内なる自然には、精神的なものと身体的（肉体的）なものとがあって、つまりは人間的自然（自然的人間、人間性human nature）のことである。自然の「つくる」という側面から、自然法、自然権、自然学などを通して、哲学、道徳、経済、法、政治など様々な分野に援用されている。

◎4　自然を「なる」「うむ」「つくる」の観点で捉える方法があるが、▼本書では自然がどう見られたのかを問題にするよりは、自然が人間に与えた影響を起点に論を展開する方法を選んだ。その起点が原初まで遡るので、どうしても想定とせざるを得ないが、私たちはそれを知ることはできないが考えることはできるのだから、それだけの意味はあると思われる。それも十六の規定に基づいたものだから、荒唐無稽というわけではない。だからヘーゲルが言うように「精神は自然の真実態」（「精神哲学」上、二一一頁）であるとか、「自然が精神によって措定」（同、二三三頁）されているとか、これも想定されたものだが、そういう捉え方はしない。ではその（人間が自然から受けた）最初は何か、それが「不安」である。私たちはその最初を知らない、知っているのはそれに相当する言葉とその意味であるが、その本来の姿である思想までは知っていない。先の自然に対するその三つの見方は、それらしい原理とともに知っているが、それが最初から一貫してあるものではない限りにおいて、これも想定されたものである。その同じ想定でも、その背後にある神でもなく、霊でもなく、精神でもなく、明確に今日ある言葉で思想になっていないもののなかに、それを見出した点で、それは他と同様かそれ以上に尊重されてもよいと思われるのである。

▼　木田元氏は「哲学入門」のなかで、丸山眞男氏が論文集「忠誠と反逆」（筑摩書房）に収録されている「歴史意識の〈古層〉」という論文において、世界の宇宙創生神話を①「なる」②「うむ」③「つくる」の

三つの観点から分類していることを紹介している。木田氏はそれぞれにはモデルがあって、「自然」の見方と重なることを民族の違いも交えて示している。（一六一〜二頁）それぞれは①の原理が植物的生成がモデルで、古代ギリシア人や日本人、②の原理が動物的生殖がモデルで、ローマ人や中国人、③の原理が制作行為がモデルで、ユダヤ、キリスト教系のそれぞれの民族である、としている。

主体とは主観であり、自我、自己の志向するもの、または意識の働きそのものと言い換えることもできる。ところでこの自我、自己、意識の所在を考えてみることがあるだろうか、考えてみるまでもないと思っている人が多いのではなかろうか。恐らくそれが精神、心、魂、脳髄という座にあると考えられているものと思われる。これもヘーゲルの精神と同様、確かめようのないものである。確かめようのないものは、形而上学的手法、パースの推論のやり方で、それらしい仮定をつくり出すこと（想定すること）で、説明するしか手はないように思われる。その一つが、私の場合「内的存在」であるということである。［主体を語ることの主体が著者によって違うということは、そのこと自体が（その内容如何ということでの）正に思想ということになるわけである。］

◉補記

ヘーゲルは「哲学史序論」のなかで「肯定的なものは、生活の場合でも、学問の場合でも、ヨリ後に認識される」[*1]と述べている。

これが「規定」②の「b　感覚は否定的なものが先に、肯定的なものが後に感覚される。」を代弁しているように思われる。

プラトンは「ソピステス」のなかで、存在（有）に対して、非存在（非有）の非（否定）は存在の反対（あらぬもの）ではないと言っている。[*2] というのも存在の反対（あらぬもの）とみられている「偽」や「異」は存在するからである。つまり「偽」や「異」においては非存在も存在するということである。ここからシェリングは、存在と存在者、非存在と非存在者とを区別して、「非存在者とはただ、存在者でないもの」[*3] と捉え、それまでの自らの思想に独自の転換点を探ろうとした。[*4] なお「異」（異なるもの）の結論の前には「偽」や「非」の意味で「反対」が採り上げられており、「異」はソフィストに対抗するためにその存在を証明した偽や反とともに考えるべきであろう。

＊1　ヘーゲル「哲学史序論」九二頁、武市健人訳、岩波文庫、一九六七年。

＊2　プラトン「ソピステス」一三二～三頁。

＊3　これはプルタルコス（ギリシアの著作家、カイロネイアの人、四六頃～一二〇頃〈岩哲〉）由来であるらしい。（シェリング「哲学的経験論の叙述」五一四頁。）

＊4　世界を「認識するもの」を存在者、「認識されるもの」（認識するものでないもの）を非存在者としたこと。（前掲書、五一四～六頁）シェリングは、このなかで「存在」は、限界づけられたり、規定されたりしないものであるとした上で、この存在に対立するものとしての限界づけられたものが、認識されるもの（非存在者）に、認識されうるという形式を与えることで、これを原因として認識するもの（存在者）が生ずるとした。そもそもシェリングは、ヘーゲルから袂を分かった原因が彼の同一哲学（主観と客観の間に絶対無差別の存在を置くこと）にあって、あの批判（絶対者［絶対知］を「すべての牛を黒くしてしまう暗闇」や「ピストルから発射されるようにいきなり」始める、で揶揄されたこと。絶対者からなぜ有限なものが出てくるのか、や端的には絶対善の神が創造されたこの世界になぜ悪がはびこるのか）が決定的となっている。

これに反論するために彼は「ソピステス」から、真理・非真理、存在・非存在、認識・非認識などの間にある存在、言わばそうなる可能性なるものの存在（非存在者として考えられたもの）のヒントを得たものらしい。

肯定的や否定的の方が、異や偽よりも確実な内容を示しているのではないか。非↕否定的は、偽や異より先行しているという意味で、これら（異と偽における非存在の証明の仕方）は正にソフィスト的に思考された屁理屈というものではないか。次はアリストテレスのヒポケイメノン（主体、基体、実体）を念頭に置いて言うのだが、自然のあり方から見れば、あるものは一定して持続するもの、肯定的なものであり、これに対して、あらぬものはそうでないもの、一定せず持続しないもの、否定的なものとすれば、自ずから存在と非存在の違い（反対であること）は出てくると思われる。

異、偽は自然に基づかないと考えられる。何らかの事情を前提しないと考えられないものである。例えば健康に対する病、楽に対する苦、他にもまだ沢山ある。愛と憎しみ（エンペドクレス）、反対概念双欄表（ピュタゴラス）などにも見られるように、肯定的なものに対する否定的なものが緊密に対応しているものとは別である。ここに異や偽の判断を介入させる意味がどこにあるかということである。

悪意、偽り（虚偽）などは、何らかの利益を得るための（意図的）謀（はかりごと、謀略）である。「非」は否定的、否定的は反対の意味と考えるのが自然ではないかと思われる。

「規定」②に関して「反論」が予想される例として、プラトンが「ソピステス」で述べている非存在は異や偽（虚偽）においてある（存在する）こと、非は反ではないことを証明したことなどがあげられる。これに対し、「規定」②では、肯定的なものが、存在に対しては否定的なものが、存在に対しは非存在が対応することを「自然」から得ている（図1、図3―1）、人間も自然の一部であるからには、これが当を得ている（妥当する）としている。どちらが真実［正当］なのだろうか。

端的に言って、肯定的（否定的）は感覚（自覚）や言葉における存在（非存在）に先行しており、異や偽はその存在（非存在）以降の考え方である。前者は身体的（無自覚）を含んでおり、後者の言葉や感覚（自覚）よりも前段にある、ということである。（規定②⑥⑪）

◉結論

肯定的（否定的）は、感覚（自覚）や言葉における存在（非存在）に先行している。異や偽は非や反対と同様、肯定的なものに対して否定的なものである。肯定的（否定的）は、感覚（自覚）や言葉における異や偽に先行している。異や偽は、非や反対より後に生じた非や反対と同様、否定的な感覚であり言葉である。[*1] まとめると感覚（自覚）や言葉は、肯定的なもの―存在と、否定的なもの―反、異、偽（非存在）が存在するということである。（異も偽も反もそれだけでは否定的なものであり非存在であるが、この非存在は肯定的なものとして存在するということである。[*2]）

＊1　この問題は自然の述語だったものを、主語にすることにより解けることではないか。言葉以前、名詞はもとより動詞や他の品詞も、自然の述語からスタートしている。例えば、あれ（指差し、身振り言語）は「山（川、木、沼……）」から、その存在を表現する（山、川……が）「ある」までの言葉になる変遷を考え

るときの最初、それをそうとする（受け留める）ものが最初に人間に生じなければならない。［それが不安、厳密には不安の前身］その場合の肯定的か否定的か（否定的な方が先行している）は、精神的なものよりもむしろ身体で受け留めていたのではないかと思われる。ただそれに気づくのは精神的なもの、つまり言葉、意識、自覚が生じたからというしかない。

＊2　肯定的なものとは、積極的、能動的なものであり、否定的なものとは、消極的、受動的なものである。これは今でも広く認識されていることではないか。ただしここでの非存在（反、異、偽）を肯定的に捉えるその仕方は、原初的にではなく、ここから派生した（二次的な）ものとしてのものである。

二　不安

1　不　　安

◉不安の語源

以前にも同様の試みをしているが、余りうまくいったとはいえない。今度の場合も出典は限られる、せいぜい数冊程度の著作と辞書の類（国語、漢和、古語など）によるものである。この語源（日、英、独、仏、拉、希など）には時間をかけてもよいと思っている。言葉には歴史があるので、ちょうど語源が私の言う不安の系譜と重なればよいのだが、そううまくいくかどうかわからない。

人間の成長と人類の歴史は重なるのではないか、前にも書いたように私の言う前史は、大人になる前の子供（幼児期）に相当するというように。不安もこの時期には不安としてあらわれない。この時期の不安は前不安、無自覚の不安（これを内的存在、不安自体、自体存在とも言っているが）の時期である。ちなみに一般の不安は、特定の感情としての不安、特定の不安であり、生存や実存に緊密な関係がある。

これを予想する（想定する）のに私は幼児期を（成長を見守りつつ）観察している親の立場で考え、その推測（推論）をする方法を選んだ。人類もこの幼児期と同じ状況を前史として経験している。子供が大人に、そしてより十全な大人に成長するように、人類の歴史もよりよい大人に成長するように、成長していかねばならないし、そうなることが期待されている。その可能性を人間の幼児期から見ようというのである。

その幼児期というのは、まだ人間として未発達な状況である（前史も同様として考える）、まだ精神と身体は未分化の状態にある、それが徐々に精神の比重を増していくのに、決定的な役割を果たすのが言葉である。この言葉の使用が増えるに従い、精神はどんどん成長していく。

精神は言葉の使用の増加とともに発達していく、不安の前の状態（前不安としておこう）はまだ十分とはいえない。ここで人類とどう比較できるか、一つ例を挙げたい。人類は動揺、自然災害や自然必然性、そしてそれらの経験によって、不安を覚えていった。幼児期の人間は親に保護され、それらしい対象はないと思うかもしれない、しかしそれがあるのである。自らの肉体（自然）である。これが人類の前不安の対象と同様と考えることができる。排泄する、食する、眠る、歩行（這う）すべて親が面倒をみているが、本人は自らの意志でこれができない（彼らはそういう肉体の欲求に従って、肉体的に意志表示しているだけである）、これが幼児期の彼らの前不安の元になるものと見ることができる。人類としては、それを自然に対する動揺、自然必然性、それらの経験に見ることができるのである。（幼児期の自然は自らの肉体であること、人類の自然は自然災害、自然必然性などを通しての、知の自然のことである。これが前不安を覚える契機となったと考えることができる。）

言葉が精神を発達させたのだから、言葉がどういう意味で、どう使われていたかを知ることが重要になってくる。そこで語源の問題が出てくるわけである。すでに何度も述べていることだが、日本語の不安は外国語の訳語として定着したものである。時期的に言えば明治に入ってから、外国語（主に西洋語）の翻訳、特に文学、哲学を通して入ってきた。これはほぼ間違いないと思う。哲学（用語のほとんど）、社会、芸術、心理学、その他多くの言葉が翻訳された言葉として誕生した。

さてその本家の言葉はどうだったかである。ほとんどが西洋語と見てよい。何しろ海外から影響を強く受けたのは、文学、哲学では多くが西洋のものが主だったからである。

では、仏教、儒教、その他の方からは何も入ってこなかったのか？　西暦六〇〇～七〇〇年頃、これらは輸入されたが、そのなかではどうだったのか、少なくとも不安は日本語化されていない。ただしその意味に近い言葉はいくつもあった。しかしそこに込められた意味は不安とは別のものである。

語源というのは、言葉自体の由来と意味の由来を分けて考えるべきであろう。言葉自体は古代からあったとしても、その意味は近代になって確立したということもある。不安もその一つである。

従って、言葉だけを取り上げて、古代よりあったと考えるのは誤りである。日本語が近代に入ってからのものであると同じく、西洋でも近代に入って、その意味が確立した。例を挙げよう、私には語源の知識がないので、それを書いた著作から引用することにする。

「例えばドイツ語の不安〈Angst〉は転成語であって、古高ドイツ語のAngustはラテン語のangustiaにさかのぼる。angustiaは、狭少、圧迫、狭窄、困窮を意味している。また『狭い』、『狭少化された』、『窮屈な』という意味のangustusは、動詞のango、anxiすなわち（のどを）絞める、（心を、胸を）締めつける、に帰せしめられるのであるが、それに対するギリシア語も同じ意味を持っている」。（仮象の世界[*]）

＊　霜山徳爾「仮象の世界」一一九頁。なお、ここにango, anxiという語が出てくるが、これがAngst（独）

anxiety（英）（ともに主に「不安」の意味で用いられる）になる様子が窺える。

現代の不安の意味は全くない。しかしこの言葉に現代的な意味の不安は由来しているのである。私が不安をギリシア語の「アタラクシア」や「アパテイア」の反対の意味から想定したのは、不安自体よく意識されていなかったということを考えたからで、言葉自体と意味とは一致していなかったということ、とその意味の言葉は当時なかったことをこのことはあらわしているのである。

今の不安の意味が、ほぼ確定したのはいつ頃のことだったのか。*

* その点で推測できるのは「ドイツ語圏の精神分析的及び実存主義的術語の影響の下に、その他の国々においても、人間の心の中に根ざしている本源的な不安、ないし病的に亢進した不安を、例えばangoisseとしてpeurから、anxietyとしてfearから区別するようになった」時期である。（前掲書、一二三頁）

まず恐怖との区別が生じ、その後実存主義と精神分析がこれを決定付けたということがほぼ間違いなく言える。すなわち古くからの意味は恐怖が担い、不安はローマ（帝国）時代を経て近代に入って、現在の意味に近い言葉になった。ただしその頃としても、「恐怖によってひきおこされ、また今度は反対に恐怖をひきおこす狭窄感としての不安という言葉は、次第に恐怖という言葉に代わってより多く用いられるようになった」*ということである。

* 前掲書、一二一頁。

いずれにしても現代で用いている不安は、語源的に言って意味に相当変化が生じていることが分かる。従って現在用いられて意味の不安は近代以降のものであることは、ほぼ間違いないと見てよいと思う。

そして不安の萌芽というか、現代の意味に近いものはまだよくは意識されていなかったということが言えるのではないか、さらに言えば不安の意味はそれを確立以降、まだよくは明瞭には意識されていないことをこれは示しているように思える。

従って不安は様々に考えられてはきたが、それ自体今後の意味の変化の可能性や、恐怖と同様別なものへ取って代わる可能性を含めて、まだ確立したものでないことも窺わせるのである。それは何よりも「思想」としてまだ成っていないことから来るものと思われるのである。

例えば日本語の「うしろめたし」は、現代では「うしろ暗い」とか「気がとがめる」の意味に用いられるが、「不安である」「気にかかる」という意味もある。この例では「うしろめたし」から不安の意味が遠ざけられたことになるが、不安の語源として「うしろめたし」を挙げることはできるわけである。これと同様の逆の現象が、西洋では恐怖と不安の間で生じた。

「心許無し」「憂（愁）ふ」など日本語には不安の語源となる語がいくつもある。ただ不安という語は近代以降の語である。そして意味も語源となるものとは異なることは言うまでもなく、新しい意味として用いられることになったわけである。それがAngst（独）、anxiety（英）、angoisse（仏）の訳語として登場したということである。[A.2.50]

ところが私の語源の解釈では、エピクロス派、ストア派、懐疑派らが用いたアパテイア、アタラクシア（不動心、魂（心）の平静の意）の反対の意味である霊魂の動揺（エピクロス）から来ているのではないかということだった。というのも「動揺のない安らかな心の状態」をアタラクシアというのだからである。

ところがAngstにもanxietyにも、そういう（霊魂の動揺というような）意味はない。その語源となったラテン語もギリシア語にもない。とすると、現代の不安はエピクロスを主にして、上述のものを傍系として、その次に二つが合体してできた言葉だということになるのではないか、その間恐怖との区別をしてきて、ストア派やアウグスティヌス[*1]などの哲学が介在しているといえば、さらに詳細な言い方となるのではないか。いずれにしろ言葉自体と意味は別々に展開しており、そして近代に入り合体したということが言えるのではないか。

さて、そこから前不安を推察するのに、先に子供を観察する親の立場でそうするのであると述べた。そしてこれは人類の歴史においても当てはまると述べた。ここに語源的なことを適用できるわけである。語源から言えることは、前不安は現在の不安そのままではない状態にあったものと見なければならない。ではどういう不安であったか？　現代の不安を内在した不安であったということである。では内在したものをどうやって前不安に認めるのか？

もはや前不安に語源や、今の不安に相当する古い意味の言葉を当てはめようとすることは余り意味がないのではないかと思われる。[*2]むしろ新たに何らかのものに即して考える語を選ぶべきではないかと思う。

＊1　アダムの原罪が人類にもたらした罪がキリストの死によって贖われた、と最初に語ったのはパウロだっ

た。その約三六〇〇年後、それは神の「恩恵」（恩寵）によって救われる説いたアウグスティヌスに引き継がれた。その約一四〇〇年後、原罪は不安がもたらしたと考えたキルケゴールが登場する。ここではじめて「不安」が事実上意識化されるが、例えばアウグスティヌスの「告白」（山田晶訳、世界の名著16、一九七八年）の第八巻第一章、第六章、第十章には「動揺」（第八章では「内心の動揺」）という言葉が見られる。この第八巻はアウグスティヌスが「回心」するところであるので、なおさらこの「動揺」の重みが出てくる。一方パウロは例えば悪を行うことを「わたしの内に宿っている罪」と言い、神の律法に対する「罪の律法」（「ローマ人への手紙」第七章一七、二五、新約聖書、日本聖書教会、一九五四年改訳）に、自身が逡巡しているあるいは手を拱いているそこにそれを見ているように思われる。マニ教から転向したアウグスティヌス、ユダヤ教から転向したパウロ、そしてキルケゴールは、原罪そのものを問題にした。そのこと自体が「不安」に向かわせ、しかしそのことで信仰への道を深めるのである。この三人に共通するのは、過去でも未来でもない「現在」である。そしてここに生ずる「永遠なるもの」への（キルケゴールの場合「不安」と結びついている）「信仰」である。

＊2　ハイデガーは「形而上学入門」の中で「存在についての問いは文法や語原学の事柄ではない」（一四六頁）と述べている。本書では、この存在も不安も出自は同じである解釈から同じに扱った。

不安

これは自己の内に認め得るもの、経験的事実に認め得るものの適用という方法である。そこに入れるのは（前不安というものの意味は）私の内にあるもの、私自身の経験そのもの、私の生そのもの、生存の意味ではないか、ということである。それは生きていること、生きることの意味がそこに内在しているということに、前不安の意味は考えられねばならないということではないか、ということである。

生存するとは、ここに私がいるという存在を含んでいる。むしろ生存は存在より大であり、生存は存在を含んでいる。フォイエルバッハはこう言っている。「ここに私はいる――これが現実的な、生きた存在の最初のしるしである。人さし指は、無から存在への道しるべである。」（将来哲学）[*1]「生きた存在」つまり生存のことである。なお「あるもの」から「ある」への移行に関して「一定の場所に存在することが最初の存在であり、最初の規定された存在である」（同）[*2]と述べている通りである。

＊1　フォイエルバッハ「将来哲学」八一頁。
＊2　前掲書、八〇～一頁。

前不安を生存の立場で見る。親が子を観察して推察するのも、親自身の生存が子に反映されるわけで、親の生存を通して子の生存を推察するわけである。当然それは生存と直結する不安を念頭に置いてである。前不安はそういう形でしか、見通せないのではなかろうか。結論めいたところに説明（論述）は来ているように思える。これを整理しておく必要があるようだ。

前不安へのアプローチには①語源的なものからと②生存（存在を含む、経験的事実）からのものとの二つの方法がある。②においては人間の成長、人類の歴史の二つの見方があり、二つは重ねて考えられてもよい共通したものがある。そして人間の成長、特に幼児期、人類の歴史では前史が、前不安の位置に与えられる（として考えられる）。そしてその推察の仕方として①と②がある、と。差し当たり、こういうことではなかったかと思われる。①については先に述べた（冒頭の「不安の語源」）以上のことは問わないこととする。

前不安から何を、どんな示唆を得ようというのか。①不安を直視するため、②不安から利益を得ている人を批判するため（不安は生涯なくならない事実を曲げて、自己の利益に利用しているから）、③不安の解消またはなくすということは欺瞞である、[*1] からか？

（一）生存と事実との関係は不安と生存の密接な関係とを表示する。[*2]（二）生存は事実としか関係しない。なぜなら生存そのものが事実としか向き合わないからである。（三）不安を語ることは事実を語ることである。その個別性は事実の前で解消する。そして、その事実は客観的なものとなる。

（経験的事実を論じている意味から）

不安は欠落した幼児期の記憶の落し物である。その欠落した記憶を埋めるのが前不安である。（親が幼児を観察するように、その内容を推察する仕方で行われる。）その前不安と存在との関係は、前不安は存在待って不安となること、「前」が取れると不安となり、存在（ある）を得ることにある。

＊1　不安は生涯なくならない。これは恐らく誰もが考えている共通の認識であり、これは事実（真実）として認められる。だから不安の解消とかなくすとか言うのは欺瞞ということになる。ここで論じられることは、そういうことではなく、①不安を思想にすること、②前不安から説明する理由、③前不安から存在への「世紀の大転換」にどんな意味があるのか（存在それ自体の説明も求められる）、④「不安の解消または低減（減衰）」と「直視」との関係などである。

＊2　「『まず生活し、次に哲学する。』（Primum vivere deinde philosophari.）生きることが第一のことであり、思惟しまたは哲学することは次のことである。」（フォイエルバッハ「唯心論と唯物論」三五～六頁）私なら生活を生存と言うだろう。なお哲学と生存の関係は端的には次のような表現にもあらわれている。「［たんなる生活のためにのみでなく］安泰な暮らしや楽しい暇つぶしにも必要なあらゆるものがほとんど全

く具備された時に初めてあのような思慮（フロネーシス）［知恵］が求められだしたのである」（アリストテレス「形而上学」上、二八頁）。「あのような」というのは、「知恵を愛求すること」（哲学すること）を指している。しかし存在を問う本来の哲学の問題とは「存在の問題はまさに一つの実践的な問題、われわれの存在が関係している問題、生死の問題である」（フォイエルバッハ「将来哲学」五八頁）はずであるが。

生存と事実の関係は深い。生存は事実と近いところとしか関係しないし、言いあらわさない。これが前不安の説明の根拠になる。単なる想像仮説では、仮説であるが故に疑われることではあるが、それがないこと、「事実に近い」ことを示すことが可能と考える根拠はここにある。そのことと、存在への移行はどこかで関連するだろうか？

（一）主体になる内的存在の役割。[*1]

（二）肯定的（否定的）、あるもの（あらぬもの）、持続するもの（持続しないもの）［図3―1「前史」参照］。

これに関連して端的に、先述したようにフォイエルバッハは「一定の場所に存在することが最初の存在であり、最初の規定された存在である」（将来哲学[*2]）と述べている。

＊1　ヘーゲルは「実体はそれ自身で主観［体］である」（「現象学」上、樫山訳、七三頁）と述べている。同書、三二頁、三三頁、五三頁でも同様の言葉がある。これが「内的存在」を主体とするときのヒントになった言である。

＊2　フォイエルバッハ「将来哲学」八〇〜一頁。さらに「絶対に疑いえないもの、太陽のように明らかなもの」が「神的なもの」である。これは限りなく肯定的なものであり「直接、それがあるという肯定をひき起

こすもの」「有るとして以外には全く考えられえない存在である」(同、七四頁、四二頁) 前不安→存在は、こうしたことからも説明できる。存在は神の後ろ盾があって成ったものである。存在は神の後見を得て成ったのである。なお付け加えるなら「『ある』とは『対象である』ということであり、それゆえ意識を前提とする」(同、三八頁) のだが、その意識がどういうものであったか?「意識自身が、感覚的表象と思惟された表象の混合として、絶対的な弁証法的な不安定なのである」(『現象学』上、樫山訳、二四三頁) これがヘーゲルの存在への意識である。以上から、前不安→存在は説明できると考えるのである。[A.2.54—56]

2

端的な「規定」③を挙げたい。それは「不安であるとき、不安がなく、不安でないとき、不安がある」である。これは何も奇を衒って述べているわけではない。誰もが事実として経験していることである。このことは「言葉」それ自体にも関係することなので、不安という感覚と不安という言葉とは区別して考える必要がある。(規定④)「肯定的な言葉には、否定的な感覚が、(否定的な言葉には、肯定的な言葉が) 先行する」(規定②c) とある通り [感覚 (不安) と言葉との] 関係がある。

言葉によるのか、感覚によるのか「引き起こすもの」は別にして、不安は無自覚なときがあること は仮定としても、このときがあることを自覚の前提とすることは回避できない。少し回りくどい説明になったが、この無自覚の不安を「内的存在」と称している理由は、こういう状態を設定することで、(これまで見えて [考えられて] いなかったものが) 見えてくる [考えられる] ものになるからである。それは何か?

後述する「前史」でも述べるが、①存在（ある）（非存在＝あらぬ）への過程が説明できること、②神や超越的存在の存在、③現実との見分けがさらに期待（説明）できることである。*

＊ 内的存在（あえて言えば英語のsomething、独語のetwas）は、実体substance（哲学）（形而上学）、存在being（宗教）（信仰［神学］）、実在reality（現実）（生存living）への系譜（展開）が考えられている。それぞれは驚異、畏怖、不安を感情的な契機としている。［S.2.17］

★ 右の英（独）語を一般には或るものと訳している。その訳を内的存在にも当てるとはどういうことか。X→不安というのは、無自覚であるから想定や仮定の世界である。そこにある或るものは、①X（何か或るもの）でも、②不安（内的存在）でも区別がつかない。どちらとも取れる。Xでも不安でも或るもの（厳密には何か或るもの）として受け取っても不自然ではない、実際は①と②で区別されている、これがその訳の理由である。（①②に関しては表1参照）

「内的存在」を設定することで、ここから展開する哲学、宗教、現実（生存）の区別がつくようになる。

これが示唆するものは、上に挙げた（また、これまで述べてきた）ものばかりではない。

① 思想にすることの意味が見えてくること。

② 問題の解決、解消の表象が得られること。

③ 時間（または歴史）の問題へ展開させられること。（不安の系譜より感覚と言葉の区別も生じた。）

ヘーゲルの例は「規定」③の、聖書の例（堕落説〈原罪説〉［創世記］、神の言葉［出エジプト記］）は「規定」②の端的な例である。（不安は様々な示唆を与えている。しかし不安は思想化をこのような形で行なっても、まだその一端しか見せていない。全体を見なければならない。それが本書の狙いである。[*1]）

なお次には「前史」（存在と非存在の前史）の概要へと進むが、感覚における前史と存在（非存在）に至る「言葉」としての系譜、[*2]それが言葉と感覚が総合されて意識となった近代という系譜が扱われる。言葉とその背後（反対の意味、否定的な感覚）にあるものの系譜は古代ギリシアでは、エピクロス派、ストア派、懐疑派に端を発しているということは、はっきり明言することができるのではないか。「規定」②からもその根拠は得られる。

＊1　新しい部分、ここではヘーゲルにしろ、聖書にしろ、不安の一つの思想化とみており、思想全体ではまだないことを示しており、ここは本書の発展性に着目してほしいところである。

＊2　感覚は無自覚、自覚、知覚へと進む。（規定⑥）が、言葉は自覚、知覚（感覚＝自覚、知覚）から以降のものである。言い換えると、感覚と言葉の違いは、感覚には無自覚があるということである。これが言葉より時間的発生的に前という考えにつながっているわけである。「規定」③から（B）の後段の文言からも得られる。

「内的存在」から存在、実体への系譜を述べたところで、存在が実体と存在に分かれた理由の説明がいるが（規定⑨）、これは哲学と宗教の違いから説明できると思う。ちなみに内的存在から存在へは、実体（神とは別の実体も考えの射程に入った背景があるからだが、それが哲学というわけであるが）への考えが後にキリスト教へと結びつくことからも、このときの存在はむしろ神々から神への過程であるときの神という位置づけ（何しろ「造物主としての神」「存在には神の後見がある」などとするまでには時間がある程度必要だった）にあっただろうからである。*

＊　「古代哲学は或るものを思考の外に存続させておいた」。（「将来哲学」六〇頁）これは私の言う実在（現実）としての存在、つまり「あるもの→ある（存在）＋もの（神霊）」を指している。ちなみにもう一つの存在（実体、存在としての存在）は「あるもの→ある（存在＝神）＋もの（物）」である。

安らかというのは、例えば人間の各臓器が順調に働いているときの、精神面をあらわしているように思う。順調というのは自然状態、つまり一定を維持している（すべてがバランスを欠かさず健康である、その秩序を維持している状態）ということである。不安というのはその維持が難しい状態（それがバランスを欠いた状態）ということである。それが精神面にあらわれていることを言う。*

＊　ここをプラトンは「ピレボス」（「プラトン全集4」田中美知太郎訳、岩波書店、一九七五年）のなかで、「われわれ生物のうちにあって調和が破れると、その時において自然のあり方がこわれ、同時に苦痛が生ずる」「しかしもう一度調和がととのえられ、それ自身の自然のあり方にもどるとき、快楽が生ずる」（二二七頁）と述べている。（要するに「われわれの経験する苦痛は自然の状態を逸れている、快楽はそれが元（自然）の状態に戻ることだ」ということである。）

であるならば、不安を否定的に、安らかを肯定的に捉えるのは全く自然である。自然そのままをあらわしているということは言えるであろう。この言わば「自然に適う」は「経験的事実」そのものである。不安、安らかが自然から得られたもっとも原初的な感覚であること、これが否定的、肯定的なものと結びついているのは明らかだと思われる。これは先述の健康（自然状態、各臓器との調和）が精神面に安らかとしてあらわれることを肯定的に捉えることは経験的にも明らかである。もう一つの例を挙げるなら、私たちは日々、自分の身体で健康によいものを試している。野菜や果物、タンパク質、炭水化物、ビタミン、ミネラルなどのバランスを考えて食事を取っている。これは経験的に健康を志向していることに他ならない。安らかを健康維持の基準としているためである。なお、それは快・不快、快・苦、幸・不幸などでも同じことが言えるのではないか、と問われることだろう。生理的な意味で用いる。この快・苦よりは不安、安らかの方が心身一体状態をより原初的に言いあらわしているように思えるが、これが正しいとは言えないのは、未だ不安が思想になっていないからで、従って安らかもそれを反映していると言えるからである。

快・苦*は主に精神面をあらわすが、苦痛や快楽となると、身体面を強調することになる。

不安は安らかを通してその絶対的境地、完全なる肯定としての神へつながる。それも不安という否定的な感覚（無自覚、内的存在）から生じている。そこが発生の源なのである。つまり神の発生元は不安だということである。（少なくとも私の「前史」ではそうなる。）（「日本人の思想」一七一～二頁、注（＊3）参照）

不安は生存との親密性という生々しい現実性と、高みの見地という超現実性とを同時に手に入れることになるわけである。この後者が擬人化されることで、神を起こすのである。従って、不安は神に直結するが、これには二通りの展開が生じた。一つは神の存在そのものを超越的存在（自然、人間、世界、宇宙などあらゆる事物事象（森羅万象）の造物主、創造主）として信仰の対象とするか、もう一つは神の存在を知的に理解しようとする、いわば思想化しようという哲学の立場とである。オリンポスの神々とその後出た一神教のキリスト教の間にプラトン、アリストテレス、エピクロス、ストア派の哲学が存在するところに何かしらのものがあるように思える。

* プラトンは「ピレボス」のなかで快楽と苦痛に先立ってある「快苦」として「身体とは関係なしにたましいがたましいだけで予想することによって生ずる（快苦の）種類」（二二九頁）が別にあると述べている。[ZT.12.13.7]

存在にあからさまに反応したのは哲学であるが、これは存在と神（特に一神教）を直接結びつけるのにおおいに寄与している。

存在には二通りの理解があるようである。一つは信仰（神）としての存在（もっぱら造物主としてみる立場）、もう一つは理知的対象としての存在（もっぱら哲学の立場）である。しかしあからさまな反応においては、存在は哲学に結びついているが、それも神々を通じて造物主的要素を含む存在（この後者だけが信仰の対象となるのだが）が念頭にあったことまで否定することができない。それは神とも言えると同時に超越的存在であり、これらは重なり合って哲学へと連絡していった、そういう経緯を伴ったものだけが哲学となったわけである。これが内的存在から展開されたのは既述の通りである。

内的存在は肯定的なもの——あるものを通して存在（否定的なもの——あらぬものを通して非存在）になった。この存在が一つは信仰の対象としての神に、もう一つは主知主義的（理性と思考の）哲学[*1][存在論（形而上学）と認識論]へ展開されるようになった。一方、現実をそのまま引き継ぐ展開もあった。これが生存の思想［まだ成っていない思想］への展開である。これを本書は論じようとしている。[*2]

＊1　存在（＝神）を論理的［理性的］に理解しようとする展開。ジェイムズの唯理論的な考え方。「哲学の根本問題」で、ジェイムズが形而上学の精神を、唯理論的タイプと経験論的タイプに分けたもの、唯理論は主知主義を指している。（二八二頁、三〇六頁）

＊2　生存と実存はlivingとexistenceという言葉の違いだけで言うことはできない。やはりどこか似て、どこが違うか、明確にしなければならないだろう。

不安

◉生存の思想[*1]

理性と思考で論理的に理解しようとする哲学に対し、生存の思想は、自然に裏打ちされた経験的事実に基づく。実存主義（哲学）に似ているように思われるが、以下の通り[*2]［まだ検討の余地はあるが］である。〈生存の思想〉は完成されていない、また誰の手にあったものでもない。これからつくり上げていかねばならぬ思想である。〈思想〉と〈哲学〉の違いはどこにあるのか、同じ論理（理性と思考）を用いてのそれではないのか、という疑いが持たれるかもしれない。その思想は前述したように自然だけでなく、生存に制限されている、理性と思考ですらこうである。（理性とは自然理性のことであるからには。）

なお理性に自然理性と論理的理性［これをジェイムズは唯理論的（主知主義的）な理性としている。］を区別し、本書では前者の理性を意味している。自然に制限された理性である。フォイエルバッハは

「将来哲学」の中で同じ意味の理性に言及している。[*3]

＊1　「生存の思想」は便宜的に付けたもので、本書が「不安をあらわす一端が生存である」（概要に入る前に）ことを手掛かりにしている限りのことである。

＊2　「実存」との違いが指摘されよう。神を全く関与させない立場（無神論としての実存主義、サルトル、メルロー＝ポンティ）、キリスト教的な立場（キルケゴール、マルセル、ヤスパース）、どちらともいえない立場（ハイデガー）。いずれにしても唯理論的（主知主義的）に理解しようとする立場に変わりはない。これに対し「生存の思想」は、自然とそれに裏打ちされた経験的事実に基づくもので、より現実を反映したものので、本来的なもの（これも自然の内に入れることも可能だが）になること、本質に優先させることなど、実存に近いところもあるが、実存はむしろ「生」「生命」に力点を置いたもので［生の哲学の範疇に入る］、それらを形而上学的存在にしている点で、やはり生存とは異なると言わざるを得ない。

＊3　それは「感性によって制限された理性」（「将来哲学」一〇頁）である。（図1参照）なお「理性は質料にその限界をもつ」（同、六〇頁）と考えた古代の異教の哲学者たちを、フォイエルバッハは「物質は、かれらにおいては存在という意味しかもたず、存在の感性的表現にすぎない」（同、一六八頁）と述べている。
（大前提6 ◉人間が「存在」を考えるようになったのはなぜか？ 参照）

三　存在と非存在の前史
（以下「前史」）

◉「前史」に入る前の予備知識

ライプニッツは「なぜ一体、存在者があるのか、そして、むしろ無があるのでないのか？」と言っている[*1]。これは誰が発見したとか、最初に言い出したのは誰かとかの話ではなく、とにかくこのことが瞠目すべき驚異で迎えられている様子が見事にあらわされているように思われる。プラトンはイデアに、アリストテレスは個物にそれを求めた[*2]。ソクラテス以前と以後を分けるのは、この存在が絡んでいるのである。それがなぜ「存在者」があるのか、ライプニッツの疑問はここにある。哲学する人は申し合わせたように「存在」にばかり着目する、それはなぜなのか？　当然の疑問と思われるのである。なぜ「むしろ無があるのでないのか？」の無は、一般的には存在（有）の反対である。しかしここではそういう意味ではなく、存在者があって、その存在者を存在させている存在の不在を言っているのである。

「存在」は肯定をあらわしている。しかし無（非存在）は否定である。ただヘーゲルにとって存在（有）も無も同じである[*2]。哲学では無から何も生じないが、無からの創造を言うキリスト教徒にとって世界は無である。「その無は世界自身の無である」[*4]。プラトンは「ソピステス」のなかで、パルメニデスの「あるものはある、ないものはない」を覆してしまう。非存在もあると。ないものがあるというのは、つまり非存在が存在するというのは、「虚偽や異なる」場合であると。[*5] シェリングは、これを「より劣ったもの」と解するのだが、この非存在者に「認識するもの」（存在者）に対して「認識されるもの」（より劣ったもの、世界の認識しない部分）を見立てる。[*6] 同様にして、アリストテレスはピュタゴラスの反対概念双欄表においての右欄の非存在も欠除概念として存在することを証明している。プラトンは虚偽や異なる（非真理）で、アリストテレスは欠除概念で非存在が存在することを証明したわけである。[*7]

＊1　「この問いはライプニッツによって初めてはっきりした形で提出されました。ライプニッツの著作の多くの箇所でこの問いが問われています。……」（ブーフナー氏の手紙）（ハイデッガー「形而上学入門」、三三六～九頁、「注」参照）。

＊2　プラトンのイデア（イデー）は個物を感覚に現象させるものであるのに対し、イデアに相当するアリストテレスのエイドス（形相）は個物に内在するもので、それぞれはプラトンが「真実在」、アリストテレスが「実体」という意味。いずれも形而上学的な「存在」を指している。

＊3　本書、大前提6参照。フォイエルバッハ「将来哲学」一六八～一七六頁参照。

＊4　フォイエルバッハは「キリスト教の本質」のなかで次のように述べている。「ただ世界だけが君と神――君の浄福な完全な本質――との間の隔壁である。したがって君は世界を主観的に否定する。君はただ神だけを考えている。（中略）世界があるところには物質があり、そして物質があるところには圧迫と衝突・空間と時間・制限と必然性があるからである。（中略）なぜかといえば、創造の根底には、なんらの世界もなんらの物質も存在してはならない、という思想が横たわっているからである。★ そしてそれ故にまた毎日世界の終りが最も渇望して待ちこがれられているのである。真実態における世界はここでは全く実存していない。」（上、二三五～六頁）

★　恐らく次のことを指している。「霊魂の創造が主要事象なのである、ということである。神はそれ自身人格として人格性の概念または理念であり、世界から隔絶して自己自身のなかにとじこもっている主観性であり、絶対的存在および本質として措定された無欲求の自己充足態であり、汝をもたない我である。」（同、二三六頁）こうした矛盾と事情を抱えつつも現実としての世界はある。「キリスト教の本質」下、「一二　無からの創造と世界の虚無性」二一四〜七頁参照。

＊5　プラトン「ソピステス」一三二〜三頁。

＊6　シェリング「哲学的経験論の叙述」五一三〜四頁。「思想」◉補記とその注（＊2〜4）参照。シェリングがこの「認識するもの」と「認識されるもの」を存在者と非存在者にしている一方、プラトンが「テアイテトス」のなかで「知っている」と「知っていない」をそれぞれ「ある」と「ない」に変更している（一五五頁）のに共通点があるのは興味深い。ところで、プラトンは「ソピステス」のなかで「〈あらぬもの〉に対してあるものを適合させようと試みるのは、不当なことであり、間違ったことである」（六九頁）と述べている。「数はあるもの」である。であるなら「それを、何か或るものに適用するのも、また正しくない」（六六頁）。この「何か或るもの」とは一つのこと言いあらわしている。だからあらぬものとは「一つもないもの」である。「一つもないもの」を語るとは「一つも語ることがない」「全然何も語らない」（訳注、六七頁、「テアイテトス」一五七頁）ことだから「不当」で「間違ったこと」つまり「不可能」なことというわけである。詳細は「ソピステス」六七〜九頁。しかしそれは虚偽（異なる、まったく無ではない「あること」、非存在者）としてはある。★前者（一つもないもの、「不当」「間違い」のもとになったもの）が非存在（これは哲学では譲れないテーゼとなっているものである。他でも引用しているが「ソピステス」のなかで「〈あらぬもの〉をそれ自体として単独には、正しい意味で口に出すことも、語ることも、考えることもできないのであって、それは、思考されえないもの、語りえないもの、口に出されえないもの、論じえないもの」（六九頁）であるのに対し、後者（虚偽、異なるもの）が非存在者である。（なお「ソピステス」のこの件は「異」（異なる）で一括されているが、そもそも非存在が「偽」（虚偽）においてあることから「異」へと

論が移っているので「偽」を残している。）アリストテレスは、端的に存在しないと或る類ではないを区別し、［前者こそ非存在であり＝引用者］後者を否定と欠除に分ける。この欠除が非存在者であり、この非存在者はある、とするのである。（『形而上学』上、一一六頁）（傍点引用者）

★ プラトンは「テアイテトス」のなかでソクラテスに「およそあらぬもの［同書では非存在だが、ここでは非存在者＝引用者］を思いなす者は、その思考の方面が他にどんな状態であろうとも、虚偽を思いなす者である」（一五五頁）と言わせている。

＊7 あるの前身はあるものである。（四七頁）そのあるものがあるとものに分離した。分離させたのはあるに神性を与えたソクラテスとプラトンだった。その背景に自然主義者、ソフィストがある。（三七〜八頁）非存在の困難さは、そこに神性さが振るえないことにある。そこでその存在の「虚偽、異なる」であるなら、それは非存在であるとしたのである。しかしあるものを前身に持つあるからものを消し去ることはできない。その不在が非存在であることは理の当然であるし、常識からも明白だろう。ただ魂（精神、心）は自然（肉体）とは別である。人間を自然の上に持ち上げるには、魂の至上性を強く打ち出す必要があった。

まず「存在」に目を見張った（厳密な言い方をすれば、存在者がそこら中にあることに、である）。これは人間が人間以外の生物や物質の自然とは違う存在であることを示したものであると言える。どうしても自然と区別する必要があった。そして反省もあった。存在がそこら中にあるのは訳があるのではないか。何の理由もなしにそこにあるのではない。しかし「存在」は常にどこかで懐疑的な目に晒されているように見える。ライプニッツのなぜ「むしろ無があるのでないのか？」やヘーゲルの「直接的な無規定」（有）＊などは「存在」の危うさをそのまま言葉にあらわしているのである。とすると「存在」はそう簡単に「前史」なしに突如としてあらわれてきたわけではないのではないか。

* 「存在」を哲学の始めに置くことへの懐疑としては、「存在をもって始める（ヘーゲル★＝引用者）のは、たんなる形式主義である。なぜなら、存在は真の始まり、真に最初のものではないからである」と述べるフォイエルバッハがいる。（「将来哲学」一五一頁）

★ 前掲書、一三一頁。なぜ「現実的な存在から始めることができないというのか」、また「なぜ私は理性から始めてはいけないのだろうか」とも。

前　史

自然主義者（唯物論者、原子論者、ソフィスト）に対抗して打ち出されたものではないが、その「存在」に対する考え方は、実際その後の歴史から見て明らかであるが、それ以前から（まだその後の宗教〈キリスト教〉の兆しがない以前から）宗教的なもの（観念、思考、思想）とリンクしていたように思える。それが存在を二つの考え方（思想）に分けることになった。一つは哲学（思想）、もう一つが宗教（神学）である。（神学という言葉がないとしたなら、教義または経典といってもよい。[*1]）

哲学はこの世界の背景にある存在を神としてではなく、神的実体として捉えた主知主義であり、理性と思考を唯一の手掛かりとした。[*2] それをまさしく神として捉え、創造主（造物主）とイコールとすること、[*3] それが信仰の形を取ったということは、信じること（信仰）それ自体、その実践面に意味があった。神こそ絶対的な肯定であり、それは真理であるからである。私見では「あるものがあるということは、少なくともあると言葉で表現されることからでもある。」

*1　ところがこの世界にあまねく行き渡っている「存在」全体から見ると、この二つの存在では十分説明し切れていないように見える。

*2　神的な存在は認められていたと思われる。造物主としての神の存在をプラトンは認めていた。（「ソピス

テス」四九・五〇節、一五八〜六三頁）
＊3　この世界の秩序は神によるものだから、存在がまさしく存在なのは神に負っているということになる。

（一）ある（存在）が神的性質を帯びるのは必然であったように思える。（二）神を味方につける（神の後見を得る）ことがそれだった。（三）神に対する思考（神への思い）には常に迷いが伴う。先述の通り存在に関して、哲学と宗教でも言い尽くせないものがあった。それは何か。では「存在」を実際あるかどうか、［自分の主観から離れて存在するか、それともそういう形では存在しないかなど問う］実在の観点から見るとどうなるか？　（四）実在には三つの種類（実体、事実、宗教）がある。本書では経験的事実に基づくものを指して「実在」とする。（規定、経験的事実）従って実体と宗教［信仰、神］において実在は用いない。すでにこの二つはその実在（性）を表現しているからである。[＊]

＊　「規定」⑥より、感覚は言葉より前にある。前述した通り「あるものがあるということは、少なくともあると言葉で表現されることからでもある。」（私見）私たちは常に「ある」を口にし、文字にしているからである。フォイエルバッハは、ここでいう感覚を存在に、言葉を思考に見立てる。[★1]そして両者を統一する「同一哲学」をカンタベリーのアンセルムスの「神の存在論的証明」と本質的に同じものと見ているが、「神の存在論的証明」というのは、神の本質に神の存在が含まれるというものである。（「プロスロギオン」[★2]、加えて「キリスト教の本質」下、二一五〜六頁参照）

★1　フォイエルバッハは、カントが述べた想像上の百ターレルと現実の百ターレルは違う（つまり思考と存在は同じではない）としているところに、ヘーゲルの「同一哲学」の誤りを指摘するのである。（「将来哲学」五三頁）この「感覚を存在に」にしても「言葉を思考に」しても、それぞれの意味が違うように思えるが、ヘーゲルが例の「現象学」で述べた感覚的確信における「このもの」と「一般的なもの」によって、これが裏付けられる。(『現象学』で「哲学は、その本質からして、特殊な事例を内にふくむ一般論として語られる」(長谷川訳、一頁、樫山訳、一六頁、「イポリット」四四頁)と述べていることの中にこれが示されている。「このもの」とは個別的なものであり、「一般的なもの」とは普遍的なもののことである。)　私見では、これは感覚と言葉についても同様のことが言える。ヘーゲルがどうしてこのように考えるに至ったのか? である。(パルメニデスの「あるもの(存在)のみあり、あらぬもの(非存在)はあらず思惟されず」[なぜなら、存在＝思考だから]か、アンセルムスの「神の存在論的証明」か)当然「規定」③のような考えから来ていることも言えるのではないか。

★2　それはこういうことからである。「もしそれより偉大なものが考えられえないものが理解のうちにのみあるとなると、それより偉大なものが考えられえないもの自身が、それより偉大なものが考えられうるものである。しかし、確かに、これはありえないことである。それゆえ、疑いもなく、それより偉大なものが考えられえない何ものかは、理解のうちにもまた実在としても存在する。◎」カンタベリーのアンセルムス「プロスロギオン」(第二章、一九〇頁)古田暁訳(『中世思想原典集成7、前期スコラ学』所収)平凡社、一九九六年。

◎　というのも「そもそも、存在しないとは考えられえない何ものかが存在することは考えられうることである。そしてそれは、存在しないと考えられうるものよりも偉大である。」(第三章、一九一頁)さらに言えば「それより偉大なものは考えられえない何ものかは、実に真に存在し、そのためにそれが存在しないということさえも考えられえない」(同章同頁)からである。(★2◎とも傍線引用者)その「何ものか」が神である。

以上が「前史」に入る前の予備知識として記した。依然「存在」には、しっくり来ないものという印象を拭い切れない。これは後々までずっと続くだろう。「存在」が以上のようなものだけに、「前史」

はそれ以上に厄介なところを扱うことになる。

哲学者は「存在」に目を見張った（驚異した）というのは本当だろうか？　「存在」に二つ（哲学、宗教）の見方があるのは述べた。この二つは驚異と畏怖で代表される感情を端緒として持つ。（規定⑤）[*] 前者は、実際は実体としての存在、端的には形而上学的（存在者を存在者たらしめている存在を問う）な立場で「存在」を見ているのに対し、後者は存在の創造者の存在を見ているが、「前史」はそれ以前がどうだったかを見るのである。

＊　「規定」⑤により「思考は感覚に追随する」からである。

「前史」は存在（非存在）以前のことがらを探究する。こうして対象が決まった。やはりその目的や、そのことによって何がわかってくるのか、その目的から得られるものを示しておく必要があると思う。現実的なこと、私たちの生存とは、生きること、生きていくことであり、その証を得るのが、本書の目的の一つである。そのためにはその内容を、筋道を立てて説明しなければならない。その結果得られたものは、生存の考え方（思想）ができるということが挙げられる。「思想」のところでも言ったが、見えなかったこと、考えられなかったことが、見えるように、また、考えられるようになるということである。しかし表題（副題）にもある通り「一考察」である。あくまで参考として考える契機になればよいと思っているところである。「前史」はなかでも仮定された領域（考えられると仮定された領域）である。これを形而上学的と非難する人がいるかもしれないが、これだけは避けられない。これを推論（パース）とすれば、これはこれなりに一つの考え方で通るが、それもやはり形而上学的なものとする誇りは免れないと思う。ここで改めて「存在」の二つの見方、捉え方に加え、もう一つ事実、現実の「存在」の見方、捉え方について述べたい。*

* 「規定」⑨は「存在は到る所にあり、不安はそこかしこにある」であって、存在を二つに限定する必然性は全くない。

◉内的存在の三つの展開

実際「存在は到る所にある」。内的存在も存在の一つである。「前史」も存在を説明するからには、存在から離れて論じることはできない。その意味で「存在」とその周辺のことがらを明確にしておかねばならない。これまで図式化したものの、よく検討してみると訂正する必要があるように思えるので、まだこれでも完全とは言えないが、とりあえずここに列挙しておく。

Ｉ　存在（①実体、②存在、③実在）

①　実体（哲学）形而上学、②存在（宗教）信仰（神学）、③実在（現実）生存（の思想）

それぞれは、

①　実体　すべてのあるものの背後にあるもの（普遍的なもの）。

②　存在　個々のあるものと、すべてのあるものの総称。後者が深化されて①とつながる。「個々の実在、観念にも背後に実体があると考えられるようになる。*」

③　実在　現実にあるもの、背後に配慮しないで実際にあるものだけを指す。これに基づく観念も実在に入る。

＊ 哲学と宗教の違いは、私見では次の通りである。哲学（形而上学）とは、神の存在を前提とせず、しかし神が存在するかどうかを問う、思惟や概念、観念を用いる過程である。科学、技術へと展開する可能性がある。しかし信仰はそれが全くない。なぜなら神は存在することが前提になっており、この哲学の「過程」は全く問題とされないからである。宗教（信仰）とは、神は存在する、を真理としている。

◉内的存在の感情的契機（①驚異、②畏怖、③不安）

Ⅱ 内的存在［前不安、不安自体］

これにさらに検討を加えると、（Ⅰ）この存在は「存在は到る所にある」（規定⑨）、つまりあらゆる存在、存在のすべての意味である。（Ⅱ）は（Ⅰ）のそれぞれを引き起こした感情[*1]、それぞれの契機となった感情の元たる存在である。[*2]

＊1 カントの三批判書は知情意に基づいているが、本書では情を上記のように三つの契機とした。むしろ情が知と意まで拡張し得ると考えている。

＊2 すでに述べているように動揺、自然必然性、経験がこの三要件である。

実在は、その対象が私たちの意識とは独立に、事物事象として存在することを言う。中世の普遍論争で、唯名論との間で問題になった実在論（実念論）の実在は、私たちの意識を超えたもの、思惟や観念（概念）を言う。プラトンのイデアが典型だが、ヘーゲルの絶対精神もこの意味での実在である。科学的、哲学的、日常的と立場で異なるが、本書は日常的な経験的実在（性）に近い、「経験的事実に基づくもの」と言っている。[*]

＊　実在（性）realityの意味は大きく分けて二つある。一つが①私たちの意識から離れても存在するもの、もう一つが、②意識にしか存在しないものである。後者は感覚論（経験論）の一部に見られる。前者は二つがある。一つは（イ）意識から離れても存在するものを、感覚を超えて存在するもの、超自然、超人間、超感覚的な存在を認めるもの、もう一つは（ロ）現実的なもので、意識にあるものも、その外にあるものも存在として認める、一般常識的なもので、本書はこの立場のものを言う。他の二つ（前者の一つ（イ））は哲学と宗教が、後者②はどちらかといえば極端な経験論（感覚論）者の立場のものを言う。これが「実在」に対する私の理解である。従って本書では実在＝現実的なものを指している。哲学、宗教はすでに先述の意味が含まれているので、あえて実在とは言わず、哲学が実体、宗教が存在としたわけである。

★　私たちが最初に外界、内界問わず接触するものは感覚であったはずである。それは無自覚、自覚、知覚と進む。（規定⑥）そしてこれらを加速させているのは言葉であり、言葉なしに意識は大きく展開することはなかった。「前史」はこの最初期（原初）から「存在」へと展開する過程を捉えたものである。

前　　史

「前史」[*1]は原初から「存在」に至る過程をあらわしたものである。内的存在[*2]（前不安、不安自体、原不安）はこうして存在（哲学、宗教）へと展開することになったが、奇妙なことに不安それ自身は思想へと展開されず現実のなかで生存と結びつき、ただその状況を訴えるが（不満、苦痛など現実の苦しみとともに）諦念や放置（なすがまま）にされるしかなかった。そして最大の問題は、生存の要件を満たし、不安と距離を置けるようになった、不安そのものの存在を対象としない、まさに生存の上に（上位に）ある人たち[*3]であった。これでは不安そのものは思想になることはない。

＊1　「前史」なる部分を先験的（超越論的）［カント］と解釈する向きがあるかもしれない。なお、カントが問うているのは「認識の発生的な事実問題」ではなく、「認識可能の権利根拠」である。〈岩哲〉

＊2　「内的存在」の存在は、「有」「在るもの」ではなく、「或るもの」（something（英）、etwas（独））の意味で、在るものの前段にあるもの、在るものに成り変るもの、可能的なもの、ここから前注（＊1）の「先験的」な考え方が出てくるものと思われる。★

★　「存在」が付くとすべて「有」「在」「あるもの」という意味に注意が集中するようである。「ある」になる、「ある」に行き着く、有以前の想定においても、やはりその存在（あること）に着目するわけだから、「ある」から離れることはできない。「非有」（non-being）はないものですらある（「非有」の存在を肯定すること）というのであるから（古代の原子論）。この「或るもの」ですら存在することを述べているのだから、やはり「有る」「有るもの」であることには変わりはない、と考えてもやはり「存在」は切っても切れないものということになるだろう。この「内的存在」は、私たちが感覚する際に必ず伴っているもの（意識のどこかで必ず関与するもの）のことである。これが感覚の無自覚から自覚、知覚へと進む際の推進役（思考性、思考を促すもの）を担っているのである。（図1、図4、図5参照）もしそれが関与〔なぜ関与するのか、その理由も問われるが〕しなければ、感覚は単なる感覚に過ぎない。知識へは発展していかない。「内的存在」の「存在」は、はじまりの有として（存在として）の意味に受け取られることは間違いない。「或るもの」でも「関与するもの」でも、やはりしかしはじまりは「存在」（有）ではないか、と。感覚において必ず関与するもの（前には関与しないものもあるように書いたが、無自覚で終わったらあるいは自覚で知覚に発展しなかったら、それは単に感覚であるという意味である。この場合それが関与してもそういうケースもあるという意味である。）としたが、これも確かに存在はするが有るものとはいえない理由は、これは否定的なものから得られているからである。結局それは肯定的なものを想起（惹起）するのであるが、その最初は否定的なものとして規定されるものである。否定的なものが存在と言えるかどうか、先述の「非有」（非有の存在を肯定する）はともかくとして、最初の否定を「存在」と規定することはない。つまりこの存在（内的存在）は否定的なものを担った存在ということになるから（規定②＊参照）、従来から言われている存在の規定からは外れている。少なくともヘーゲルの「有」、パルメニデスの「有」ではない。（「引き起

こすもの」二二七～八頁参照）

＊3　「まず生活し、次に哲学する。」（唯心論と唯物論）生存が成り立たず哲学する〔考える〕ことなど、程度にもよるが、最低の場合まず考えることなど、そんな余裕はない。

前　　史

「前史」は不安そのものが思想になっていかなかったことを示す前提となるものである。私たちは、自分たちが経験したことよりもはるかにインパクトのあるものとして、音楽、文学、絵画や彫刻などの文芸作品を知っている。そういうインパクトを求めて（感動や意識の昂揚を求めて）それらの作品を鑑賞する（見たり聴いたり読んだり）するわけである。自らの生存ですらそれらを通して考えたり思ったりする習慣からできあがっている。それほどのものだけに生存（なるもの）の思想など考えようともしないし、思いにも至らないのである。

まるで生存を忘れるように、それらに夢中になったり（依存し快を感じるほど）熱中したりする。現実よりもエキサイティングであるからだろうし、それを誰も咎めたりはしない。むしろ後押しする、応援する、手を差し伸べる、推進するのである。なぜなら、ビジネスと結びついているからである。生存と間接的につながっているからである。

「前史」では、「規定」②〔a 言葉は肯定的なものが先に、次いで否定的なものつくられる。b 感覚は否定的なものが先に、肯定的なものが後に感覚される。c 肯定的な言葉には、否定的な感覚が、（否定的な言葉には肯定的な言葉が）先行する。（規定、はじめに）〕に基づき、不安をその手掛かりとして、存在（非存在）に至る過程をあらわす。そこには「前提条件」（上述のものも含まれる）、

「過程」などがそれらの内容となる。

「前史」がなぜ必要なのか、形而上学的手法まで使って述べる必要がなぜあったのか、以上の中でも少し触れているが、ポイントは不安＝生存の親密性にもかかわらず、不安そのもの（生存へはその一展開）の思想はないということからである。なぜないかは哲学、宗教へと、それが転換されたからである。思想となっていないものを思想にする必要は、まず現代の混乱、閉塞状態の説明をかなりの部分補うか、その説明になるからである。

私たちはその上に構築、いわばつくられた世界に生きている。世界では交通、物、通信などの内容の豊かになったところと、その反対に思われがちな精神面の内容がむしろ疲弊しているように思われる、そうでない貧しいところとあり、これがわざわいして民族、宗教の対立を生み地域紛争や戦争にまで発展している。この貧しさは豊かさの反対であり、この差（貧富の差）が大きいところほどその内容は厳しい。残虐行為に走らせるのは、その内容がうわべだけではないためで、深刻なことを教えている。

生存の意味が生存競争や生存権、動物的な原始的人間の行為、本能に縛られた単純な活動に限定されているのが問題なのである。生存を思想の面から救う（支援する）必要があるのは、貧富の問題（生存の問題）が政治的、経済的、社会的レベルで論じられても、哲学、宗教（宗派間の争いや、他の宗教との違いによるものではなく）の問題、思想の問題として論じられてこなかったことによる。というのも貧しさは豊かになる方向性を暗示しており、そこへどんな経済効果も期待せず、いわば福祉目的で資金を投じることはないからである。しかし貧しさを貧しさのまま放置すると、ましてや貧しさを助長するような手段として当地の政策に介入したりすると、今度はそのことから、反政府的な言動へと発展するケースが生じてくる。貧しさをなるべく長持ちさせることで進出している企業は利益をあげることが長くできるからだ。だから生存に関しての思想はずっと手が付けられなかった。というのも理由は他にもあるからである。生存の面だけ（いわば、不安との親密性を切り離して語れないのが生存であるが）で論じると、思想的には単純な政治、経済、社会の問題に限定される。しかも不安との親密性からそれはさらに限定される。であるなら生存だけの思想で、問題解決できるかというとそうならないのは、現状が示している通りである。これに不安が加わるからさらにそれを難しくしている。このことは不安が思想として確立していないからである。（「だから」以下は重要なところ）

権利の問題だろうか（生存権）、個人の問題だろうか（生存競争）、それとも精神科学の問題だろうか（政治、経済、社会）、それとも宗教の問題だろうか（宗教戦争）、民族の問題だろうか（民族対立）、貧富の差の問題だろうか（意識）、イデオロギー、哲学の問題ではない。生存の思想の問題なのである。つまり不安の思想の問題なのである。

「前史」は単純な構図で展開されている。これを見てそこまで単純化して何を語ろうと言うのか、素人のやることで（噴飯物で）、稚拙以外の何ものでもない、と言われることだろう。何も人の歴史は単純から複雑へと進むということを言いたいためではない。言葉は次に言うように文字について、この展開が私の言う「規定」にも当てはまるかどうか考えた。*

＊　「規定」②からそのa、cは「言葉」であり、文字への言及はない。それとも「言葉」（＝広くは、音声による表現ばかりでなく文字による表現をもさす。言語。［学研現代新国語辞典、二〇〇二年（改訂）以下

〈学辞〉」）の意味から両方を（音声と文字）を含んでいることを前提としてよいのだろうか？　というのも私の頭の中では確かに言葉は思考するにしろ表象するにしろ必ず付いて回る、言葉なしにはそれらはできないとすら考えていた。しかし文字も同時に考えていたかどうか自信がない。確かに辞書を開くとき、その文字がなければ目的とすることはわからない。このときこそ文字が記号だということを、この段階になって（こういう行為に及んで、言葉＝文字と言う反省に立つことで）気付くのである。それまでは全く意識すらしていない。言葉はその意識なしでは十分機能している。しかし言葉を選ぶとき、自らを語るとき、そのときの状況を語るとき、言葉の意味を考えるとき、個々の言葉の意味の違いが気になるとき、何を手掛かりとするか、言葉のしるし＝記号としての「文字」である。「文字」がなかったら、個々の言葉の意味の違いを区別することも、選ぶこともできない。まず伝達することが、口頭によるもの以外不可能になる。書かれた文字は、口頭によるものが集まりのとき以外は極めて個人的なものとなるのに対して、その文字を理解することが前提だが、意味、使用ともその広がりは無限である。そういう必要（多数、伝達）に迫らなければ、文字は使用されないし（つくられもしないし）、発展もしていかないだろう。

まとめ

「不安」から代替可能な言葉として考えられるものはあるか？　（そのことによっても、この思想はそれほど内容を変更しないで済むと考えられることが前提だが。）

（例）悩む（ちなみに、その反対は悩まない、憂うの反対は憂いがない、心配の反対は心配ない、だが）の反対は「悩まない」というより「朗らか」「陽気」「磊落」「闊達」「明るい」（様子）ではなかろうか。しかし否定的なところが関与していることでは不安と同じである。そしてこれらの言葉が「安らか」（不安の反対）から派生したもの、と考えられないだろうか？　なお、不安から安らかへは不安を否定的に捉えて、安らかが得られているのではなく、不安から安らかへは直接的である。悩むはその派生体、否定的な感覚であり、朗らかは同様に、肯定的な感覚である。（規定②bがそれである。）

「規定」②bは「感覚は否定的なものが先に、肯定的なものが後に感覚される」[*1]そしてそのa「言葉は肯定的なものが先に、次いで否定的なものがつくられる」〔悩む、心配、懸念は否定的な感覚が伴っている（「否定的なもの」である）〕これに対し「朗らか」は肯定的な感覚が伴っている（「肯定的なもの」である）、②bで言葉としては「朗らか」が先で、「悩む、心配、懸念」が後である、というように「規定」に適合している。こうした「規定」を通して、「前史」を説明することが可能なる、と考えることができる。[*2]

＊1　言葉と感覚は完全に区別しなければならない。繰り返し強調しておきたい。
＊2　私は「不安」がこれらの基本（原型、モデル）と考えている。

ただ言葉から文字へは、少々課題として残ったが、そういう状況というもの、その中には厳しい条件というものがあったと考えられる。自然、民族同士の対立、宗教間の対立（信仰の内容、教義によるもの）、人間同士の対立（所有、身分、性別、年齢、職業などによるもの）などが複雑に入り交じって文字の成立を促したと考えられる。例えば契約（権利の確立〔所有権、雇用関係、金銭の貸借など〕）、制度、法律などが必要になる状況が文字の成立の前提条件になるものと思われる。[*1] もしこういう状況が余程強く生じなければ文字はなかなかつくられないし、つくられても使用するまでそういう状況を待たねばならない。平和で争いごとの少ないところでは文字はできにくい環境にあると考えられる。[*2]

以上「前史」の概要を述べた。[*3]

＊1　図2の（2）参照。その理由として否定的な領域が肯定的な領域を凌駕している場合などが考えられる。

＊2　「日本人の思想」二八三〜五頁、コラム3「言葉と文字の成立ち」参照。

＊3　内的存在から第一感覚、第二感覚、第三感覚が生ずることなどをあらわした図式の説明の詳細については、大前提の8と図3—2参照。

補記

一　感覚と知覚

この表題から「存在するとは知覚されることである」esse est percipi（バークリー）。「内部知覚は決して内部観察にはなりえない」（ブレンターノ[*1]）。「表象はものを基礎にもつ」（ストア派[*2]）「すべての感覚は真であり実在的である」（エピクロス[*3]）などがすぐに想起されるだろう。

私はまず、感覚と言葉を区別し、感覚に無自覚と自覚があり、次に知覚がある（言葉は自覚、知覚以降にある）と考えた。（規定⑥）この補記の内容はこれに尽きているとさえ言える。これ以上言う言葉もそう余りないということである。ただし、ヘーゲルが「感覚的確信」で言う場合の「感覚」[*4]、ロックやヒュームのそれ、プラトン[*5]、アリストテレス[*6]、エピクロス、カントなど、言う人によって意味が違っていることは明確にしておく必要はある。また感覚と表象、想像、感情[*7]、情緒、情念（パトス）など（幻想、イメージ、幻覚、錯覚などとも）との違いも述べておく必要があるように思う。

＊1　ブレンターノ「経験的立場からの心理学」のなかの言。細谷恒夫「現象学の意義とその展開」一四頁、世界の名著62「解説」。一九八〇年。

＊2　ジャン・ブラン「ストア哲学」三六頁（有田潤訳、文庫クセジュ、一九五九年）。ストア派はイメージと表象を区別した。物を伴うのが表象である。

＊3　ジャン・ブラン「エピクロス哲学」三二頁。

＊4　個別的なこのものと一般的なこのもの（現象学）は、感覚と言葉の違いによるものと考えられるが、フォ

イェルバッハは存在と思考の区別によるものと考えている。(「将来哲学」五七頁)

＊5　プラトンの感覚は意味が広い。「テアイテトス」、注(三八―8)二四七〜八頁。ちなみにデカルトもさらに広く捉えている。「考える」ことのなかに含まれるのである。(デカルト「省察」二四九頁、井上庄七、森啓訳、世界の名著27、一九七八年)(本項一九四頁、注(＊1)参照)

＊6　「感覚は知らせはするが、何も教えはしない。」(「形而上学」上、二四頁の要旨)「感覚はもっとも具体的な最初のものだが、思想的にはもっとも貧しい。」(ヘーゲル「小論理学」上、二六一頁の要旨)

＊7　「感情は知覚された感覚である。」(規定⑮)

〈ポイントは次の通り〉

(一)感覚自体、①感覚は外界と内界の接触面にあり、それが意識されるとき個々の意識と、それらの個々の意識全体を俯瞰する意識があり、後者を精神(心、霊魂、脳髄)と呼ぶ。図5参照。②外界と内界の接触面にある感覚で、両者を区切る最大のものが不安である。[＊1] ③感覚は、一般、普遍、非自然、非感覚(自由)と対比されるとき、個別、特殊、自然(必然、不自由、制限・限定されるもの)と呼ばれる。④感覚は個々から全体のものまで、肯定的なものと否定的なものに分けられるし、還元される。⑤感覚はそれが自然であるとき(一般によりしっくりとするとき)、意識と精神は同一線上に並ぶ。⑥感覚(その最小単位は、将来の言葉(その最小単位の一定のまとまり)に発展する。

(二)感覚には無自覚、自覚、知覚の三段階がある。(規定⑥)(感覚と知覚の関係)

(三)感覚と言葉の区別。(規定③④⑥)

(四)無自覚段階としての「内的存在」。(「内的存在」の端緒としての感覚)

(五)内的存在において第一〜三感覚の第三感覚の内、第三感覚（知覚）で生ずる形式で、単なる感覚（第一感覚）が洗練されて、最初の言葉がつくられ、それ以降それが、観念や概念、認識（知識）[*2]へと展開すること。

＊1　これに類したものとしては愛、憎しみ、怒り、恐怖、怨み、不幸、幸福などの感情がある。なぜ不安がなかでも最大なのか、それは生存や神、自由や超越などの思想とつながっているからである。本書では生存との関係を特に取り上げたものである。

＊2　「思考と認識」二一〇頁。同所では「知ること（認識）＝広義の認識（知識）—思考」で示される。

この「補記」で述べることは、その一、感覚と知覚、その二、思考と認識、その三、引き起こされるもの、その四、モデルの考えである。「補記」に入る前にこれらを取り上げた理由と、各々の関係について述べておきたい。

言わずもがなのことであるが、思想における言葉は限定される。（思想において使用する言葉は数が少ない。）それだけに意味が深いとともにそれが多岐にわたるので、混乱に陥ることが稀ではない。全く逆の意味に取って使っていることもあり、それぞれの意味をはっきりしておくことが必要である。しかし書によってそうであるように、それぞれの意味は相当違っていることがある。

最初に「思想」や、次いで「不安」を持ってきたのは、それらの意味を明確にしたかったことにあるが、それと同時にそれぞれの用語の関係も本当は明確にしておく必要があるように思える。もちろんその関係が思想になるのであるから、本書自体それらの関係を示すことでもある。その上に立って、本来の思想を述べることへと結びつかねばならないこと（これが目的なのであるから）は言うまでもないことである。

ここでは概要（一〜三）に必要とされた言葉を、それらの関係とともに明らかにする目的で「補記」として記すことにした。しかしいきなり例えば、その一、感覚と知覚に入ってもどこに関係して、それらがどういう位置にあるのかわからなければ、ただ混乱を招くだけだろう。説明がかえって混乱になる、となると何のために取り上げるのかわからなくなってしまう。そうではなく概要（一〜三）の理解が深まるのでなければならない。そのための「補記」ということである。

1

◉言葉との関係

本書に使用される頻度の高い主な言葉は、肯定（的）、否定（的）、思想、不安、存在（非存在）、感覚、知覚、思考、認識（理性、知性）、表象、引き起こすもの、言葉、それ自身（自体）、自然（本性）などである。哲学思想書に付きものに観念、概念、理念、実体、真理、本質、規定、限定、実在、本体、形相（エイドス）、形式、質料、現実態、顕在、潜在、アプリオリ（先天的）、アポステリオリ（後天的）、イデア（イデー）、実存……などがあり、使用が避けられない言葉、余り用いたくないもの、他の思想や思考を説明するためにあえて用いるものとして、超の付くもの、超自然的、超人間的、超越（的）、超感性的、他に彼岸、特別な意味で用いるものとして、神、超越者などがある。これらは「用語集」で一括して述べるが、ここでは、これらの言葉の関係についてと、表立った言葉がなぜそうであるのかなどについて述べることにする。

思想と不安、肯定（的）、否定（的）、存在、非存在は、各当該の概要に譲るとして、補記にあるのは、感覚、知覚、思考、認識、引き起こすもの、モデルである。これらの言葉が本書の主張としての考え方の大半を握っている。こうした言葉に対して私たちの周囲の世界、自然、宇宙、彼岸などは物や空間を通じて、両者の外部にある世界だが、いずれも私たち人間側から命名された言葉である。

私たちが必要あってつくった言葉である。だから言葉にはその目的がちゃんとあることになる。前もってある。そうでなければ、折角つくられてもなくなってしまう。しかしそういうことはまれであろう。なぜなら必要があってつくられたのに、それを使わないままなくしてしまうことなど考えられないからである。たとえ表面的には使われなくても、どちらかに潜在的に残っている可能性がある。

ここで言葉を取り上げたのは、上の言葉がいずれも言葉として集約されるからである。言葉としてのあり方、言葉の本来の意味、言葉の成り立ち、などのうち言葉の意味、成り立ちを語源から探していくということはよく行われる。例えば存在論（ontology）は、onta（存在者）とlogos（ロゴス、学）とからつくられたとか、カタログ（catalog）、ロジック（logic）などが、このロゴスの派生語で、またScholasticism（スコラ学〔哲学〕）やschool（学校）の語源がスコレー schole（余暇）で、theory（理論）のそれが theoria（観照）であることなどである。こういうこともまた語（言葉）の本来の意味を知ることで、どう変化してきたのかが理解されるし、変化した背景もそれなりに興味深いところだ。だが本書ではこういうやり方は取らない。わかっていることをあえて知らないふりをするのではなく、そういうやり方が都合よければそれもよいと思うが、それに頼るやり方は取らないということである。

ヘーゲルは表象についてもそうだったが、図式化することも、哲学的思考に反するようなことを言っている。[*1] 表象については他項で述べているが、表象は思想と概念に変えるものであって、哲学を表象と結びつけることを邪道のように言っており、哲学はあくまでも思想や概念として展開すべきものと言っている。この文脈ではないが、図式化も恐らく同様の考えからだと思われる。[*2]

＊1　ヘーゲル「小論理学」上、六三頁、図式化については二一頁。表象については、意識が対象の概念よりも表象を先につくること（六一頁）は認めている。ただし「その（表象の）内容がすでに思想であるとともに、普遍性という形式」にあることも表象の内に含めているものもある。（一〇四頁）

＊2　「概念が問題となっている場合には、概念そのもの以外の何ものをも考えるべきではない。」（前掲書、六六頁）

2

「主体と考えられた思惟は思惟するものであり、思惟するものとして現存する主体を言いあらわす簡単な言葉が自我である。」（小論理学）[*1] 主語と述語（主観と客観）が逆転すること、このメカニズムを説明するために、私は図を示したので、ヘーゲルの考えに反したことを行なうことになるが、例えば右のヘーゲルの言葉は、この図によって、この逆転の典型的な例であることがわかる。その逆転（転倒）は随所で行われているので、これを頭にしっかり入れるには図式化がもっとも効果的である。

これをしない手はないのだが、することによって生じる誤り（や不利益）や、少なくとも欠陥となるようなことがない限り、（理解を求める）一つの手段として用いるのは不当ではないと思う。

例えば右の思惟（思考）がどのようなものであるか、思惟が「最高のものであり、厳密に言えば、永遠で絶対的なものをとらえる唯一の形式」[*2]といっても、それだけの根拠を示すのでなければ、ただ言葉にしただけのもの、「超感覚的」[*3]なものと言っても、なぜそうなのか、私にはわからない。

＊1　ヘーゲル「小論理学」上、一〇三頁。
＊2　前掲書、一〇〇頁。
＊3　前掲書、一〇一頁。

ヘーゲルは「論理学は永遠の、世界以前の存在における神の叙述」〔世界以前の神のことば[*1]〕と言っている。「論理学の本質は、また神の本質でもある。[*2]」

この論理学を認識すること、「思惟の思惟」[*3]が思惟することであるから、究極的には神に行き着く。ここまで考えないと、「思惟」にはたどり着けないのである。これに対し私の言う思惟（思考）は、「図5」に見るようにX→不安、不安→xの途上にあるものである。これは「図1」に見る肯定的・否定的→感覚と肯定／否定→知覚の内に含まれる。ここで感覚と知覚という言葉が出てくる。これは今ここで説明するが、この二語においても本書は一般の意味とも、他の思想書の意味とも違うので、大意だけ述べる。

まず感覚には無自覚なものと自覚のものとがあり、これをさらに明確にしたものが知覚である。例を挙げたい。どこかで原子力発電所が放射線漏れを起こしたとしよう。私はこの事態を報道で知る。そして不安だと思い、不安を言う。図で示すと、

X↓不安（報道で知る、しかしすぐそれを不安と自覚したのではない。）この不安は、

不安↓x1となる（この段階で、放射能漏れは不安だと自覚する。）そして、

x2↓不安の段階で、それを不安と口にしたり、独り言を言ったり、他人に言ったりするのではなかろうか。そして、テレビ、ラジオの報道の他、インターネットや他人の話を確認して、不安↓x3の段階で、はっきりと「原子力発電所の放射能漏れは本当に不安だ」と知覚するのである。

ここには不安という感覚に無自覚と自覚が、そして知覚の区別がある。ここで誰もが感覚、知覚の内に働くもの、感覚する、知覚する、この動きがどこから生じるか、力学的なところの説明を要求したくなるのではなかろうか。この答えこそが思考の働き、理性と知性なのである。X↓不安、不安↓x1やx2↓不安、不安↓x3にそれぞれ思考が働いている。（図1と図5の通り）そして、それぞれの環の中心に自我がある。

だから、ヘーゲルの言う「思惟するものとして現存する主体」を自我といっている意味とは違う。水面を棒で円を描きながら回していくと中心があらわれてくる。これが自我である。つまり円が描かれなければ中心はない。X↓不安と不安↓xが中心をつくるのである。（ここでX↓不安と不安↓xとが環状につながっているように見えるが、これは螺旋状に回っている図と思っていただきたい。数字x1〜3は便宜的に振ったもので、こうして理性的思考は認識的思考に移っていくということを言いあらわしているに過ぎない。）

以上から感覚、知覚、自我の関係が明らかになった。そして、さらにこれを前進させると、知覚の働きがなお多面的になってくる。すなわち、本書でいう知覚には、観念、概念、存在、認識、知性、理性なども含まれるということである。これに違和感を持つ人は、少なくとも概念や認識以下のものは、感覚はもとより知覚以上の知だと考えており、またそうとして使っているはずである。しかしそれと本書の意味とは大きく違っていないし、矛盾でもない。ただ知覚に含まれているだけのことである。ここで、以上述べた関係も知覚とその枠（形式）で説明することができた。

次いで、理性的思考から認識的思考への移行がどうなっているのかよくわからないと思っている人には、そういう移行はそれが理性的思考のものであることを認識した段階を以てそうなること（理性的思考である）と説明する以外にない。この二つの区別は認識の段階でしかあらわれないからである。そう認識した段階が理性的思考ということになる。別の表現では「反省」「追思惟」「反照」などという言い方もできるかもしれない。いずれにしても、理性的思考は半分かそれ以上は無自覚に行われるので、正にそのことが認識的思考の設定の成せる業なのであるが。

＊1　フォイエルバッハ「将来哲学」一七頁、この言葉はヘーゲルの「大論理学」に出てくる。「われわれは論理学の内容を、自然と有限精神との創造以前の永遠な本質の中にあるところの神の叙述だということができる。」（「大論理学」上の一、三四頁）。

＊2　前掲書、二一頁。

＊3　ヘーゲル「小論理学」上、九六頁。

3

◉感覚的なものと非感覚的なもの

私たちは理性的思考を自然から得ている。ところがその「得ている」という自覚はどこにあるか（どこから来るのか）を問うとき、知はこれを超自然的なもの（でありそれを）、人間知のあらわれと見るのである。だから知は自然とは異なる、そして単なる知の感覚から上位の知覚、またその上位の……というように理性まで知を発展させる、超感性的な知の設定へと進むわけである。本書では、その知と称する部分が、この理性的思考の段階では感覚の内に含まれている。ここがおかしいではないか、それが知、感覚知なのだと反論する人が必ず登場してくる場面である。

私たちが感覚することの中には、感覚したものがすでに入っており、それが感覚されるのである。だから最初はわからない。感覚されて感覚したものがそれとわかるのである。つまり最初のところを無自覚とするのはここにある。ではその無自覚であったものを自覚させるのは何かということである。この過程に人間側の「知」の働きが想定され、実際、知ということになっている。

私たちは最初がわからないのに、それをそうする働きに知を入れている。これは想定だから知そのものではない。しかし知と称しており、そうして信じているか、確信しているのである。だから最初は誰も知らないのだから、何を持ってきてもいずれ確信するなら、それでもいいはずである。しかしそれが何でもよいことにはならなかったのは、現状が示している通りである。長い年月信じられて確信されているものを、ひっくり返すことなど容易ではないだろう。

まさにこの、ある意味ではブラックボックス（無自覚）の部分を独立させて、一つの塊として考えることをしてみてはどうだろう、というのが本書の考えるところである。表題の意味はそれをあらわしている。

やっと本来の「不安」がここに登場することとなった。概要（不安）と重複しない範囲で述べてみたい。

本来人間は自然の一部であるから、自然状態であれば自然のままであって、それは人間以外の動物や植物を見る通りである。ところが、人間は言葉を持ち、意識を持ち、道具を持ち、何よりも知を持っている。

この自然から得ているのが理性的思考であると先に述べた。その理由は、自然と人間の間というより人間の方にある事情が生じ、その事情によって得られたものという構図がまず考えられるが、それは無自覚の世界であるから想定ということになる。ただそれも確度の高い想定でなければならない。この想定には信頼の置ける感覚から取られることになるはずである。ところが、この感覚はある内容を伝えるがもっとも貧しいものであって、ヘーゲルに言わせると、「最もつまらないもの、最も真実でないもの」[*1]だし、アリストテレスは、「普遍的なものは感覚からは最も遠くにある」[*2]と述べている。[*3]こう言われている感覚を、私たちは当てにしてもいいのだろうか。むしろ感覚でないところから真なるものは得られるのではないか、と考えるのが一般的なようである。果たしてそうだろうか。ヘーゲルは先の言葉に反するようなことも述べている。「すべてのものは感覚のなかに存在している」[*4]と。

*1　ヘーゲル「小論理学」上、一〇五頁。

*2　アリストテレス「形而上学」上、二七頁。
*3　アリストテレスの「形而上学」は、そもそも「主として非感覚的な存在を研究するものであるように言われている。」（前掲書、注（8）三八六頁）「感覚的な実体についての研究そのものは、実は或る意味では、自然の哲学すなわち第二の哲学〔自然学＝引用者〕のなすべき仕事なのだからである。」（二七〇頁）
*4　ヘーゲル「精神哲学」上、一五七頁。実はヘーゲルは、感覚を正当に評価する言葉を他でも述べている。これはアリストテレスも同様である。ただ、彼は「たしかに感覚は、個々特殊の物事については、きわめて信頼に価する知識である」（「形而上学」上、二四頁）とは言うが、引き続き「しかしこれは、なにごとについてもそれのなにゆえにそうあるかを語らない」と、火の例を挙げて「ただその熱くあるということ〔事実〕を告げるのみ」と述べている。その（感性の）代表者はフォイエルバッハである。「将来哲学」では「一切のものは、したがって、感性的に知覚できる」（七八頁）、「思想は感性によって自分が真実であることを実証する」（六七頁）などと述べている。これに限らず彼のヘーゲル批判は、感性の立場からのものが鮮明である。

むしろこう考えた方が現実に適ってやしないだろうか。それは、感覚はすべてに当てはまるということである。視るのも聴くのもそうだ。覚える、意識する、考えることすら感覚に入るのではないかということである。[*1] もっと詳しく言えば、感覚は文字通りある何かを感覚していることである。それは赤い（色）、甘い（味）、熱い（温度）、痛い（痛み）、ある（存在）、（物が）落ちる（落下）、走る、歩む（移動）、動く（動作）、明るい（明るさ）、打つ、叩く、撫でる（作用）、全部が感覚であり内容である。括弧内がその形式である。つまり感覚はすべての内容をあらわしており、言葉がその内容の形を示している、と考えるのである。例えば「赤い」は感覚したことになるが、色の内の赤い、を他

（緑、黒、黄など）と区別しており、赤の形（他との区別という意味で）を示している。（他の色から赤を選び出して示している。）また、走る、歩むは、ものがあるところから別のところへ移動している内容、速く歩む（走る）が、走るか止まっているところから区別していることを形として示している。これに似たことをヘーゲルは言っている。[*2]

＊1　感覚に関して、プラトンは「すなわち視覚と聴覚、嗅覚、冷覚と温覚、更にはまた快と苦、欲求と畏憚（いたん）などと呼ばれたもの」（「テアイテトス」五二頁）というように広範囲に及ぶ。また、デカルトは「感覚するもの」を「見ると思い、聞くと思い、熱を感じると思っている」として、「これは虚偽ではありえない。これこそ本来、私において感覚するとよばれるところのものである。そして、このように厳格に解するならば、これは、考えることにほかならない」（「省察」二四九頁）と述べている。（本項一八三頁、注（＊5）参照）

＊2　ヘーゲルは「この内容は、それが感じられようと、直観されようと、表象されようと、欲求されようと、あるいは単に感じられようと、思想をまじえて感じられ直観されようと、あるいは全く純粋に思惟されようと、あくまで同一のものである」（「小論理学」上、六四～五頁）と述べている。この「同一のもの」というのが、内容であり感覚である、と私は受け取ったのである。つまり、感覚はすべて（感覚、感情、理性、知性、観念、概念、理念、表象、思考、認識など）をあらわす内容であり、それぞれに付けられた語は、この内容を示す形式である、と。

以上から、内容はすべて感覚から来たものであり、知覚はそれに形式を与えたものである。ここから知覚には思想や概念など知覚の混合したものを含め、直観も観念も理性も知性も含めることができるとした。これが感覚と知覚の関係である。

二　思考と認識

1　思考と認識

◉理性と知性の区別

思考と認識は理性と知性の区別でもあり、思考は理性の能力、認識は知性の能力である。思考には二つがあり、自律的思考が理性的思考、他律的思考が認識的思考で、前者が普通思惟とされている。理性の厳密的な意味は余り考えない方がいいと思う。ただこの理性と悟性の区別ははじめカントが、その後ヘーゲルがこれを独自に発展させた。私はこの区別と悟性が知性の誤訳であるという指摘をアーレントから知った。こうして理性と知性（悟性）の区別から思考を二つに分けることにしたのである。アーレントは理性と思考を、知性と認識に対応させ、前者に回答のない問いを追究する思考の能力を、後者に知る能力を持たせたのであるが、思考は両者にそれぞれあることから、私はその上に二つに思考の能力を持たせたのである。

理性の語源とされているギリシア語のヌースnusには、精神や知性の訳が当てられることもある。このヌースがスコラ学でintellectusとされた。スコラ学ではこれとは別に高い認識能力としてratioがあり、これが現在理性と訳され、加えてintellectusは悟性と訳されている。英語のreasonはratioから来ており、また知性intellectはintellectusから来ていることがわかる。intellectは「知る能力」つまり知力を意味しており、理性や悟性としても用いられることがある。その悟性は英語ではunderstanding、ドイツ語ではVerstandだが、アーレントは、カントはこのVerstandをintellectusの意味で使ったのであり、intellectusにVerstandのもとになった動詞verstehenの「理解する」という意味は含まれておらず、だから悟性ではなく知性と訳すべきとしたのである。本書もこれに倣う。[*1]

語源的なことはこれくらいにしておく。とにかく私のいう思考と認識は理性と知性に対応した能力のことであること、この程度の認識で、それぞれの内容について述べる方が、本書の理解には適当と思う。アーレントは端的に前者を「思考すること」、後者を「知ること」に区別している。[*2]そして思考するとは（「究極の問い」と呼ばれる神、自由、不死といった）回答不能の問いを問い続けること（カントによって、純粋理性にとって避けられない課題とされているもの）だとし、「単に知識欲である「知ること」とは区別したのである。こうした理解も踏まえ、またアーレントがアイヒマンから得た「思考の欠如」[*3]にまだ足りないものがあるのではないかということから、私はその前段にあるもの、そのことに関心を持ったのである。思考は悪にも善にも係わっていること、なぜなら巧妙な組織犯罪（強盗、戦争、テロ、殺戮など）に思考が絡まらないはずはないし、他方善意で行われる慈善活動、行為、奉仕にも思考は大いに関係しているのである。つまりこれは認識の違い、知の用い方の違いによるものではないか、ということである。

*1　ヘーゲルも、カントがはじめて理性（Vernunft）と悟性（Verstand）を区別したことを指摘している。（「小論理学」上、一七八頁、また「精神哲学」下、一五七頁）ヘーゲルは、カントが「悟性の対象は有限で制約されたものであり、理性のそれは無限で制約されぬもの」（「小論理学」上、一七八頁）としたことにも

触れている。精神の働きから言って理性が悟性（知性）よりも上位に置かれ、また「認識するとは、或る対象をその特定の内容にしたがって知ることにほかならない」（同、一八〇頁）ことから、アーレントと共通点はあるが、アーレントが悟性を知性としての意味で捉えた時点で、知性＝認識すること＝知ること、理性＝考えることに一貫させている。本書はこのことに倣うのである。

＊2　アーレント「精神の生活」上、一七〜八頁、七五頁。アーレントの発見は意味を求める思考と、その能力を有する理性にあった、と思われる。[★1]力点は「意味を求める」に置かれる。しかしこの思考は経験を超えて行こうとする欲求があること、回答不能の問いに導かれていて、決して収束しないことにある。同著「第Ⅰ章　現象」の終りにアーレントは、カントを引いて「純粋理性は実際ただもっぱら自分自身だけにかかわり、それ以外の何の役目もない」（「純理」中、三三八頁）と述べている。[★2]にもかかわらずこの思考と知る認識を区別し、徹底して両者の違いを追求したのは、この思考がもたらすものに（正確に言うと「この思考を働かす限り」と言うべきだが）得るものがあるからである。それは同著「第Ⅲ章　我々が思考するのは何によってであるか」の終わりに述べているように、良心や善悪、美醜を見分ける能力、そして身の破滅を救うということである。（二二四頁）これは明らかに「思考を働かせることをまるで知らなかった」あのユダヤ人大量殺戮の責任者だったアイヒマンを念頭に置いたものであろう。あの著「イェルサレムのアイヒマン」の副題は「悪の陳腐さについての報告」（大久保和郎訳、みすず書房、一九九四年）だった。

★1　それはソクラテス、プラトン、アリストテレスなどの古い形而上学のなかにあったものを、カントが思弁的思考として区別したものだった。[◎]アーレントはソクラテスの一者のなかの二者、プラトンの自分の自分自身との無言の対話（「精神の生活」上、二一四頁）に加えて、この思考を善のイデア（ソクラテス、プラトン）や最高善（アリストテレス）、神などを認識する手段として使う、という誤った考え方をしていることに気付いたのである。

◎　古い形而上学では、認識は思考を手段として使っていたが、どういうわけか、この思考は超経験的なものを直観によって認識できるとしていた。その認識はソクラテスの想起にみられるように超越という形で可能とされた。斎藤信治氏は「哲学初歩」のなかで「イデアの純粋な観照のためにはその機縁を与えてくれたものからの魂の果敢な転回が要求されてくる」（三三頁）と述べている。この「転回」は「超越」とみなされる（同、三四頁）が、この超越からキルケゴールが想起される。この場合過去（想起、回顧）ではなく、現在に力点が置かれている。アーレントの思考はこのキルケゴールの超越（キルケゴールの言葉では瞬間、それは「時間的なるものと永遠的なるものとの綜合」で言いあらわされている。（「不安の概念」一四八頁））に通ずるものがある。（「精神の生活」上、「第Ⅳ章　思考するとき、我々はどこいるか」の20節「過去と未来の間の溝＝ヌンク・スタンス」参照）最後にここに出てきた直観、転回、観照、超越、瞬間いずれも原書に当たらないとわからないが、共通したところがある。それは認識を可能にするか、それを可能と示唆していることである。ところで古い形而上学の「真理」をモデルとする誤った思考が、再びヘーゲルによってカント以前の状態に戻されてしまった。ヘーゲルは「哲学の『主題』は『真にあるものを現実に認識すること』」（「精神の生活」上、一九頁、「現象学」上、樫山訳、一〇〇頁）としたからである。「用語集」三〇一頁、注（＊2の★1）参照。それはともかくとして、本書の考え方の違いは次の通りである。

私の思考は自然理性によるもので、どちらかといえば、フォイエルバッハやカントの広義の純粋理性（厳密に言うと違うのだが）の思考に近い。ただすでに述べたように考えることを思考、知ることを認識とした点では（アーレントと）同じである。ただ根本的に違うのは不安がある、不安が介在することを以て思考があるとしたところである。不安の三要件とは①動揺②自然必然性③これらの経験であった。これと出来事が結びつくことで思考が生じるのであった。これでは（統一する機会がどこにもなく）ばらばらではないかと思われるかもしれないが、これらの思考も自然という形式（枠組み）が調整しバランスを取ろうとする、他の動物や植物とは異なる精神を持った人間とて自然に近づけようとするのである。「肉体は魂の牢獄」としたソクラテス以来の西洋の考えとは全く異なるが、自然はそれ以上の存在なのである。このことはこの地球に太陽という存在がある（欠かせない）限り必然と言えよう。

★2　これに関連してアーレントはこう述べている。「もし人間が思考活動という名の意味を求める欲求を失い、答えようのない問い（神、自由、不死のこと＝引用者）を立てることをやめてしまったら、そういう人間は、我々が芸術作品と呼ぶ思想の産物を生み出す能力を失うだけではなく、回答可能なすべての問いを立てる能力も失っていくということになろう。しかも、すべての文明はそれから作られているのである。その意味で理性は知性と認識のアプリオリな条件なのである。」（「精神の生活」上、七三頁）（傍線引用者）また、アーレントはこの後で理性と知性が「しっかり結びついている」（同）指摘もしている。このことと傍線を引いたところは、本書の図1、図3―1とも一致している。

＊3 「精神の生活」上、五～八頁、関連してアーレント「イェルサレムのアイヒマン」参照。

◉思考の欠如と自己内対話

アーレントの言う「思考の欠如」は、一人の無言の会話の欠如のことを指している。これはプラトンの「ゴルギアス」の中でソクラテスが「自分自身と調和せず矛盾したことを言うような状態にだけは、けっしてなりたくない」[*1]と言ったように、自分の内なるもう一人の自分との会話の中で、このもう一人の自分と意見が噛み合わないで平然としていられない、二人の間に矛盾することのないように議論するという意味だろうと思う。この矛盾することのない状態というのが、例えばアイヒマンがカントの定言的命法（命令）[*2]を間違って解釈していると思っていないことに見ているように思う。彼がもし自己内対話をしていれば（に精通していれば）、こういう解釈は避けられたからである。

＊1 プラトン「ゴルギアス」三〇五頁、藤沢令夫訳、世界の名著6、一九七八年。

＊2 カント「実践理性批判」に出てくる言。「君の意志の格律が、いつでも同時に普遍的立法の原理として妥当するように行為せよ。」（七二頁、波多野精一、宮本和吉、篠田英雄訳、岩波文庫、一九七九年、以下「実践理性」）で、これをアイヒマンは「汝の行動の原則が立法者の、もしくは国法の原則と同一であるかの

ごとく行為せよ」（もう一つあるが省略）と「読み曲げていた」と。「アイヒマンのカント哲学の日常の用においては、それは総統《フューラー》の意志」だった。（アーレント「イェルサレムのアイヒマン」一〇八頁）ちなみに、実践的規則（命法）には仮言的命法と定言的命法の二つがあって、今問題にしているのは後者である。カントは「実践理性」のなかで、定言的命法にみえる仮言的命法の例を引きながら両者の違いを述べている。「年をとって生活に困らないためには、若いうちに働いて倹約せねばならない」は明らかに仮言的命法だが、「君は決して偽りの約束をすべきでない」は一見してそうとはわからない。というのは仮言的命法が意志だけに関係する規則で、言わば条件付き、実践的指定に過ぎないのに対し、定言的命法は意志そのものだけに関係する実践的法則（無条件的）だからである。（四九〜五一頁）カントはどこかで述べているようであるが、そうとなればこれの立法者は神ということにならざるを得ないのではなかろうか。

何も考えないことで決まり切った言葉を連発して、その場を切り抜けることしか考えていないことにも、思考の欠如のあらわれと彼女は見たのである。ここでもう一度「ゴルギアス」に戻ろう。これまで示してきた「思考の欠如」が自己内対話の欠如であることを見てきた。ソクラテスはその「自分自身と調和せず矛盾したことを言うような状態」のことを言う前に「不正」について、ポロスやカリクレスと話している。「人に不正を加えるよりも自分が不正をうけるほうが望ましいか」というポロスの質問に対して、ソクラテスは「不正を加えるよりも加えられるほうを選びたい」と答える。[*1]

長い議論の過程で、不正とは何かに話がいく。そして不正とは醜いこと、苦と悪が伴うことに話が向かう。そしてソクラテスはポロスが不正を加えることは醜いことであると認識していることを確認する。それから悪には貧乏[*2]と病気と不正があるのだが、この中でも不正が最も醜いのは、魂の劣悪さであることを示す。この魂の劣悪さは身体の病気に比べられ精神の病患とみなされている。ここから「不正をおかすことは、最も大きな災悪《ママ》である」[*3]が帰結されるわけだが、では、この魂の劣悪さを回避するには、どういう裏づけが必要かということになる。

それが「自分自身と調和せず矛盾したことを言うような状態」にならないこと、つまり「自己内対話」に求めている。これがアーレントの言う思考をすることなのである。

＊1　プラトン「ゴルギアス」二七三頁。

＊2　ちなみに三つの悪の一つ「貧乏」に関しては、「人を貧乏から解放するのは……金もうけの術」（病気は医術、不正や放埒は司法（正義））（前掲書、二九五〜六頁）とソクラテスは言っているが、それ以上の言及がない。これを書いているプラトンが奴隷制度を支持していたからだ。彼には死ぬ前に奴隷が少なくとも男女合わせて五人、同じ奴隷制度支持者のアリストテレスには「遺言」の内容から二〇人近くいたらしい。（「ポリスの市民生活」（生活の世界歴史3）二五二頁、二五七頁）

＊3　プラトン「ゴルギアス」二九九頁。

私の言う思考は、このことを踏まえてはいるが、「自己内対話」による思考とは一般的とは言えないと考えている。私たちは自分の内にもう一人の自分と会話を交わしている。事実かもしれないが、そういう思考があるのだということを知りながら、そういう思考とは別の思考もしている。それは通り一遍の、あるいは誰もが口にし、メディアが盛んに喧伝している思考（考え方）かもしれない。それとの区別をどうするか、本人がよくわかっている「自己内対話」による思考をちゃんと認識し、そういう時間を自らつくっているかということも問題になる。哲学者とか、批評家とか、一部の専門家のものではないことを知る必要もある。

思考がどうして生じるのか、認識との違いは、思考することと知ることとは、全く別の能力であることは一般にも知られているが、ここまで掘り下げて述べているのは、その区別を際立たせたという点では、またそれを論点として展開したこと関して、アーレントの着眼点は卓越していると思える。アーレントは思考しないことによる弊害、それは人間と人間、政治、社会、国と国の関係にまで及ぶ。一人の家族思いの平凡な男が大量殺人に加担し平然としていることや、大学教授、政治家、法律家がまるで自分の考えのような顔をして、他人の言葉を流用し、決まり文句をだらだらと唱えている。こういう思考しない専門家もいることを彼女は教えている。その典型がアイヒマンである。彼のような男がもし権力を握ったらどうするか、彼に近い人間は新聞の紙面を賑わしている思わしくない人物に共通して見られることではないだろうか。

自己内対話は、一人になること、引きこもる必要がある。自分との会話だから多くの人間のいるところ、騒々しいところは相応しくない。そういうところを避けることが、この思考に入る入口である。しかしこう言っても、一般にこの思考に入ることは周囲が許さないところもある。そういう条件が少ないし、つくれない環境にいることが大多数だろうからである。また、そのきっかけもなかなかつかめない。よほどこれに意識的である必要があるし、また常にこの思考に入る材料を持っておくことも必要だ。その上でそういう時間をつくることになる。多分ここまで用意周到ならその人はもともと思考の人だと言うことができる。しかし肝腎なのは多くの人びとに思考するきっかけをつくって、思考してもらうことである。その数が多ければ多いほど、個人も社会も改善される。(よい方向に向かう。)

アーレントはその一つの糸口を「自己内対話」に求め、それを論理的に明確に示した。ソクラテスが言った「不正を加えるよりも、不正を加えられる方を選択する」は、不正が悪の内もっとも醜いからであるが、それを見分ける規準は自分の内にあって、もう一人の自分と調和しないでいることはできないことに求められた。自己内対話にある思考の重要性は示された。これはこれで道徳や社会規範に適用されることだろう。教育にも取り入れられ、より健全な社会となる訓練の一つとして考えられてもよいものだろう。しかし現状はそれを許さない環境にあることもまた事実で、むしろ個人の意識の持ち方に委ねられている。

2

私の言う思考と認識の区別は、概要一の「思想」で示した不安の原初的図式「図1」、そして後に示す「図5」で明らかにされた。ここでは、アーレントは自己内対話が自明とされるのに対し、その前段が明らかになる。自己内対話が思考の条件であることで、それ以上の説明は必要ないと思っている人にとっては、これは余計なことかもしれない。しかしそこに至る経緯を辿ることでこの入り口となる表象への非難（ヘーゲル）が正当でないことを示すとともに、表象の意味や従来の精神の能力の序列が誤っていること（不当であること）をも明らかにするつもりである。というのもこれはこれまでの思想そのもの、認識の方法への批判も含んでいるからで、これから質す必要があったからでもある。それくらい野心的な挑戦的試みでもある。

まず一つ片付けておかねばならないことが表象に関して、である。思想（概要）でも説明したが、表象には、頭に思い描く、想像する、記憶から呼び起こすなどの意味があり、ヘーゲルはこれに加え思惟に関する内容を伴うものも含めている。この表象には、必ず感覚の内容が、または感覚するところに重点が置かれ、大体この意味を指していることが多い。つまり感覚と表象は切り離せないものとされている。出たついでに言っておくと、この感覚が書によって様々に解されているが、押し並べて感覚はプラトンやアリストテレス以来、貧しい知とされている。中にはエピクロスやストア派のように感覚を重要視しているものもあるが、また「感覚、経験のうちになかった何ものも思惟のうちにはない」あるいは、逆に「思惟のうちになかった何ものも感覚のうちにはない」とする見方もある。後者はヘーゲルが主張しているのだが、*感覚を一定の能力として認めている、これはその証左である。しかし感覚そのものは貧しい知とされるのである。というよりこれを踏み台（材料）としてさらにその上の知を求める上での意味としか認めていない。だから誤ったり、個別的であったりするとか、また特殊だとかの言い方の中にそれが示されている。

＊　ヘーゲル「小論理学」上、七四頁。

すでに感覚と知覚については、この補記の感覚と知覚で述べた。「図4」で示したように、知覚は感覚よりも狭い領域としてある。その狭い部分が意識全体の中で重要な役割を果たしているのである。その知覚に感覚以上の知が含まれているとするのは、それがそう規定されていることに他ならない。規定するそのこと自体がその知を決めているのである。ではそう決めたのは何か？　決めるからにはその主体は何か？　ここで改めて、こうした議論に出てくる言葉について述べておきたい。検証することは重要である。自分の思想がそういう（比較する）思想とどこがどう違うのかを示すことは、その思想の良否を判別する材料になるからである。しかも著者の認識力（批判能力）も明らかになる。よりその思想の理解も深まり、その内容によっては評価が下されることにもつながるわけである。だからこそこの検証は重要なのだが、本書に関しては最低限いくつかの思想を部分的に引く（引用する）に留めることになった。だが考えてみれば、例えばプラトンの対話篇の著作には引用や他の著作に長く言及することよりも、考え方の基本的なところを述べるに留めているように見受けられる。しかもそっくりそのままというのではなく話し手の頭で咀嚼したものとして紹介しているのではないだろうか。本題に戻ろう。

思考は理性的思考としたが、認識（知ること）は認識的思考として考えている。後者には知ることの中に思考することも含まれている。知性の辞書的な意味（多くのという意味、平均的な思想で表明されていること）には思考が含まれていることから矛盾（齟齬）はないし、本思想としては本質を言いあらわしているように見える。（なお余談だが、私の考えを辞書（一般の辞書や哲学辞典などの解釈、以下辞書の解釈）と比較したり、その意味に合わせようとするとどこかで合致しないところが出てくる。これは私の誤解なのか解釈が浅いのかわからない。これに無理に合わせようとすると、今度は私の考えが根幹からぐらつくことがあったり、思想として成り立たなくなることも出てくる。だから確かに辞書的解釈が一般的かもしれないが、といって全部ではないのだから、合わない部分は合わないことを認めた上で、私の考え方を優先することにした。そうしないと、私の思想全体が用を成さなく（意味の通らない）ものになってしまう。それはあなたの一方的な主観ではないか、と批判されてしまうかもしれないが、譲れないところはどの思想にもあるのではないか、それが独自性だと言うつもりはないが、それは容認して欲しいのである。先に他の著作の裏付け検証を十分行っていないことを認めたばかりではあるが。」本質的な話はこれからである。

「図5」を見て欲しい。思考はどこにあるか？　X↓不安と不安↓xの途中にある。この思考には二種（理性的思考と認識的思考）があることは述べた。前者が文字通り思考することであり、後者が知ること（認識的思考を含む）である。アーレントの言う自己内対話によるものは前者、それ以外は後者である。だが自己内対話によるものの中には後者も含まれているような思いに駆られる。だから、この件で自己内対話を前者に限定するのは、次の条件が得られることにある。それは図で示したように「不安」の存在である。しかも「図1」によるように根源的不安に限られる。

根源的不安は肯定的なものに含意する否定的部分（図2参照）だが、不安は①動揺、②自然必然性、③①と②の経験で生じる。もし犯罪に対して、これが適用できるかどうかやってみよう。私たちはそもそもこの不安から犯罪に向かうこと、不安を解消するために犯罪で中和するという行いが通常考えられないことを、まず念頭に置くべきと思われるので、このケースでは間違って犯罪を起こしたこと、ということになる。間違ってというのは平常ではなかった状態で起こったという意味である。その結果平常に戻った場合、これはもう犯罪を認めることになるので、問題は解決の方向に向かうが、平常なところへ戻らない、犯罪人が犯罪を認めないケースではどうかという問題に移る、するとその者の不安はひょっとして平常な状態でないから、余りないかもしれない。むしろ不安は犯罪の否定につながってしまう可能性がある。それは不安と感じないから、代わりに否定へ向かうという解釈である。すると私のいう不安は平常心のあらわれであることが前提になっており、そうでない者には適用されないことになる。果たしてそうだろうか？　ということはこの理性的思考と認識的思考の違いに出来るので、それを説明するが、不安に二種あり、上の二つにそれぞれ対応すると言ったのは、平常でなくとも認識的思考は働いていると暗にこれは示している。平常でなくとも言葉は発せられるし、思考も平常でないと言われながらも展開されている。もちろん理解不可能、筋が通っていないということもあろうが、それは間違った認識の話をしているからである。だから認識はしているのである。根源的不安というのは認識的思考から見ると仮想された不安のことである。そもそも根源的という言葉自体が根源的でない側の発想である。

3

私たちは認識するのは何によってか、という問いを立てること自体、すでにその問いの答えの大半を用意しているものである。何もないところで問いは立てられない。これが「言葉」の作用である。だから不安のあるなしにこだわることはない、いやその表明がされるかされないかを、あるとないに直結することはないという意味である。

仮想的な不安が出たついでに言っておくと、これは認識的思考の都合のこともあるし、根源的不安が発想されたからには、この不安の独自性、特色、独立性もあえて問われることもあれば、実在するという場合も出て来よう。こうした場合に出てくる思想が何から生じるのかも考えておく必要がある。

主観と客観の逆転、これまで主語であったものが述語に、述語であったものが主語になることが、こうした場合に起こることが事を難しくしていることを認識すべきである。この逆転（転倒）は、表象や対象と主体に端的にあらわれる。これらの意味をどこまで限定するか、どこまで認める（規定する）かによって、この逆転も構図ともども変わるので、この見極め（見取り図）が重要である。以下でこの表象、対象、主体と思考、認識との関係について述べるが、この件はむしろ思考や認識を考える前の段階のものとも言えるものなので、他の思想にも言及することになるだろう。（思考と認識を論評する前に述べておきたいこととして述べること。）

私たちは何の前触れもなく或る何かが表象されるとき、或る何かを表象している。他方、或る何かを表象するとき、或る何かが表象される。私たちは瞬時か、まあ余り時間を置かず自動的に行っている。［このことはX→不安、不安→xで示されるので、図5を参照してもらいたい。］

この表象を対象とすると、次いでそれを対象とする主体が自然に浮かび上がってくる。そういう想定が不自然に思えずに、ここに表象―対象―主体の関係図が出来上がった。［これはすでに述べた通り言葉の性質、言葉のなせる業なので、言葉を使っている以上当然のように行われる。］これが自然としてではなく、知として、人間の能力として、また、人間が自然としての人間の知を超える（超感性的とか超自然的とか言われることもある）ものとして考えられるとき、この当り前の現象が特別な意味を持ってくることは、多くの思想がそうした考えになっていることからも明らかだろう。確かに人間が言葉を持ったこと、その言葉から招来された必然からそうなっていることを考えると、自ら生み出した言葉に自らが振り回されていることになって、少々滑稽ですらある。こうした例は、自分とは全く無関係な現象をあらわす言葉が自分にも適用されると感じ、考えてしまうことなどにも見られる。これは言葉による意味と使用の転倒、主語と述語（主観と客観）の転倒現象と言ってよいと思う。

（次に思考と認識とそれらの関係だが、まず思考、認識それぞれについて考えてみたい。）

まず認識から考察してみよう。先に理性と知性の区別をして、それぞれに思考と知ること（認識）を対応させた。理性と知性については思考と知ることとし、思考と知ることを当然のように考えてこれを認識したように思う。だからやはりそれぞれは正しく認識しなければならないだろう。認識するは知ることと同じ意味に使っている。その知るは、感覚から来ていることは、アリストテレスが人間は生まれつき知ることを欲する、として見る（視覚）ことを取り上げていることからもわかる。* つまり認識は視覚から来ており、視覚を比喩としている。視覚の表象から知ると認識を考えていると言うことがいえる。知ることは理解する、知識にすることからも認識が介在していることはすぐわかることである。しかしここに考えて認識する、考えた末理解するという意味まで含めるかどうかということになると、これはまた別の問題を引き起こすことになる。

＊　アリストテレス「形而上学」上、二一頁。

認識には（知ることには）視覚が比喩として取り上げられている。では思考にはそういうものがあるだろうか。そういう比喩として使える感覚器官はないように思える。むしろかつて、今もそうかもしれないが、認識の中に思考は含まれるというのが普通の考え方のようである。(アリストテレスの「形而上学」もその考えである）アリストテレスは知っているということは、そのことの原因を認識している（と信じる）ことを意味している。[*1] ちょっと考えればその認識に思考が含まれていることは、その原因を知るには思考しなければ到底適わないからである。が同時にこのことは知るを認識と思考の結果とすれば、それを本人がその結果までの過程を行なったと決めつけ難いこともあり得るのだから、知るで済ます、つまり学習して知として得る（つまり知の発端からその知の成立するまでの過程を自ら行なう必要はない。そして今日学習というのは、他人の知をその過程抜きでそのまま知ることに他ならない）ことになるわけで、認識に思考を含まないことこそ、知ることだとする意味になるわけである。「知ること（認識）＝広義の認識（知識）－思考」という公式が成り立つ。[*2]（繰り返すが今日の学習とは大半がこの公式で行われる、問題の一つであることは多くの人が認めるところであろう。）

＊1　アリストテレス「形而上学」上、三一頁。ただし理性的思考（非受動的理性、能動的理性）は別で、これはプラトンの思考、イデアを求める思考と近似的で、これが後に神に通ずる思考となる。

＊2　アーレントはカントにちなみ「思考を一つの目的のための手段として使う知識」(「精神の生活」上、七五頁）という言い方をしている。なお、これは知識とて、思考は目的の手段としてしか使われないという意味でもある。

であるから、思考は認識とは別のことである。またアリストテレスに倣うなら「そのものがなにのゆえにそうあるか」とはまさに思考そのものを言いあらわしているのではないだろうか。[*] ちなみに彼はそれを「説明方式に帰せられ」るとしているが、その説明方式とはロゴスであり、「定義」であり、

「形相」とも同じ意味（内容）である。ここに認識の中に思考が含まれていることが図らずも明らかになったが、上で述べたように一般には（大多数の人においては）別の事柄である。［それを言う哲学者においてはそうであっても、という意味である。］つまり、その思考の末得た認識であるから本人が一番よく知っていることだと思われるからである。

こういうことからも、思考と認識は区別して考えることが必要だと思われる。で、再び思考に戻るが、そして哲学者が考えるそれではなく、一般の人びとが考えるそれでなくてはならないものとして考えるのだが、ここで思考に入る前に先述した転倒の話を想い起こしてもらいたい。

＊　アリストテレス「形而上学」上、三二頁。他に質料因、始動因、目的因があるが、ここでは最初の形相因で説明している。これらに思考抜きで得られるものなど何一つない。

「或る何かが表象されるとき、別の或る何かを表象している」（この逆もまた起こる）のことである。主語が述語に、そしてこれが逆転（転倒）する例はいくらでもある。例えばアリストテレスの認識（哲学者の中だけに見られるもの）には「そのものがなにのゆえにそうあるか」（私に言わせれば、それが思考そのものである）は、その原理（アルケー、原因）（つまり述語）へと結びつくが、この原因は、今度は主語になって学習の対象となる。つまり、この原理はこれこれこういうことである、と。こうしたことからも思考と認識は、この転倒が易々と行われるそのことの中に各々が独立してあることを、両者の区別の必要性があることを示しているものと見ることができるように思えるのである。その上で先の転倒を考えると、認識（知ること）と認識（知ること）との間に思考があることがわかってくる。

4

私たちは人の思考の結果をそのまま認識することもあり、その知を踏まえ別の思考をすることもある。あるいはそれを鵜呑みにしてしまうこともあるだろう。いずれにしても思考はしていることになる。ただし前者は多少深く、後者は学んだものをそのまま自分の考えとしている浅薄な思考として見ることができる。そのいずれもが大した思考ではないことがすぐわかるが、少なくとも思考に値するものはそういうものとは区別され、全く新しく考えることにある。その基準とは何か。これが次に問われることである。

「そのものがなにのゆえにそうあるか」を思考そのものと私は述べた。この世界にはまだ知られていないことが数多くある。今行なっていることも、それを（さらに深く）知ればまた違った見方になり、全く新しい考えに発展する可能性もある。それを実現するのは考えることだけである。不毛なこともあれば、徒労で終わるときもあるだろう。しかし考え続けられる何かがあれば、いずれ何らかの地点に立つことができることもあるかもわからない。それは誰かが指示してこうだというものではなく、考えている最中に、あるいは一定の時間を経て到達するものかもわからない。それは誰にも言えないものであろう。

ここで自ら思考に二つあることが浮き彫りになったのではないかと思う。一つは、思考するにしても他人の思考をそのまま自分の思考とすること、これを少し前進させたものとして、この思考を踏まえて他のものと併せて思考すること。もう一つは、全く新たに思考することとである。難しいのは後者である。全く新しいということ自体極めて難しい。それは何もないところからということか、いくつかあるものをまとめ、ここから全く新しいものをということか、意味が違うからである。後者は前者の後の例である既存のものを少し前進させただけのものと似ているように思える。違いは既存のものの数の点で、後者の方が多いという違いがあるだけに過ぎないようにも思える。全く新しいものとは、それらのものと違う新しいもの、その独創性のあるものと思われる。少々前進させただけでは元のものとの違いは余りないが、独創というところまでいくと、元のものでは考えられていないことが含まれているということである。であるから前者の思考は、この独創を最初から考慮せず別の知へと進路を変えるものである。その点で後者は独創を狙っているものと見ることができる。（なお、この「独創」だが、狙って適えられるものかどうか問われるところで、言葉の上だけでなくそういう意識とともに、それを根底に或る何かがなければ言葉上のものになって終わるだろう。この或る何かが問われることがこの場合重要な意味を持つことになる。）

思考には二つがあり、一つは単なる思考（知るための思考、学習するための思考、他の思考を踏まえそれを前進させる思考）、もう一つは全く新しく思考すること、この独創から或る何かへと、話が展開した。その「或る何か」も二つあるように思える。

一つはそれをそう思考するためだけ働くものと、もう一つは全く新しいことを考えること以上に（というのは、全く新しく考えることなどを念頭に置くような、全く新しい考えというものはないように思えるからで、そういうものはまやかしで、真の意味を問うなら、それはそう意識しない内に生じているものである）つまり、目的としない目的となっていること、そういう意識のない意識としてあるもの（この二つ）である。この或る何かは後者の方が仮想的（現実的）、前者の方が仮現的（仮象的）のように見える。この二つは根源的不安と仮象的不安、理性的思考と認識的思考に対応することは、不安の原初的図式にある通りである。（図1）

三　引き起こすもの

［この補記は、他と異なる手法で叙述されることを予めお断りしておく。それは①過去のメモ帳*（〇九～一一年）から取られているもの、②それに修正を加えたもの、③そこからさらに考えを進め追加したもの、この三つで構成されていることである。なぜこういう形のものになったかというと、この項は前以て構想されているが、次々と新たな考え方が生じ、次第に当初予定の考え（構想）から逸れてしまったことに原因がある。それほど重要なことか、疑問を持たれると思うが、読み直してみて、これを元に書き直すか書き加えた方がよいと考えた結果、このようなスタイルになったものである。］

＊　私が過去のメモ帳にこだわるのは、こうした考えは一度にあるのではないからで、いわば「断片」である。バラバラに考えられている。これを元にしていることを再度お断りしておく。なお、アリストテレスの文章で、前と後ろで意味が逆になるケースがある。（ここでは感覚することと思惟することとの間にこれが生じている例を取り上げている。本項の二一八頁、注（＊2）参照）どちらが正しくどちらが誤りか、読者が判断するしかない。これは自らの考えとは反対の過去の事例を論評する形で行われており、彼の他の著作にも見られる。この件に関しては「規定」⑭にある通りである。

「引き起こすもの」を端的に述べたものに、「規定」①がある。それは「不安には、それを引き起こすものと、それが引き起こすものとがある」である。これには言葉バージョンと感覚バージョンがあるが、これを記号であらわすとX↓不安、不安↓xになり、その説明は他の項で行なったところである。「引き起こすもの」には、別な言い方が数多くあるように思われる。例えば「転倒」「因果」「対立（反対）」などである。さらに「招来する」「呼び起こす」「惹起する」「励起する」「喚起する」などがあり、これをさらに拡張すると、直観、直知（直接知）、会得、直交（特殊）などを結びつける。しかしいずれも「引き起こす」に収斂される。例を見てみよう。

「自然現象はすべて神々の力によって引き起こされたもの」。（因果[*1]）

「受動形は自分自身を確信している能動形であり、客観は自分自身を確信している主観である。」（転倒[*2]）

「ヘシオドスは、『すべてのもののうち、最も初めに混沌（カオス）が生まれ、そのつぎに胸幅の広い……大地（ガイア）、それから不死なる神々のいずれにもまさる愛が、』と言っている」。（因果[*3]）

「善いものだけでなくその反対のものも現に明らかに自然のうちに存在している」。（対立[*4]）

「すべて感覚されるものは対立を持っている。」（対立[*5]）

「すべて有限な事物の存在は対立を基礎として成り立っている」（対立[*6]）

「分節をつけた言語は、人間がどういうふうに自分の内面的感覚を疎外するかを示す最高の様式である。」（転倒[*7]）

＊1　山川偉也「古代ギリシアの思想」三四頁、講談社学術文庫、一九九三年。
＊2　フォイエルバッハ「キリスト教の本質」下、一五七頁。

＊3、4　アリストテレス「形而上学」上、三七頁。
＊5　アリストテレス「霊魂論」二〇一頁。
＊6　シェリング「哲学的経験論の叙述」五三八頁。
＊7　ヘーゲル「精神哲学」上、一八八頁。同下、一四七頁に、ほぼ同じ内容の文章がある。

「引き起こすもの」には「引き起こされるもの」が伴う。（「引き起こすもの」それ自体が「引き起こされるもの」を必然的に想定している。）これも例を挙げよう。可能態と現実態[*1]、個別と一般[*2]、質料と形相、何からいかに（対象とプロセス〔過程〕）、単なるものから質、量、度合いへ。さらに拡張すると、比喩（「表象は一般に思想および概念の比喩[*3]」）、端初（端緒＝引用者）（「人々はどうして聖書の端初《ママ》を世界の端初《ママ》にすることができるのか？[*4]」、「世界は神の言葉によって創造されたのであり、見られるものは見られないものまたは現われないものから生じたのである。[*5]」）へと。

＊1　私の考えでは、感覚のなかには感覚（感覚されるもの）を感覚させる力が備わっている〔感覚には感覚するものが感覚自体に備わっている〕（内的存在の項〔索引を利用されたし〕で詳述した）。この場合もこのことの別の言い方と考える。ただ、感覚の意味をどこまで入れるかで違ってくることである。五官と共通感覚までが彼の感覚の範囲ではないかと思われる。これに対し私の場合は、思惟や観念、概念までをも範囲に入れている。その詳細も内的存在の項で述べた。従って感覚する能力は、知識する能力と同様生まれつき備わっているのだが、後で述べるように両者には決定的な違いがある。アリストテレスの可能態と現実態は、能力と実現、感覚されるものと感覚すること、また質料と形相、内容と形式、可能性と実現にも対応する。これに関して彼は「感覚されるもの（感覚対象＝引用者）は可能態にある感覚能力を現実態にある感覚能力にするものである」（「霊魂論」一〇五頁）と述べているが、これは可能性としてあったものを（感覚される

ものが）現実のものにすることである。ところが感覚能力（感覚すること〔＝感覚する能力〕）と知識能力とは別である。（同、五八頁）後者は「思惟することは、欲する時に、いつでも自分の力でできる」が、前者は「自分の力ではできない」。前者には「感覚されるものが現存しなければならないからである」。（同）

＊2　私のつくった〔個別・一般比較対照表〕（表2）によれば、この記述はしていないが可能態は個別に、現実態は一般に属する。ちなみに前者には感覚、存在、事物、個物、後者には思考、本質、普遍、概念、言葉などが該当する。代表させて感覚と思考で話を進めるが、アリストテレスは『感覚すること』はたんに『立言すること』や『思惟すること』と同様なものである」（「霊魂論」一〇五頁）と述べているが、この部分に限って私流に言うと、「感覚することと思惟することとは同じではないが、思惟することは感覚することの一種である」ということではないか。デモクリトスの自説は「感覚はすなわち思惟」であったという。（同、注（6）一二四頁）アリストテレスは他方、先の文の前の方で「それ（感覚すること）は思惟することとも同一ではない」（九三頁）（括弧内引用者）と述べている。他にも同種の文言があるが、前者（感覚すること）をすべての動物、後者（思惟すること）を少数のそれ（人間）が「与かる」として述べていることを付言しておきたい。なお、感覚と思惟の関係は「感覚される形相のうちに思惟されるものどもはある」（一〇八頁）や「質料をもっているものどものうちには思惟されるものどものそれぞれが可能態において存している」（一〇一頁）でも言いあらわされている。完全現実態については次に触れる。〔15.11〕

＊3　ヘーゲル「小論理学」上、六五〜六頁。

＊4　フォイエルバッハ「神統記」下、一〇八〜九頁、船山信一訳、フォイエルバッハ全集第14巻、福村出版、一九七六年。

＊5　「ヘブル人への手紙」第十一章第三節（フォイエルバッハ「神統記」下、一一四頁）。

次いで想起、転化（反対）[*]、生成である。〔11.6〕さらに拡張すれば、主観と客観、肯定と否定で、言葉すべてにそれがあることになる。

＊　アリストテレス「霊魂論」や「形而上学」（例えば、上の二九七頁）で言うように数多くある。移動（場所）、量（増大）、性質（変化）、生成、消滅（実体）などである。

◉肯定と否定［09.12］

「引き起こすもの」＊が「引き起こされるもの」より時間的発生順序から言って先になる。原初的に、私たちは自然から様々なもの、ことを受動する。これに対するもっとも原初的な対応は、肯定的か否定的か（もしくは肯定か否定か）と思われる。

当然こういう想定は後の者の考えることであるから、彼らはそういう考えにあったという保証はどこにもない。（とにかく、原初的には肯定（的）か否定（的）なものがもっとも近い対応だったと思われる。）

しかしそれは精神的なものというより（そんな区別のない時代の話だが）、身体的な対応であった。それが潜在的になる。（長い期間にわたって身体の底に沈んでしまう）これが後に精神面に出てくるが、そのメカニズムは想像でしかない。

＊　不安を引き起こすもの（→不安になった原因は何か?・）高い波が押し寄せたこと（津波）、強い風が長時間続いたこと（嵐）、大地が揺れたこと（地震）（例えば自然災害で）嵐という言葉がなくても、その表象は、繰り返し起こることで一定のものに固定されるため「形式」になる。いずれ「嵐」という呼称が生じるだろう。よって「不安を引き起こすもの」（X→不安）は形式を想起させるが、これが「不安が引き起こすもの」（不安→x）つまり内容に適用される。［09.12］

◉決定因

これはカントの認識の仕方が念頭にあったものと考えられる。以下全文を一部修正して記す。

「不安を引き起こすもの」は、客観的認識であって、これを何か（不安→x）に当てはめようとすると、時間的には過ぎ去った後のものに対して適用することになるので、X→不安以前（このX→不安以前はないものと考えられているが、それ以前があるものと仮定する）を推定して、それをX→不安に適用する（入れる）ことになる。

以上は、X→不安という形式（実はそれ以前の仮定〔推定〕*されたもの）を、不安→x（内容）に当てはめるのと同じである。

この内容（仮定されたもの）こそはX→不安より前にあって、これが不安→x（これから生ずるものや生じた実際の内容）に適用されることにより、あたかも主観（形式）（=不安）を客観（内容=X、x）に入れることを認識とする考えに至ったものと考えることができる。[09.12]

* 「原因」と「決定因」の違いについて考えたことがある。今回は表題の「引き起こすもの」と「決定因」に関して述べたい。「引き起こすもの」には無限遡及が生じる可能性があるが、それ以上得られない状態のもの、信じるしかない対象、を「決定因」という。「信じるしかない」には、これを否定する側の論理が想定されている。この「決定因」、おそらくアリストテレスの「完全現実態（エンテレケイア）」（第一の不動の動者=神）を想起させるだろう。詳しくは「形而上学」上、一八二頁、同下、四〇頁とその注（8）二六〇頁、一六〇頁参照。なお、「霊魂論」に見られる「人間全体として見れば、時間的にさえより先のもの」（一〇二頁、一〇五頁）もこれを指していると思われる。これは可能態が現実態よりも先のものであるのに対し、完全現実態

と思われるものは、その可能態よりも「時間的にさえより先」という私の解釈である。（この解釈は「形而上学」上、一八二頁参照）そしてそれをそうさせるのが「能動的理性」（「霊魂論」では状態や現実活動とされているもの）である。（一〇二頁）［11.3］（「内的存在」を想起）

最大のポイントは「X↓不安」にそれ以前が仮定され、それを形式としたことで、あたかも「X↓不安」自体が形式とみなされていることである。

これは他にも転用できるので、それを述べた上でさらにこの解釈を深めてみたい。それというのは、「決定因」つまり神もしくは神的なもののことである。「X↓不安」以前はないこととして、これは想定されたものであるが、それ以前がある、とする考え方である。

「X↓不安」以前が暗に仮定されており、それがそれ自身（X↓不安）「形式」とみなされるということをポイントとして挙げた。

「X↓不安」というのは、客観的認識だが、形式が想定されるとそれが主観になる。なぜなら、それが主体になる（内容を決める）ということになるからである。

というのも「X↓不安」の不安にはあらかじめその意味が込められていなければならないが、ここには二つの考え方ができる。

① その不安は何も想定されていないものとしてのそれ
② その不安は何かしらの物と考えられているものとしてのそれ

の二つである。

そもそも「X→不安」は①で考えられている。だからそれ以前はないものとされているのである。ところが「形式」という考えをここに当てはめようとすると、それ以前が必要になる。それ以前が「形式」になり、「X→不安」自体にその意味も含むことになって、「X→不安」は「形式」とされるのである。これが②により考えられたものである。

ところがこういうと、優劣はつけられない。ただ「形式」を扱おうとするなら②が採用されるということだけである。[09.12]

「X→不安」に「決定因」の考え方を導入できたことは収穫であったように思う。[11.3]

B　不安を引き起こすもの　X→不安

A　不安が引き起こすもの　不安→x

BAとも「存在」を求めている。例えばBは「○○が不安である」、『B』として「不安は○○である」(不安がある)。Aは「不安は○○である」(不安がある)、『A』として「○○が不安である」。B、Aは、『B』、『A』以前である。(原初的である。)[表1—図5の内実参照]

このB、Aをアリストテレスに倣って可能態、『B』『A』を現実態といえまいか。(→形式、内容(形相、質料))

また、B→A、A→Bについては、従来の主観と客観を逆転させたカントの「コペルニクス的転回」を想定できるのではないか。* [09.12]

*　この想定は、不安が思想になっていないことにより生じたものと考えたからである。(逆に言えば、不安

が思想になっていれば、このような思想は生じなかったということになる。）もし不安の思想が確立していたならば、この思想抜きに例えば、アプリオリとアポステリオリ、生得観念と習得観念、個別と一般などが語られただろうか？

このメモでは、X↓不安を「このもの」（個別的なこのもの）、不安↓xを（一般的なこのもの）として取り上げている。*X↓不安には、個別的なもの、思い込み、存在、個物。不安↓xには、一般的なもの、思考、言葉、普遍などが挙げられる。他で紹介する予定の［個別・一般比較対照表］の着想はここにある。「不安は、真理の根拠になっている」（不安は、真理があると考える根拠になっている）ということもこの辺りから得られている。［11.3］

＊ 個別と一般にX↓不安と不安↓xを適用したもの。［11.3］これに加えて、アリストテレスのヒポケイメノン（hypokeimenon）は下に横たわるもの（下に投げ出されたもの）、アンチケイメノン（antikeimenon）は向こうに横たわるもの（向こうに投げ出されたもの）の意味だが、前者を感覚（主観、個物）、後者を普遍（一般、客観）と考えることが可能ではないか。（個別・一般比較対照表による）これは「感覚は普遍から遠く離れたもの」という考えと、「感覚は我々にもっとも近いもの」の二つの考えから来ている。さらに、この裏付けが記されている。X↓不安には不安の自覚がないことが前提、不安↓xにはその（不安の）自覚が生まれる、とある。［11.6］

「決定因」(=神、神的、超越的存在)とは信じる対象のことである。[11.3]

不安を対象に「委ねる」、その対象を「信じる」とは次によってである。

(一)「つくられたもの」(現状認識)は「つくるもの」から来ている。

(二)今(現状)を「つくられたもの」と考えることにより、「つくるもの」が想定される。

(三)「つくられたもの」は「つくるもの」に(を)、「つくるもの」は「つくられたもの」に(を)

(四)「あらぬもの」は「あるもの」に(を)、「あるもの」は「あらぬもの」に(を)

引き起こされる(引き起こす)。[11.3]

「言葉は何かの用のためにつくられるとともに活用される。」(言葉は何かの用のために活用されるべくつくられる。)[12.5]

◉「知覚の因果説」の問題

「不安を引き起こすもの」(X→不安)から対象に向かう。物の質量は次の段階で探究される。「それは何でできているか」、ここで感覚と物とは融合する。

これに関連して、「ギリシア哲学と現代」の著者、藤沢令夫氏は、今日問題になっている自然科学的思考を支える「物」や「物質」の認識の根底にある、アリストテレス由来の「主語・述語=実体・属性」[*1]の捉え方が、「知覚の因果説」[*2]や「知覚の表象説」に陥ることを指摘し、それを斥け、別の見方を探ろうとする。[*3]これに対して私は、「X→不安、不安→xは、物や物質が直接の対象ではない。物の知覚(知覚の因果説、表象説)であっても、不安(内的存在)を通して感覚される」とコメントしている。

この点に関して、物への思考の介入は、①全体の名称、②分析（何でできているか）、③構成物への名称（部分的なものへの名称）、④性質、⑤前提など、が考えられ、この⑤では「不安の網の目」に引っかかるものが対象になる、と考えたことである。

「引き起こすものは、必ず引き起こされるものが伴う。言葉としても、ここからこれがモデルになることも関係してくる。」[12.5]

＊1　藤沢氏は「われわれが色とか匂いとか味とかいったさまざまの性質を知覚するという事態において、性質をもつその当のものと、そのものに所属する性質とを、それぞれ別種のカテゴリーのものとして原理的に区別すること」（「ギリシア哲学と現代」四八頁、岩波新書、一九八〇年）と述べている。

＊2　前掲書で提起された問題点の一つ。藤沢氏は「物・物質は、それ自身はわれわれが知覚する通りの色も音も匂いも味もないものであるけれども、しかしそうした色や音や匂いや味の知覚を引き起こすもの、その原因となるものである、という考え」（四九頁）と述べている。

＊3　藤沢氏は、基本的な問題点を四つ、哲学的世界観の方向性と諸条件として五つ（「知覚の因果説の拒否」はその一つ）挙げているが、これらを総括するかのように五つ目として『「場の描写」的な記述方式』を提起し、プラトンの思想にその可能性を見出している。[★1]どういうことか、「主語＝実体（基体）に言及することなく、もっぱら端的に、それぞれの知覚像ないし知覚的性状が現われることだけを述べるような記述方式」（一一五頁）という。不安が何々であるというより「不安がある」、そういう描写は、もっとも原初的なものであり、「主語・述語＝実体・属性」に先立つものである。[★2]

★1　「知覚の因果説」に関してだけ述べると、プラトンの「テアイテトス」（五四頁）では「はっきりと否定されている」（一三七頁）し、「ティマイオス」でも「拒否」（同）されているという。

★2　プラトンの場合「原範型・似像」による場の記述方式ということになる。「イデア論」には賛否両論というよりは、現代では「観念」に変じているのだから、形骸化していると言った方がよいのだが、ここには価値（善）と事実（存在）（先の基本的な問題点の一つ）の統一、イデアのイデア（イデアのさらなる根拠としてのイデア）という究極的な見方から「自然の物と事とからなる世界」（一五七頁）への手掛かりが今もなおプラトンの思想にはあることがはっきり示されている。

ここでは、自然現象の負の（場）面を取り上げた上で、

「これらの自然現象は何者かによって引き起こされたもの（引き起こすものがあること）〔引き起こした（過去形）もの、でも〕と考える考え方が出てくる。（ここで「不安」[*1]が結びつく）[11.7]ここから自然現象と同様、不安を引き起こしたものが考えられた。（何者かによって不安が引き起こされたものと考えた。[11.7]〔精神と身体の原初的な分離はこの辺りか？〕

「そして引き起こしたものが考えられ、それを否定する（否定的になる）[*2]という構図が考えられる。（ほぼ成立する）」[13.11]

＊1　既述の通り、不安には三要件（動揺、自然必然性、経験）がある。

＊2　否定する（否定的になる）の起源は身体が覚えたことである。それは今も同様続いている。

否定的なものが先に、肯定的なものはその後感覚された。（規定②b）〔前の文章では「考えられた」となっていた。〕否定的なものが肯定的なものを導いた。〔「不安」自体が沈んでしまう（不安が意識から離れてしまう）。〕これが存在（ある）や非存在（あらぬ）を言葉[*1]として準備することになる。

（規定②c）［前の文章では「『肯定』（言葉）が規定された」となっていた。恐らく「ある」を前提としたものと思われる。］実際は、不安「否定的―あらぬもの」、安らか「肯定的―あるもの」（存在と非存在の起源）がその道筋を決定的にし、ここから肯定と否定へと展開することになる。［これが本来的な図3―1「前史」にある通りのものである。］

本来［図3―1「前史」］は安らか↓肯定的↓ある（存在）／不安↓否定的↓あらぬ（非存在）[*2]だが、「安らか↓肯定的」を絶対的な肯定にしようという意向と、そしてそれを絶対的な神の根拠にする暗黙の思考が働いた。いずれも「不安」が介在しており、原初的には「ある」としか言いようにないものである。（表1の①②）それが二つのケースで捉えられた。一つは㋑不安↓否定的における（不安＝ある）、もう一つは㋺安らか↓肯定的における（不安＝ある）である。神を絶対的なものとするには言葉が必要である。㋑は自然が「引き起こすもの」（動揺）が介在する（間接的）が、㋺はそれがない（直接的）。㋺はストレートな肯定を言いあらわすのにもっとも適していた。㋑はそもそも神の存否さえ問う厄介な位置づけにある。それはともかくその不安は言葉が重要な鍵を握っていることは強調されてよい。

言葉は規定②―aの通り、肯定的なものが先に、次いで否定的なものがつくられる。そしてそのc、肯定的な言葉には、否定的な感覚が、（否定的な言葉には、肯定的な言葉が）先行する。言葉は規定②の＊にあるように、肯定（ある）↓安らか（表象）↓不安（表象）↓否定（あらぬ）と進む。ところが感覚は同様に規定②の＊によれば、内的存在（不安）↓否定的（無自覚）↓安らか（自覚）↓肯定的（安らかの表象＝あるものの自覚）と進む。つまり㋑の不安は無自覚なのである。しかし「ある」

とは言えるものである。規定②―bにある通り、感覚は否定的なものが先に、肯定的なものが後に感覚される。つまり当然なことながら㋺の不安は㋑不安を引き継いでいるものと考えられる。しかしこの場合、言葉として捉えられねばならなかったところに、二つの不安のあるが問われたわけである。そして原初的不安（㋑の不安）の扱いもこれで決定された。

＊1　「初めに言《ことば》があった。言《ことば》は神と共にあった。言《ことば》は神であった。」（「ヨハネによる福音書」第一章一）一者のなかの二者、主観と客観、個別と一般、すべて「言葉」より発している。にもかかわらず、「言葉」自体は哲学からは長く等閑に付されていたのは、ロゴスが理性や思考、思想、概念、言葉などさまざまな意味があるように、世界の創造主と等値とされる言葉（不安）を思惑から自由なところに置きたかったからではないか、と考えられる。（括弧内は後に追加したもの。）

＊2　図3―1「前史」にある「存在（ある）―肯定」また「非存在（あらぬ）―否定」はこの逆だが、これは「前史」に立った意識の流れとみなしてほしい。あるはあるものを肯定とすること、あらぬはあらぬものを否定とすること、というように。

絶対的な肯定を神とした場合、不安の二つの「ある」のケースを取り上げた。その理由には（一）神から不安を追放しなければならない。（二）神には不安は帰属しない。（三）不安は神とは別のところに「ある」としなければならない。（四）本来なら不安は非存在（あらぬもの）をあらわすはずだが、神を絶対視することで不安は「ある」としなければならなかった。そこで（五）その不安は「ある」には、二つのケースが考えられた。そして、その㋺直接的な安らかの肯定においての不安の「ある」を強調することになったとみられる。㋑は原初的不安をあらわし、神の存否が問われるもので、否定しなければならないからである。(六)「宗教」は㋺を採用するなら、㋑は「哲学」が採用するだろうし(図3―1中の「無」に着目すれば宗教とも)、「本来」(前史)の方は「現実」が採用することになるだろう。*

＊ 哲学と宗教における「不安」(言葉として成立していない感覚の段階から)は重要な位置を占めていることがわかる。これに比し、「現実」(「前史」にある通り)は「内的存在」として特に意識されたわけではなかった。安らかと共に、自然な肯定的と否定的、あるものとあらぬものに過ぎなかった。

◉結論

不安は「ある」が、都合がいい(宗教、哲学)が、不安自体は探究(研究)の対象にならなかった。現実は残念ながらそれ以上に(探究に)無関心だった。だから「不安＝ある」は、悪魔(サタン)、悪口雑言、悪事(殺人、詐欺、窃盗などの犯罪)、善悪二元論*、悲劇、不幸などの存在を隠蔽したり、社会に公言したりすることになる。不安は大衆にだけあるのではなく、むしろ政治家(権力を失う)、資産家(財産を失う)、会社員(職、地位を失う)、教育者(品格や知性を失う)、メディア、企業、団体などの組織(信頼を失う)などにもむしろ顕著に見られる。

＊ 不安を悪に転用した西洋の善悪二元論は、政治、世界観、ハリウッド、戦前戦中の戦争プロパガンダにも利用された。また聖書にも見られるように、不安回避の手段として原罪説が創作された。

四　モデルの考え

◉はじめに

モデルの考えは、何かを発想するには、何もないことからか、何らかの下地（前提）のようなものがあってからか、両者の混合か、ということから、何らかの元になるようなものあると仮定した上の「考えで」あることである。さらに言えば、全く何もない（きっかけも、関与するものも、他にも自分自身にも関係しないという意味だが）ところから何かを生み出す（考え、思い、観念など何でも）ことはできないと考えるからである。

さて、このモデルは、通常はどう考えられているだろうか、見本、手本、模写やコピーの対象で、規範、秩序、倫理、道徳から個人（人物）、社会、国のあり方などにも広く及ぶものである。（車や電子機器のニューモデルというのは「新型」で、新しいタイプの見本という意味でもあるのだろう。）もしこのモデルが個人の考えや目標（目的）、未来予測、また物事の判断基準となる真理、真実、真なるものだとしたら、それはどうしてそうなるのか、そのプロセスも含めて知りたくなるのではなかろうか。

そこで私が考えたのは、不安がモデルになっているケースである。もとより、本書の目的は不安を思想にすることで、「モデルの考え」は方向性が違うのではないか、つまりモデルという発想自体、本書の目的を逸脱しているのではないか、ということである。果たしてそうか、不安は表象される、不安は何かよくないことを代弁する感情である、不安を口にすれば、そこに未来が拓ける話には決してならず、むしろ予測不可能な暗い世界が口を広げて待っていると考えるのが普通であろう。世間を騒がす様々な事件だけでなく、自分の身辺、自分自身に関しても、まずこれを引き離しておけるものではないことを多くの人は知っている。そういうものであるだけに、できれば関わりたくない、しかし避けることも無視することも、阻止することもできないものだとしたら、それに耐える、なるべくそっとしておく、できれば考えないようにする、あるいは先延ばしする、それが起こる可能性のあることから自分を遠ざける――などの対処法が、それぞれの個人がそれぞれの立場で考えているはずである。

以上述べたことでモデルの規格に合うようなものが一つでもあっただろうか？　むしろ克服の対象、スポーツや勝負事などでの勝利者がよく口にする、自分自身との闘いに勝ったというのはこの種のものであろう。（外国の諜報機関員や高級外交官、政財界のエグゼクティブなどは絶対に口にしない、なぜなら相手に弱みを握られてしまうから、と言われている。）だからモデルなぞというのはとんでもない話である。しかしモデルというからには理由がある、それは何か。

◉モデルの根拠

不安から派生する言葉、観念、概念、思想（考え方）には数限りないものがある。これが最大の着眼点である。ここは誰もがまず必ずと言っていいほど遠巻きにすると思うが、不安が神や真理、真実、真なるものの近くにあるということ、言い換えれば最大の弱点と思われる傍らに、これらが存在していること、寄り添っているということである。ということの根拠は何か。一つは先に触れたように数限りない言葉をつくり出す要因になっていることである。哲学思想などの用語は特にそうである。哲学思想の先人（先哲）たちは、直接「不安」と言っているわけではないが、様々な思想概念をつくり出してきた。例を挙げるとソクラテス以前以後、主要な先哲の大部分は不安にヒント（メタファー）を得ている。ソクラテスのダイモニオン（制止の知らせ）。キルケゴールの無。またヘーゲルの真理、否定、意識そのもの、カントの純粋統覚、[*1]さらにメルロー＝ポンティの非人称的、[*2]フッサールの前述語的なもの、[*3]これらのいずれもが不安を背景としていると考えられる。以上からも不安はモデルにふさわしいが、さらに言えば今後、未来をも示唆しているという予言の役割も（モデルとして）担っているということである。ただこの道は本書では少し触れている程度に留めているが。

ここまでで、不安はモデルに資格があることは十分伝わったのではないかと思う。そこで以下ではそのモデルの活用がどう行なわれているか見てみたい。すでにヘーゲルやカント、それ以前の先哲から例を挙げている。特にヘーゲルは考え方自体からも具体例を引き出している。フォイエルバッハは最終的な検証者は「感官」（感覚）と言っている。（「将来哲学」五三頁）それは重要な個々の感覚でもいいが、私はその最大のものは不安だと考えているのである。

＊1　「私は考える」の前提となるもので、意識一般、先験的統覚とも呼ばれる。カントは、かなり端折って言うと意識一般、「純粋、根源的、先験的」な統覚とされるものについて、これを物自体または神として捉え、神の存在の存在論的証明で神の存在は不可能とした。（実践理性において可能としたが）だからどうという話ではない。すでに述べたように神は不安であるから、この件においても不安がその根拠である。カン

トの労苦には心から敬意を表するが、こう結論付けざるを得ないのである。（「日本人の思想」二七一～二頁、注（＊3）さらに「不安」一五九頁の三つ目のパラグラフ、規定⑧参照）

＊2　メルロー＝ポンティ「知覚の現象学」1、一六七頁、竹内芳郎・小木貞孝訳、みすず書房、一九六七年。筆者は意味を明らかにしていないが、この言葉は不特定多数の人々に何とも名状しがたい事実（ある意味では病理）として現存していることに注目して用いられている。その使用の際の筆者の心中にあると見なされる不気味さは「不安」と言っても何ら差支えないものだろう。これは私というもの（主観）を下に、科学や知識など客観と称されるものを上に置くことから招来されている。その際の客観を「非人称的」と言っているものと思われる。

＊3　フッサール「デカルト的省察」船橋弘訳、世界の名著62、一九八〇年。前注（＊2）に対し「前述語的」は「単に思念され、観取されただけで、いまだ言葉によって表現されていない、という意味」（「注」一九一頁）である。だからこれが言語になると「主語、述語という明確な形式をとり、『述語的判断』になる。」（同★）

★　本注（＊1～3）いずれにも共通して言えることは、無自覚あるいは前意識の段階にこれが考えられているということである。この領域の考える場合に必ずと言ってよいほど不安を表象するのではないかというのが本書の立場である。

◉モデルの活用

不安はまだ正式には思想になっていない。だからモデルとしてはそのモデルのメタファーが代理の役目を担うことになる。ここでは哲学思想のモデルとしての不安を指している。現実では不安は生存と直結しており、自然にもっとも近い存在としての不安が扱われる。現実に不安の思想が必要かと言われれば、その現実に哲学や宗教を含ませれば、（それを完全に分離した世界（社会）はないと思われるが、意識的にそれをつくり出した世界を現実とすれば、この現実に不安の思想は必要ないと思われるが）必要となろう。それはこの世界に生きる者としての対処法の一つになるからである。従ってこの世界は自然に最も近い現実ではなく、様々な思想や宗教と混然一体となった現実だからこそ、不安の思想が求められるわけである。哲学思想の不安は現実の不安の一端を取り込んだもので、それを抽象化したものが哲学思想それ自体となる、また宗教も同様だが、宗教は不安自体をそっくり自身に取り込んだもので、それは思想や哲学のように概念化されず、それ自体丸ごと中身を別なもの、罪（原罪）や悪魔《サタン》、悪に変えて説かれる。そのため不安は表立って出てこない。（神の恩寵や救いで、また祈りで自身の背後に身を引いている。）哲学思想のモデルとしての不安は、不安から派生する様々な事物事象を概念にすることで、不安をそのなかに温存したため、不安自体が思想となることはなかった。現実としての不安を不安自体の思想にするには、先に述べたように哲学思想を含まない現実はないのだから、それらを含めた全体の思想化を以て思想としなければならない。哲学思想はこのモデルを真理、絶対知、究極（永遠）の目標に準えた。

◉それをモデルとするやり方（方法、道）あるいはモデルへのプロセス

それは現実や経験的事実の探求から始まった。それを日常から頻繁に口にし、世界や国からメディア、社会、各界各方面で多用されていることから、これはその頻度に多い少ないはあったかもしれないが、意識に上る以前から潜在的にあったものとみなした。それが本格的に現状のようになるまでに

は、その発端から（人類誕生とともにとも言えるのだが）信じられないくらい時間がかかっていることになる。これを踏まえて過去に遡る道をパースの「推論」から得た。なおこのやり方は、過去ミレトス派の哲学者が考えたもののようである*。その成果の一つが「内的存在」（前史）である。他で一部触れたが、このことにしろ、モデルの考えにしろ、あるいは哲学思想全体ですら、最終的には言葉の問題に集約されるのではないかと考えている。真理、絶対知、真なるもの（また神も）言葉である。言葉がつくられ、その言葉を主語にした言葉、文章、話が生じる。この主語格にあるものが述語を語るとき、主語は何にも増して意味が強まる。この主語が述語を様々な場面、状況を設定し、さらには新しい考えや言葉を生み出すきっかけ（契機）となる。この主語の位置に直接不安を持ってくることはなく、不安に代わる何かを置いたとき、（不安のメタファーやメタファーとしての不安）不安はモデルとしての役目を担っている。（不安になるものや不安そのもの）（用語集3、表1、図3―2参照）こうして真理、絶対知、真なるもの（神もまた）不安に代わるものとして主語で語られるとき、不安はモデルになっていると考えられるのである。その際他でも述べているように、不安の永遠性、底なしの認識への道、その究極の境地にある明晰なる判断、他のもの一切に惑わされない安らかな世界、真理はあるという確信、これが不安をモデルとすることで想起されるものらである。真理、絶対知、真なるものも神も、このモデルがなすことから得られているのである。まさに不安は究極の原理とも言えるものであろう。

＊　山川偉也「古代ギリシアの思想」三九〜四〇頁。筆者はこのやり方をミレトス派の「《手の届かないものを手の届く相似なかたちに移しかえて、手の届かないものを測定する》、ないしは《確実に手の届くものと

相似な構造を手の届かないもののなかに読み取ることにより、手の届かないものを手の届くものとする》」とする「理論態度」に求め、この根底にある考えを「《既知⇕未知＝相似変換》の原理」と呼んでいる。さらに筆者はこの原理のもう一つの側面にある「最善説明」（充足理由律の一部、それは《何ものかがもし成り立つならば、それが成り立つための十分な理由が存在する》というものだが）があって、この論理構造が「パースのいうアブダクション（Abduction）（仮説形成＝引用者）にぴったり合うものである」ことを指摘している。

◉現実の道

不安を思想にするということは、以上述べた全体である。真理や絶対知などのモデルとなる不安を目指すのではなく、これを含めて全体を眺望できる立場に立つ考えを持つことが、不安を思想にすることである。

◉不安をモデルにすることについて

これは以下の形で説明に代える。

（問い）不安をモデルにすることと、そのことにより得られるものとの関係を、どのように説明し、さらにどのように考えることが可能か。

（答え1）不安を念頭に、あるものを想起し、そのあるものだけを考えたとき、不安をモデルにそのあるものを想起したとすることができる。

（別パターンの答え2）不安を念頭に、あるものを別のあるものに変え、両者だけを考えたとき、前者を不安をモデルに後者に変えたとすることができる。*

＊　ただし正式の不安でないために、メタファーの形を取る。先述の◉モデルの活用、以下の◉メタファーに関する知参照。以上を別な言い方をすれば、物事において（主に思想や概念に関することだが）何かを主体（主語）に述語する際、念頭に置くものはモデルまたはその表象（メタファー）である。モデルは原型により近く、表象は原型とみなされるもののことである。モデル自体は語ることができない。語られるのはメタファーの表象、または想起されるものの方である。

◉モデルの適用範囲

これは特に抽象的思考の作業過程に適用される。*

＊　科学（自然科学、精神科学）には適用されない。自然科学は論外として、特に精神科学では現在の名称と意味以上あるいは以前に思考を及ぼさないので、当然のことながらこの種の科学（社会科学、心理学など）にその辺の答えを求めるのは難しいと思われる。

◉「モデルの考え」以前の不安

物事を探求していって最後に残るのは不安である。その不安に関心が移動するのは*自然である。なぜなら、探求し切れない原因を不安に求めようとするからである。

＊　同じ感覚内容を扱うのだから、抽象的思考の内の移動は自由とみなされる。

◉メタファーに関する知

不安をモデルにして真理を得る簡単な説明は、不安の否定性の反対は、安らかの肯定性の極致である、これが真理であるとすればよい。また不安による完全性を目指すケースからも真理は想起されるから、とすればよい。これらの説明方法を私が取らない理由は、不安はまだ正式な不安になっていないからで、現段階ではメタファーの形を取る。そしてメタファーとしての不安の知には真理が、不安のメタファーとしての知にはイデア（イデー）、絶対知、最高善、神などがあると考えられる、とするのが本書の立場である。（「用語集」3参照）

◉モデル（不安）に倣うことについて（ある意味では、これまで述べてきたものの「前提」となるものとして）

一般にモデルは複数である。決して一つと限定することはできない。しかし本書の倣うモデルとなる不安は一つとして扱われる。というのは、このモデルのもつ多様性、複数性故の一つだからである。もっとも基本的なモデル、根源的なモデルというべきだろう。これは人間が多くの（六十兆個のもの）細胞で構成されているということや、物体は原子によって、さらに原子は原子核と電子によって、原子核は陽子や中性子という素粒子によってそれぞれ構成されているということとは別なことである。

人が物事を考えるとき、何かに基づいてとか、沿ってとか、則ってとか、考えの流れが規定されているという事実を、モデルによっているのだということを指して、本書は「モデルに倣う」としている。

人が考える様々なことに、無駄なものは一つもない。それぞれが意味をもっている。（存在と意味）

［ただし不安を伴う思考においてである。］こういうとすぐ犯罪者の考え、悪知恵はどうするのかと問われる。確かに彼らの考えは悪事に使用される。もしそれが永遠に押し通せるものなら、その考えも無駄なものとは言えない。それなりに意味を持っている。というのも悪に使われている考えはいつか行き詰まる。いずれそれは悪事なのだという結果を持っている。この限りでその考えは、無駄でなかったことを証明することになる。つまり、その考えが自らの（悪事に使われる）考えを終らせることになる。なぜならその考えは自らの別の考えに影響を受けて変更を迫らせそうしたのだから、自らその考えを自ら終らせたことになる。その限りで無駄な考えとは言えない。そういう無駄でない部分も（それぞれの考えのなかに）含んでいるということになるからである。これは少々な乱暴な牽強付会かもしれないが。

「モデル（不安）に倣う」を続ける。その不安は一つで十分である。そんなにいくつも不安があっては、依拠するにも依拠しようがない、それ自身多様性に富んでいるから、複数の不安を設定する必要は元々ない。一つの不安を徹底して知ることが、不安（モデル）に依拠することにつながる。（この一つの意味は、多義的であるのに、多彩であるのに、無限の様相を見せるのに、底なしの深淵であるのに、それにもかかわらず一つと言う意味である。）そして極論を吐くようだが、このモデルが恐らく個人のレベルから人類のレベルまで浸透していると考えられる。従ってこのモデル（不安）を完璧にするまで知り尽くすことが、これに依拠する意味を確かなものにし、またその意味がどういうものであるかを知ることにもつながる。

読者はこのモデルの考えに至ってはじめて、なぜ不安が思想として論じられるのかを知ることになるだろう。私たちの思考を制しているからである。この「制する」を、自由を制限する、不自由になる意に取ってはならない。私たちが健康を維持するために、摂生に努めるのと同様の意味である。

具体例を挙げよう。ある人には長く敬愛する人物がいて、彼の考え、行動に共鳴を覚え、そうなりたいと思うほどまでになっているとしよう。彼はその人物に物の考えから行動の仕方まで教えられてそれを真似ようとするだろう。もっと言えば、その人物の好み、嫌いなもの、将来への希望に至るまでも倣おうとするかもしれない。その人物こそが、ここで言うモデル（不安）である。だから彼はその人物の多様性をことごとく倣おうと欲するごとく、そのモデル（不安）も多様なのである。モデルがばらばらであっても一つに、つまり一人の人物に集約されれば一つのモデルということになる。例えば、この人物が神格化されればその人物は超越者、神なのである。

もし「肯定的なところ」を大半の思考が占めているとしたらどうなるか、ギリシャ哲学の閑人の思想はこの肯定的な思考で成り立っている。閑人の生活の背後に多くの奴隷が存在した。彼らの思考を底辺で支えていたのは、この奴隷たちである。そういう事情が閑人の哲学を生じさせた。

では逆に「否定的なところ」はどうだったのか、これははっきり言って宗教の世界へ追いやられた。（前項◉モデルの活用参照）宗教が引き受けてしまった、というべきか。宗教が恰好の受け皿となった。またそういう状況にあった。そういう事情とも重なった。大半の民衆がこの宗教に吸い寄せられたのは、肯定的な（奴隷制を容認する社会）思考とは逆の立場（奴隷的な一般民衆）であったからである。いわば宗教は支配する側にとっても都合がよいとの考えが支配者に浸透したのはローマ時代に入ってからのことだった。戦いに勝てば、物、人ばかりでなく、思考をも我が物として行使できる自由を手に入れることができたので、戦争はこれらを望み通りにする手段だった。それ故強大になるのは火を見るよりも明らかであろう。しかしこの肯定的なものが否定的なものに逆転される時代がやってくる。しかしそれは支配される側の民衆の温存という形で、道徳的な優位という目に見えないところでの逆転だった。それは近世に入るまで続いた。

スコラ哲学（神学）から、時代を画する啓蒙哲学（思想）になったとき、この逆転は実質的な逆転に変わり、大衆の中へ浸透していく思考が引き起こす行動へとつながった。ここから時代は、思考に目覚めた市民の支配する世界へと変化していく。近代は市民の中から出てきた、この思考により学習した人物らの言動により始まった。

この否定的なところは、哲学のはじめにあった肯定的なところに一つのほころびをつくり、そこを再び修復するようにワンポイントで用いる手段として使われる。それは、これから画期的なことをするのだという前兆として位置づけられている。夢中になって遊んでいる最中に突然お開きにするというような、あっけなさがそこにある。そういう意味で否定的なことが新鮮さをもって感じられたことだろうが、それがはじめの方（思考の端緒）でだけ意味するものの、決定的な役割を担うまでには長い年月が必要だった。一種の添加物（調味料）、清涼剤、香辛料（スパイス）としての性質のものだったのが、逆に物事の思考を誘発する原因としてのものに変わっていく。その否定的なものが決定要因になるのは、近代に入りいくつもの革命的事件が起こるようになってからである。

哲学する者の目には自らの発想と、そういう事件とを結びつける別の視点による世界が見えてくるようになる。時代を画する思考が歴史に反映されるのである。そのような画期的なものが否定を通しての思考から得られる。否定的なものはそれらの事件を決定づけているように見えたのである。目に見えない道徳が宗教によって支えられているように、否定的なものが歴史、時代を支えているように映った。それらは、現状を否定することからはじまる。否定的なものは何も、またいつも裏面だけを映し出しているのではない。それは歴史、時代を別な何かに変える糸口になるのである。この十全で完璧な否定こそが、それらを成し遂げることのできる目に見えない力なのである。道徳とは、異なる全く新しい思考の一形態なのである。

しかしその否定的なるものが何から引き起こされるのか、誰も指摘することはなかった。思考自らがそうするのであり、まるで自動機械のように勝手に機械（それが何なのかは自ずから理解されるのだが）が行なうように考えられ、あえてこれに触れない習慣が暗黙の内にあった。思考は強大な力をふるい、古い神話や宗教を批判した。それが哲学の始まりとさえ言われる。[*1] そのためにその土地を追放されたり殺されたりもしたという。[*2] しかしいずれはその背後のものの手を借りることになる。「それが何なのか」（先述）は明らかにしなければならないだろう。それが彼らにとっての「神」だった。しかしそれは決定的要因とはなっていない。この前にあるものがあるからである。

＊1　アリストテレス「形而上学」上、二八頁、三三頁参照。
＊2　ヘーゲルの「小論理学」ではその辺が指摘されているが、思考の絶大な力は恐れられた。「ギリシャの哲学者たちは古い宗教に反抗し、その諸観念を破壊した。多くの哲学者が、一体をなしている宗教および国家を破壊する者として追放されたり、殺されたりしたのはそのためである。このように思惟は現実の世界のうちで有力となり、恐るべき力をふるったのである。」（上、一〇二頁）

否定的なものの大部分をいくつものバリエーションで語るほど、それは一つに収斂することを余儀なくされる。誰もが否定的なものに肯定的なものと同様の多様性を指摘する。しかしそれは一つのところから生じるものである。それは神が一つであることから得られる。というのも発想の源がその否定的なものの一つの収斂から得られているからである。これは逆転すること、反対、逆の考えをすることによるものだが、その典型的な例は、ピュタゴラス派の十対の「反対概念双欄表」[*1]や、アリストテレスの「アンティケイメナ（対立、対立したもの）」の記述[*2]からも見て取れる。しかしこれらには根本的なモデルがあった。モデルが反対の徴をもっていたのではなく、そのモデルに従う（拠る）ことで、反対の概念ができたのである。いわば元の元というべきものである。

＊1　アリストテレス「形而上学」上、四二頁。
＊2　前掲書、一七八頁。

「引き起こすもの」―、何度も引き合いに出しているフォイエルバッハの「キリスト教の本質」[*1]に見られる逆転（主観と客観の転倒）の因果論と、よく知られている「思惟の思惟」[*2]（アリストテレス、ヘーゲル）や「同類をもって同類を」[*3]（アリストテレスがエンペドクレスを評して）などで論じられること、これらの根源的なところにあるのがモデルによるものであることは理解されよう。そのモデルから「引き起こされるもの」が、これらの様々なバリエーションに見られるものである。

以上によっても「モデルの考え」は、「引き起こすもの」とは切り離せない性格を有している。自然の背後にある、自然現象を引き起こすものの存在も、同じ発想から来ている。この原型となるもの、それが根源的なモデルである。「モデルの考え」と「引き起こすもの」とはセットで考察する必要があるだろう。補記三と四で取り上げたのもこういう事情からである。この「モデルの考え」には、なぜ不安が経験的事実を代表するのか、それは「引き起こすもの」としてのもので、その理由に決定的な意味を与えることを可能にした。そればかりでなく、様々な否定的なもののバリエーションもここに収斂させ得る。これらは今回新たに付け加えることのできた根源的な解釈（論理）である。

＊1　フォイエルバッハ「キリスト教の本質」下、一五七頁。

＊2　アリストテレス「形而上学」下、一五三〜四頁、同文がヘーゲル「精神哲学」下、三三一〜二頁に。

＊3　アリストテレス「形而上学」上、一〇一頁、また、アリストテレスは「ニコマコス倫理学」（高田三郎訳、岩波文庫、一九七三年）で「似たものが似たものを求めるとなす」（エンペドクレスその他）（下、六七頁）と。

このいわば陰の部分に照明を当てることができたのは、否定というものに新しい意味を見出した先人たちがいたからである。トマス＝アクィナス（否定の道）[*]、スピノザ、ヘーゲルらである。もっとも日の当るところと当らないところは何度か逆転しているので、一概に陰と決めつけることはできないが、しかし長くその状況に置かれ今もまた続いていることも事実としてある。モデルが時代によって変わることはいくつもあることを指してそういうのではないが、モデルをその程度に考えていると思い違いをされてしまう。そうではなく、モデルのモデルを言っているのであり、根源的、それは動かしようのない、一つのモデルを指しているということを肝に銘ずるべきであろう。

＊　トマス＝アクィナス『神学大全』一三七頁、山田晶訳、世界の名著20、一九八〇年。

私は別のところで「不安による経験的事実を主に扱う思想に限定したもの」や「経験的事実のなかでも不安と不安に関係するものだけを扱う思想」と本書を規定した。[ZT.18.13.8] それも不安の多様性、不安から発せられるバリエーションの多数性がそれを可能にしている。（規定⑫）この規定に異論があるのは予想できる。経験的事実を「経験」と「事実」の二つに分けて解釈したとき、経験があらゆる事態を指していること、（すべては経験であるとさえ言えるほどそうである）事実とはそれもその経験後の確信するものすべてである。こうなると経験的事実とは人が生きていて、それ自体から生じるもの、引き起こされるものすべてということになる。これでは解釈のしようがない。ただ事実を確信すること、認識することに重点が置かれるなら、これもかなり限定させる（絞る）ことができる。さらにその上にもう一つのフィルターを通すとき、さらに限定される。こうして得たものが生存のリアリティー（現実性）という視点である。この生存の現実性に目を向けること、このことから生ずる（引き起こされる）事実について思考を深めること、これを思想として捉える。それが思想としての不安という本書の表題であるところともなっているものである。

何か余計わからなくさせているようなところもなきにしもあらずだが、経験的事実の意味を明確にしておきたいところから、あれこれ考えを説明したわけである。まだこれで納得のいかないところがあるかもしれないが、随時、その考えを記していきたい。

「モデルの考え」から「引き起こすもの」、それから「経験的事実」の意味へと考えが進んだ。やはり「経験的事実」は意味をさらに明確にさせる必要が、その「生存のリアリティー」という言葉の意味も含めて、あるようである。というのも表題の主題にある不安と副題のそれとがどう関係するのか、まず考えるだろうからである。

経験的事実は、やはり「事実」に着目することが必要だろう。その事実はどうして得られたのかを考えたとき、経験は自らそのあらゆるもの（人間は生きていることとそれ自体から引き起こされることすべて）から内容を限定したものとなる。事実は本人が認めない限り事実とはならない。また、それは言葉として、文字としてあらわされることで、さらに限定されたものとなる。従って、その事実は単に認める（感覚する）から言葉にする、文字にするへと進展して、その事実の中身を確実なものへとしていく。（文字を知らなかった人が、文字を覚えることで世界が広くなる〈広くなったように感じ、考える〉というのもここから来ている。）さてこうして経験的事実は「事実」を見る態度で、以上のように内容を変え、その重みも意味も感じ方も軽重、深浅、濃淡が出てくるが、それらをさらに決定づける要因とも言うべきもの、それを考えるときどういう状況が考えられるか、本書は不安が唯一その決定要因になっているとの結論に至ったのだが、それを広く知ってもらうには、思想にすることが必要となる。いわば言葉から文字へ、文字から思想へということになる。整理するとこうなる。経験的事実の経験は、「あらゆる人間の引き起こすものすべて」で、事実は、「感覚↓言葉↓文字↓思想（その事実をどう見、思い、考えるか）という流れのなかで、不安だけが経験的事実の対象となる。それは生存のリアリティー（現実性）を端的に危機的に、暗示し、表象し、示唆するからである。

経験的事実は不安に限定された。その事情、背景を述べた。「生存のリアリティー」もそこから来ていることも述べた。ここからはなぜ不安が経験的事実を代表するものとして論じられねばならないのか、それが思想として成立する必要があるのかも論じられねばならないだろう。ここは過去繰り返し述べているところかもしれないが、確認の意味もあってそうしている。

私たちはいつも不安を口にしている。メディアも結構使用している。政治や社会、経済も一定の原因説明に使用していることは周知のことである。機会あるごとにこれを唱えて、これに訴え、批判の具にし、過去も未来についても関連づけて口にし、文字としてあらわし、主張し、また発言し続けている。これを事実あるものとして認めない人がいるだろうか？「機会あるごと」にまさに口にし、言葉、活字にして訴えているのである。それはあらゆる分野、物、世界に及んでいる。これは確実に「事実」として認めざるを得ない、その（事実）なかでももっとも強力なものの一つであろう。従って不安を事実のものとして認めない人は一人としていないはずである。これが経験的事実を根底として探究する理由である。

さらに今回最も重要なポイントとして挙げねばならないことは、誰もこれを本格的にやっていないという、事実である。

例えば「不安」という、これだけを考察の対象にすることもできたであろう。不安論とか不安の考察とか、そういう名のもとに不安の多様性を訴え、各々を社会現象や世界の出来事と関連させて説明することも可能であっただろう。しかし不安は人間に根を持ち、あらゆる事物事象に関係する、正体のよくわからないもの（これまでも、これからもある意味ではそうあり続けるだろうが）としてあるに留めておく理由はもうない。もちろんそうすることの利益を得る理由をもつ一群はあるかもしれない。しかしむしろそのことの不利益というよりも罪の方が大きい。もはや不安は思想としてあらわさねばならない時機に来ているというべきだろう。

典型的な肯定を示す様々な感じ、考え、認識、思い、もうそれをそれとしてだけ考えるのは、健全な歴史的発展としての時代が許さなくなっている。私たちは物事の考え方の健全さを示す計測器（バロメーター）みたいなものが生来備わっている。しかしそれは個人差があって、しっかり計測することもあれば、少々感度が弱くなっているものもある。しかしそれが備わっていないということはあり得ない。これも事実というべき確かな証拠がある。それはすべての人が置かれている生存というその事実から見て取れるからである。

これらも不安に代表される多様性に負うところが大きい。いわば肯定という大きな（安らかな）世界に浸っている（どっぷり埋没している）人々がすべてを肯定することの不可能性をそれは示している。むしろ肯定の多様性以上に広く、強く人々を捉えてしまう。これを忘れ、消滅させ、二度とあらわれないようにすることは、肯定以上に困難なことである。

この肯定を不安の対比で考えることこそ、思想の入り口へとつなげる契機になるはずである。不安の多様性は肯定を代表する安らか以上のものがある。そういう多様性が陰の領域に長く留め置かれていたのだから、それをあえて引っ張り出す理由がない限り、そのままにしておく習慣が長く続いていたというべきだ。それをそのままにしておくことが正しいと認識されていたわけではない。しかしそれをそうするには相当な勇気、粘り強さ、探究心などが必要だろう。しかしそれよりもっと効率よく引っ張り出して陽の光を当てるには、それを思想として目に見える形にした上で公衆の前で自らをあらわすということからだけで可能となるだろう。

つまり、思想としての態勢を整えた上で、多くの人々の判断を仰ぐことである。これがあらゆる言動につながることで、世界はその内容を自らつくり変えることになる。変革が生ずることになる。それまで思想としての仕事が必要だということになる。繰り返し思想はその内容を思想らしくし、そこから意識の本格的な浸透に至るまでには長い時間がかかるだろう。

大らかな肯定の意識に思考を染まらせた時代の流れは大きく転換する。むしろ中和させる道を選択肢の一つとして考えるのも手となろう。大らかさの肯定は否定的な不安を中和させることにより、これまで劣勢だった（否定側の）物が肯定側に引き寄せられる。逆に大らかさを堪能していたことが中和されて平準化される。ひたすらとか、大胆にとか、急激にとかが抑制され、そのダイナミズム、飛躍的な伸びなども抑制されるかもしれない。これまでのスピードよりも遅めになるかもしれない。しかし少々緩慢、冗長であっても確実な進展が見られるようになる可能性はある。

これは好みではない、気分でもない、生来のものへ戻っていく過程とみなければならない。ただ先述のいわば自分を超えるものへの誘惑は捨てねばならないだろう。自らの実力を無視して成果だけを自分に引き寄せるこの誘惑には勝たねばならないだろう。克服し着実な努力により獲得することに重きを置かねばならない。平凡なところに思いが落ち着く観があるが、これが真実なる歩み、進むべき方向性というべきもの、健全なるものの道というべきことだろう。誰しもが納得できるやり方、そこに否定や批判の矛先を真正面から向けないやり方、平凡だが本来のものに背かないやり方、そういうやり方が方々に広がっていくことがもっとも健全でもっとも抵抗のない、誰もが認めるやり方だということである。

やたら意識を昂揚させようとしたり、鼓舞したりする手口には乗らないこと、肯定にはこのやり方が常に付きまとう。世界は肯定だけで成り立っているのではない、その陰には多くの否定的なもの（肯定するに伴う反対の立場）があることを認識し、それを言葉―言語―思想としてあらわし、意識に浸透させ、時代の変革につなげていくこと、それが両者を中和、平準化させ、より本来の姿として進展させていく力となるのである。本書はこのなかの思想を考えていこうというもので、その次の段階へ進むことが望まれるのは言うまでもないことであり、これまで述べてきた通り、時代がよりよい方向へ進むことが望まれるし、またその道を歩むべきと考える。一応これが結論ということになろうか。［TI.4.1-4］

◉モデル再考

（これはモデルの規定がまだ確定していないことから生じるものだと理解している。「思想Ⅱ」においてもそれは十分熟考されておらず、中身が甘いというしかない。そこで今回改めて考えようとしたものである。）

「不安は抽象的思考における感性的表象である」（規定⑧）［ZT.18.13.8］

「表象は一般に思想および概念の比喩とみることができる。」（ヘーゲル「小論理学」上、六五頁）

一般にモデルとは、それをお手本とするというものである。私たちの願望や理想、範例となるもので、個人の考え方、感じ方、動作、言葉遣い、仕草などから企業、団体、各種組織、政治、社会、経済の仕組みに至るまで、あらゆるものが対象となる。そこには現状よりも高いレベルのものを追究する傾向が見られ、善や規範、意味などのモラルや倫理的なもの、高度の技術、創造力などによる科学的なもの、理想的な国や地域、社会を目指す思想（イデオロギー）も含まれる。

このモデルには自らが自覚しないまま、その（自覚されない）モデルを頭のどこかで描いて、それによって何かをなしているケースもあるだろう。というのも第三者にはそれを明らかにモデルとしていることがわかるような、発言や文章が見られることがあるからである。

もっとも誰がというわけではなく、それをそう判断する側の思考や思想とその傾向や追究する対象と関係するので、極めて個人的なものとなりやすい。（個人的な見解とされることが多い。）

その上で言うのだが、そのモデルを本人は明確に意識していないケースでは、それを比喩やメタファーの形で言い換えることが行われているように見受けられる。この場合言い換えのほうが、モデルを直接明確にするよりもやりやすいと考えられているか、その方法しかできなかったのか、のいずれかであるが、モデルというものの真の姿を捉え切れていないことが、両者に共通して見られることだと思われる。つまりそれが何だと言えるほどのものにまだなっていないから、別の言葉（言い換え）になるのではということである。

そのモデルを的確に捉える言葉がない、そのため既存の言葉で代用しようとする、そこで言い換えが生ずるものと思われる。その場合は、比喩とメタファーのやり方があると言ったが（思想Ⅱ）、例えば、不安の比喩では、深淵（川などの濃い緑色をした澱んだ所）、目も眩む谷底、瀑布の滝壺、濃い青色の湖水、前人未踏の森などが挙げられようし、不安のメタファーでは、寝静まった夜ナツメ球の照らす欄干の陰影、足場の悪いつり橋、崖下の民家、冬の夜の海、黄昏の公園などが挙げられよう。

言い換えはそれ自体（モデル）を直接言いあらわす言葉がないからで、「不安」という言葉があるならそれを使えばいいが、ない場合である。しかしもしあったとしても、不安の内容がよくわかっていないのに不安という言葉は使えない、だからその代わりの言葉を用いるわけである。比喩は自然界のものだから、また直接経験しているものだから言い換えができるが、メタファーはどこか表現に物足りなさが残ってしまう。しかしそれは「不安」とは言えないもどかしさから来るものであろう。

さて、ここでもう一つ、先の二つとは別の表現の仕方があるように思われる。これもすでに使っているので珍しいことではないが、それは概念や観念の用語ではないかと思われる。哲学、思想、科学などの専門分野で使用される言葉である。例えばカオス（混沌）が科学とするなら、迷い、混乱、困惑、苦境が精神（内面的なもの）、次いで否定、混合、転化、分離（分裂）が哲学、思想というように。以上を一語でまとめると、不安は、比喩では淵（「暗い淵」というようにやや文学的）、メタファーでは混沌（自然科学、宇宙や物の始まり）、迷い（心理学、文学）、（概念としては）否定（哲学、思想）となる。

お手本（モデル）は、その（お手本の）内容を知らねばならないが、十分知らないで、しかしそれを確信しており（それをモデルとする限り）表現したいと思うものである。そして比喩やメタファーが登場する。言い換えがそれである。どの部分がどうで、そのどの部分はどのように知られていて、どういう扱いをし、どのようにしてくれたり、仕向けたり、示唆するのかが理解されていなければならないだろう。

モデルを知る、知っていなければならない。まず、その際の知り方には、そのモデルがどのような働きをしているかを逐一取り上げることである。もっとも素朴な形でのモデル（お手本）は、目標であり、真似する対象であり、それになろうとすることでもある。

それを表象とする場合の概念や思想とは、それをそのように形にした（あらわした）ということであろう。するとやはりそれはモデル、しかし直接的表現や内容を成し得ない対象と考えているものということになるのではないか。

何を言いたいかといえば、そのモデル（お手本）にするものが、思想や形のあるものになっていれば、それを目標にも真似る対象にすることもないもので、その思想はこうである、という形を取るはずである。少なくともモデルの枠（対象）から外れるだろう。

先に「不安は抽象的思考（思惟）における感性的表象である」と述べた。不安がモデルとして考えられるのは、またモデルとしての体をなしているかどうかさえわからないのにそう言っているところに、この扱いの難しさがあるように思われる。で実はそのいわば混乱もモデルから招来されるもので、到底知り得ないところがあることも同様にモデルに帰せられる内容なのである。つまりモデルとして従来からある内容とは異なったものがその内容について言われているのである。だからむしろ内容的には形態、変化、動静、転換、逆転、対立などがメインのように思われているわけである。結局こうなるのではないか。

「概念と思想の比喩が表象（モデル）ということは、不安というモデル（表象）は概念と思想の比喩である」と。（この比喩はメタファーとして解釈される。[*1]）

例えば、概念の比喩が不安（モデル）という表象なら（ヘーゲルを念頭に）、その表象はどう捉えられているのかがわからないとどうしようもないが、先述の「形態、変化、転換、対立……」などと捉えた場合ならいくらかそれが比喩になっていることがわかる。内容というより形態、変化等々に重点が置かれているということである。

これはヘーゲルが不安をモデルに使っていると仮定した場合である。[*2]

今回の収穫は、中身ではなく形態、変化として捉えたことである。これだと中身はわからなくてもそれだけをモデルとすることができる。中身はいずれわかってくる（認識可能）という、カントの物自体に対する考え方と同じである。

＊1　これは「用語集」3の④で再び取り上げる。

＊2　日本の近代のモデルは西洋である。明治初期の日本では短い鉄橋ですら自らつくれなかった。軍隊、法、警察、造船、鉄鋼、鉄道などもそうで、最初は真似て、模倣してつくるまでお手本となるものがモデルである。拠り所（言葉）には、それに至るモデルと、拠り所として、言葉が成すところの二面性がある。いずれもが「引き起こす」で関連しあっていることがわかる。因果、転倒、転化、対立などもその「引き起こす」で因数分解してみれば納得が行くと思われる。

◉「不安」という言葉を生じさせなかった理由

不安そのものを言葉にすることができない（不安は感覚されているが言葉にすることができない）ために、「言い換え」として実体、概念、観念、イデアなどの言葉が生じた［これは極論かもしれないが、ずっと「不安」という言葉がないのだから、その代わりのものがなければおかしい、しかしこの見方に賛同する人は少数か全くいないだろう」と考えるのである。つまりモデルとしての不安が（不安がモデルとなって）様々な哲学の言葉に成り変っていったということになる。もっとも「不安」に関係したところである。それはどういうところか？

その思想の足らないところを補うのが不安（モデル）から取られた概念である。不安が人間の精神に反映してあらわれたものを概念の言葉に換えるのである。ヘーゲルなら定有（動揺をもたない統一）、否定（限定）、成（動揺をもつ統一）、真理（不安はその根拠）、存在が本質に含まれるという同一哲学。アリストテレスなら形相と質料（形式と内容）、実体（個物）、観照（活動に対して）、不動の動者（神）など。プラトンならイデア、混合、対立、分有など、ソクラテスならダイモニオン（内なる神の声）、カントなら物自体、意識一般（私）、その他フッサール、メルロー＝ポンティなどがいる。

（前項◉モデルの根拠参照）

彼らは不安をモデルに、それをそれぞれが概念に変えたのである。比喩として捉えた当のものがモデルであったということである。ヘーゲルの哲学が逆さまな観念論と言われるのも、ここに根拠があるのではないか。というのもモデルを念頭にこれらが主体になるからである。

不安（モデル）を直接言葉にすることはできない。ただ、その形態から概念に変えることはできる。ただこのことが成立するには、そのモデルが用意されたことで、そこに哲学上の意味がなければならない、そのためこのモデルには本人の思い入れ（哲学的にいうと直観）がなければならない。つまり一連の仕事からみて、不安はモデルとして価値が認められたということになる。

◉知性はそれを直接知ることはできない

また感覚をそこまで持ち上げることはできなかったと思われる。（感覚は低い位置に置かれていたからだ。）

以下に確認のためにモデルが比喩、メタファーに次いで概念に変えるという形で捉えられた理由をさらに掘り下げて論じる。

それは不安の正体が何であるかにあるのではなく、不安自体が意味あるものに捉えられたことにその第一歩がある、そこが入り口になって「不安」という言葉よりも、それを概念に変えることに意味を見出したというわけである。なぜ意味が見出されたのか、それは不安が神や神的存在、真理に近づく表象と考えられたことにある。ただそのように考えられたのか？　やはり最初に挙げた「神」に関係することからだと思われる。

プラトンのイデア、アリストテレスの不動の動者、ヘーゲルの真理の根拠を念頭に置けば、そのようなイメージが直ちに感じ取れるのではないだろうか。

だからまさか神を不安と同一視できない、そのため不安もしくはそれと同様の言葉がつくられたり、使用されたりするはずがない。堕罪（堕落）説はその不安を別なものに変える最大の見本と言える。（前項◉不安をモデルにすることについての「別のパターンの答え2」参照）

◉結論

モデルの考えは本書の目指すところから少し外れたところを論じたものである。といって全く外れた領域ではない。真理、絶対知（精神）、真なるものといった言葉は私にとってはほとんど無縁の言葉だった。それを差し迫ったものにしたのはヘーゲル哲学に接したからである。モデルとしての不安になるものと不安そのもの、形態と状態、二種のメタファーなどは、ヘーゲル哲学によって引き起こされた（触発された）考えにもとづいている。例えば「真理」は、本書の規定、メタファーは本書の想定した領域にそれぞれぴったり当てはまった。まるでジグソーパズルの空いたところにそれが充当されるように、である。それで私はますますヘーゲルが不安をモデルにしている印象を強くしたのである。ただ本人はそれをよく意識していなかったようである。それが表象（大いなるもの）と概念を混同した原因になっているように思える。哲学を代表してヘーゲルが、宗教を代表してキリスト教が議論の中心になっているように見えるかもしれないが、哲学、宗教という大きな枠組みでも同様のことが言えると思う。それは不安のメタファーを扱っているという共通したモデルを持っているということにある。

ここで読者は、世界や人間社会は不安で動いているのかと反論されるかもしれない。その答えは実は不安が手を替え品を替えて働いているのは確かであるというしかない、それは事実そうなのであるという他ないのである。世界では戦争で命を失う人、また自ら命を絶つ人が大勢いる。もしこれらの人々の生存が最低限でも保障されていたら、戦争も自死も生じなかったのではなかろうか。そのところは生存に直結した不安に訴えるしかない、そういう方法しか残されていない、これは最後の手段である、そう本書（私）は考えるのである。（これに対比されるのが愛、幸福、安心などであろう。特に愛は万能薬である。しかしそれだけでは通じない、それが現状である。これらについては、その反対もまたあることは確かな事実なのである。これらのことを明らかにせず一方的に効用だけを述べるというのは、安心だけを語ってその反対の不安を語らないのと同じである。これに関しては別な機会に譲りたい。）

◉最後に

概要と補記の締め括りとして、本書の盲点と言えるところを述べたい。それは「ある」の系譜に係わる。表1（図5の内実）、図1、図5と関係し、特に表1に出てくる「不安がある」と「X（x）がある」を起点にある（存在）に至る系譜と捉えてよい。何か或るもの（X）―或るもの―あるもの（あらぬもの）―存在（非存在）の内、何か或るもの（X）―或るものの扱いと係わるところである。以下は他で述べているので省略する。ここは表1でなぜ「不安がある」が「ある」を代表し、「X（x）がある」がその脇にあるかのようであるのかの説明にもなる。なお後者はヘーゲルの有を想起する。（『一覧』一一七頁、注（★3））なぜ「不安がある」が「ある」なのか。

「不安がある」は否定的に捉えられている。（「X（x）がある」は肯定的に捉えられる。）このことが安らかを通して「肯定的」、次いで「あるもの」へとつながる。たったこれだけのことである。これが図1、図2の肯定的・否定的、肯定／否定の内容である。「X（x）がある」ではない理由はここにあって、図5のX↓不安、不安↓xもこの特性を考えて見る必要がある。なぜなら不安は「肯定的（肯定）なものに含意する否定的（否定）部分」だからである。これに神の後見は不要である。

付録

日本人の思想

「わが日本古より今に至るまで哲学なし」と言った中江兆民[*1]、その原因を「形而上学の訓練」の問題に求めた新渡戸稲造[*2]、どちらも日本に哲学のないことを述べているが、両者の頭にあった哲学は、あくまでも西洋哲学であろう。これに対し私たちの国には土着の思想がある。するとこの国には西洋哲学もあれば、仏教や儒教、キリスト教などの宗教思想もあるので、全体からすると西洋哲学はその一部ということになる。これらはばらばらに独立してあるのか、それとも何かの土台の上にあるのか、それとも何割が土台で、何割が独立というようなことなのか、このことは明確にする必要があるように思う。そこで先に本書の立場を述べると、土台なるものに日本の土着の思想があることを基本とするということである。考え方としては、すでに述べたように、それぞれの、主に外来の思想は、日本にある土着の思想という土台の上の地上部分にある。土台がしっかりしていないと、たとえ地上にあるものが頑丈につくられているとしても、ちょっとした地震の揺れに対応できず、場合によっては倒壊することさえあるだろう。これは土台、つまり（真なる知識を得るために必要な）基礎の重要性を強調するのに必ず持ち出されるたとえであろう。ところが現状はどうか。思想（哲学、宗教も含めて思想とする）は、建物で言えばその地上部分だけで論じられ、土台となる土着の思想は大して興味を引かないのか相手にされていないように見受けられる。どういうことだろう。思想界で圧倒しているのは西洋思想である。ギリシア哲学からスコラ哲学を経て主に西欧に広まった思想である。世に出ている出版物もほとんどが西洋思想で占められている。これが無節操（無批判）に何でも受容してしまう日本の思想界（思想に限らないが）の実態ではなかろうか。

＊1　中江兆民「一年有半・続一年有半」三二頁、岩波文庫、一九九五年（改版）。
＊2　新渡戸稲造「武士道」矢内原忠雄訳、一三八頁、岩波文庫、一九七四年（改版）。コラム1「新渡戸稲造の予言」参照。

ここで例を二つ挙げたい。共に新聞の全面広告でかなり以前に掲載されたものだが、今でも鮮明に覚えている。それはこうだった。一つは大型の印刷機、もう一つは照明器具の製造ラインだったと思う。作業服姿の従業員が数名、整列して帽子を取って、それらに向かって深々とお辞儀をしている光景が映っていた。多分新旧交代の時機を迎えたのだろう。従業員はこれまで共に働いてきた機械（ライン）に感謝を込めて頭を下げ礼を言っているのである。これで広告効果は望めるのだろうか。以下は私なりの解釈である。結論から先に言うと、この広告は日本人に古来ある心情に直接訴えたもの（企画）ということができる。＊西洋のものは物であるのに対し、日本人のものには神霊が宿っている。従業員が頭を下げている相手は、機械（ライン）と、それに宿って見守り続けてきた神霊に対してなのである。つまりそれだけの品質と十分な働きをしてきた、それが更新されるのだから、さらにそれ以上のものを、メーカーもそのように考えてつくらないはずがあろうか、そう考えて企画されたはずなのである。

これが「日本人の思想」とどう関係するのかが、これからの話す内容である。それには西洋思想と対比するのがわかりやすい。

「大前提」で述べていることだが、「存在」はどう理解されているか、西洋と比較したことを思い出されないだろうか。それはこうだった。

(A)ある(＝あるもの)＝ある(＝存在＝神)＋もの(物)

(B)ある(＝あるもの)＝ある(＝存在)＋もの(神霊)

(A)は①存在(ある)を理性で認識しようとする考え方と、②存在＝神を真理として、あらゆるものの前提(端的には創造説)とする信仰の考え方の二つがある。①②とも「もの」は「物」に過ぎない。一方、(B)は、存在を存在(ある)としてのみ捉え、ものをそこに宿る神霊と考えた。(A)は、西洋哲学とキリスト教の思想、(B)は、日本人の土台としている土着の思想である。これが以下で述べる「禍福の思想」へと展開する。

＊ かなり前の広告であって手元に現物はない、記憶している限りこうだった。ロボットに名前を付けたり、草花や鳥たちに話し掛けたりするのは日常でも見かけられることである。

◉禍福の思想

先史時代、恐らく大陸と地続きだった時代から、島国へと孤立した時代、この島国は楽園に近い状態にあったのではないかと思われる。住む人間の数がそもそも少なく、それに対して自然の恵み(産物)は余りにも潤沢だった。自然災害も少なからずあったが、この恵み(幸福)を凌駕するほどのものではなかった。小さな災害で人命を失うこともあるにはあったが、大災害は、それがあったことを忘れてしまうほど稀な出来事で、それを記録しなければならないほどのものでなかったために、口頭で伝えられる限り伝えられたが、文字で残すほどのものとは考えられず、ずっと文字をつくらないで通してきた。それに比べて、大陸では地続きのため人の移動はかなり大掛かりで行われていたようだ。自然条件、食料の確保、集団化（組織化）による権力構造が早くから生じ、大小様々な衝突、揉め事、紛争などが頻繁に起こった。生存のための厳しい環境になればなるほど、それは小さなトラブルがエスカレートし大きなものへと発展していった。ホロコースト（大虐殺）、集団殺戮も見られた模様だ。[*1]

優位に立つ集団、個人（権力者）はますます優位になるが、下位のものはますます権力も弱く貧しくなって、自然の恵みの配当を受ける権利もほとんどないくらいだった。それも人々の移動が割と簡単だったからで、食料や燃料の確保が難しくなればなおさらである。人が大きな力の下に結集して優位な立場で物を自由にする力学が働くのは自然だった。これに比べると、周囲は海で守られている、人の数は少なくあり余るほどの豊富な自然の産物に取り囲まれていたのだからである。日本はまさに楽園だったと言ってよいのではないか。[*2]

文字、契約、法とは少なくとも原初の時代、日本には無用なものだった。文字がなければ契約も法もつくれない。（口約束や信頼関係が重視される。）逆に無法状態から秩序をつくり出そうとして契約、法が考えられ、その前提として文字がつくられたと考えるべきだろう。日本にはその必要がなかった。食料や燃料の取り合いでトラブルはなかったし、災害に比べて自然の恵み（配当）がはるかに大きかった。[*3]「禍福の思想」の土台（基礎）はここにある。

＊1　本項コラム1、二七五頁注（＊1）参照。
＊2　本項コラム2「運について」参照。
＊3　本項コラム3「言葉と文字の成立ち」参照。

◉コラム1「新渡戸稲造の予言」[S.S.7.12.8]

例として戦後の日本の置かれた状況を考えてみる。先の戦争（大東亜戦争）に敗れ、焼け野原になった国土から復興していくそのスピードは、他の国が考えていた以上に早く、しかもその経済規模は驚きの目で見られるほど大きなものとなった。反面、東京裁判や日米安保、教育のような戦後処理と国防、民主主義に係わる問題が生じ、その議論が十分なされないまま、生半可な決着を通して政治、社会、人々の間に歪を生じさせた。なかでも東京裁判は今でも時折話題になり、当時のことが蒸し返されるように、日本側に当時のしこりがまだ残っていることが認められる。また戦後処理で決着したかに思える問題が、戦争に関係した近隣の国から訴えられることからも根深いものが感じられるが、これらも含めて日本の対応は、経済大国になったほど国も国民も経済活動に専念したことで、他を顧みなかったと思えるほどお粗末と言わねばならない。その原因は今述べたことでも理由になるが、この問題はそう簡単ではない。

一つは戦後米国の日本に行なった様々な関与で、それは政治、経済、社会だけでなく教育、防衛、報道まで及んでいる。その代表的な例が東京裁判（極東国際軍事裁判）である。この裁判で戦犯の認定とその罪が裁かれた。この中で出てくるのが「南京事件」と称される殺戮事件があり、証拠不十分であるにもかかわらず、その数は三十万人とも言われている。*

＊　この数字はアメリカ軍が広島と長崎に投下した原爆による日本人の犠牲者数三十万人*（一九九〇年、厚生省）と一致するし、中国がこの事件を持ち出したのは、「毛沢東の最も忠実で実行力のある弟子だった」カンボジアのポル・ポトが約二百五十万の人民を殺戮したことが公になった時期と重なる。（西尾幹二「国民の歴史」七三五頁、産経新聞社、一九九九年参照）なお中国は共産主義思想の名のもとに六千五百万の人民を殺害した（「共産主義黒書」後述）と言われている。

★　吉田一彦「無条件降伏は戦争をどう変えたか」一三八頁、PHP新書327、二〇〇五年。他方、東京大空襲では一九四五年三月一日だけで約十万人が死亡したと言われている。私が言いたいのは、何ら根拠のない「南京事件」の数字は、女性や子供を含む大勢の民間人（非戦闘員）を対象にした原爆や東京大空襲の罪を相殺するための意図的な数字合わせと思われるということだけである。◎

◎　「南京大虐殺」で三〇万人が犠牲になったと言われる根拠は今もよく分かっていない。誰が誰を、この場合日本軍が中国人をということだが、中国人が中国人を（中国の民兵が中国人を）というケースもあったようである。そして誰がこの殺戮の一部始終をしかも三〇万人の人々の死亡を見届けたのか、要するに誰がその現場に立ち会ったのか、ということである。三〇万人という数字を持ち出すなら、その根拠を示す必要があるが、それをしていないということは、数字に根拠がないか、曖昧か、桁違いに少ないか、ほとんどないか、であろう。それを示さないで言うことを「言い掛かり」または「難癖を付ける」と言う。相手がもし感情的になって、その場限りで言うのであれば、反省が次に来て冷静になって、その根拠を調べることになるのがごく一般的な、人として当然ありうべき道筋である。それをしないということは、すでに意図的なものがあってそうしていると考えるべきであろう。それを一括して心情的（そうでもしないと気が収まらない特殊事情的、駄々をこねて親を困らせる小児病的）歴史観と呼ぶべきだろう。こういう形で常に迫ってくるのであれば、その対抗措置として考えられる唯一の手段は同じ手法やり返すということである。大人気ないが、私はあえてそれをしたらよいと思う。例えばこうである。「そもそも日本人は軍人でもない民間人を大量に殺すことをしたことがない。だから『南京大虐殺』なぞというのは埒外であり、仮にあったとしてもそんな『事件』を起こすはずがない。ましてや『三〇万人説』にわずかでも加担していることなどありえない」ということで対抗するか、ごく常識的に以下のように言うのも手である。「日本は古来、揉め事を嫌う平和国家であることは歴史が証明しているところである。その名に恥じない十分な証拠があるから歴史なのであるが、『南京大虐殺』は証拠が乏しいから『歴史』にもなっていない（それを歴史と言うのでは話にならない）のだから、まるであったかのように扱うことはできない、その対応に用意はない」と。それでも「三〇万人」を押し通そうとしたり、これまでのやり方を改めないなら、次には「ことこれに関する限り『中国という国はまともな国とは認められない』」ぐらいのことは、ことあるごとに言ってもよいのではないかと思う。

南京事件に関連するもう一つの問題がある。それは慰安婦問題である。なおこれに関してはこめかみの血管が脈打つほど冷静でいられなくなる。そうならないため略字を用いること、この問題はI問題、国名、地名、航空会社名、媒体などもすべて頭文字のアルファベットを使うことをお許しいただきたい。そして書き方（論述の仕方）だが、①心情的歴史観②私の体験③私の見解で対応したい。I問題には②の私の体験から入ることにする。私は一九八六年一一月某日、K国に立ち寄ることを条件とするN行きの格安航空券を使ってK空港に降り立った。一泊するSのホテルに行くためにタクシーを待っていると、数人の男たちがあらわれ、私たちの行列に向かって「オンナイルヨ」「オンナ」「オンナイルヨ」と日本語で声をかけあっている。私にもそう言ってきた。私が無視していると後ろから声がする。聞けばそれも日本語だった。振り向くと、六〇～七〇代の婦人が私に向かって申し訳なさそうに「スミマセン」「スミマセン」と繰り返し言った。私はとっさのことで何も言うことができなかった。そこでわかったことは、あの男たちも、この婦人もK国人であり、婦人は日本語が話せる世代で、同国人の非を詫びているということだった。この件で思い当たることが飛行機の中でもあった。私の隣にいた日本人は「SにいるK国人の女に会いにゆく。空港で待っているはずだ」と言っていたし、その隣にいたこの友人も同じことを言っていた。このことからもこれはかなり常態化していることだなと得心が行ったのだった。もう一つある。N（米国）で知り合ったスシシェフの日本人からK国人の売春婦の話（何だったら紹介するという）を聞いた。彼の職業を考えるとそれは現地ではかなり知れ渡っているとみなければならない。もう一つ。これに関連して子供たちの人身売買の話である。私が目撃したこととそれを結び付ける確証がないので、事実だけを述べる。それはK空港発N行きのD航空の飛行機の中でのことである。（これが本来の目的のフライトである。）ある座席の一角を二〇～三〇名の子供たちだけが占めるという異様な光景を目の当たりにしたことと、後に現地のメディア（C・Sモニター紙）がSオリンピックを取り上げその記事の中でK国政府が一九八八年開催までになくしたい問題の一つ（人身売買で他は犬食）だったことを現状と共に知ったこと、この二つである。さて以上から相手の言い掛かりの対抗上①の心情的歴史観で応えよう。結論から先に言うと、I問題はK国のK国人の手で行われていたということである。つまり我が国はそれに関与していない、または管理下で行われていなかった、ということである。私は相手に心情だけで対抗して言っているのではないことは、私の体験で述べた通り明らかであろう。そこで③私の見解である。ただこういうことはあったかもしれない。それはK国人が「協力したい」と言ってくれば（K空港で「オンナイルヨ」「オンナ」を連発していたK国の男たちを思い出して欲しい）、それを阻むほどの理由がないのなら「うん」と頷くか「ああ」と軍関係者が答えたかもしれない。これが「関与、管理」したということになった。こういう想像が可能だということである。★なお、他に①日本のメディア②政治および政治家③国民意識なども問題として取り上げたかったが、もう時間が余りない。別の機会に譲りたいと思う。最後に一言、私たちの国は隣国に対して常に腫れ物に触るように気兼ねばかりしてきた。これを国民はやはり私たちの国にはそうする後ろめたさ、後ろ暗さ、疚しさがあると思うだろう。これがどれほど自らの国や国民の感情や心を傷つけ、おとしめているか、若者の自信のなさ、幸福度の低さ、海外へ出て行く覇気のなさにはっきり出ている。反対にそのネガフィルムのように、大人たちのアニメや国産品への過度の自信、海外からクールジャパンと言われて、その言葉をそのまま平気で使う恥知らずなところなど、ちぐはぐになっている。その滑稽さに気付いていてもいないように見える。言いたいことを言わず我慢して、無理難題のことを言われ放題にしている状態は、精神的に相当悪い影響があることは多くの人が知っている。私に言わせれば、ガンを自ら誘発していることと同じである。こうまでして隣国に気兼ねするということは、何かを慮っているのである。私たち国民の知らない他の理由があるからである。私はそれが誤った禍福の思想と関連があることを薄々ながら感じている。それはその本来の意味で言えば完全に不自然であると私は思っている。

★そういう「協力者」がI問題を問題とするなら、それ以前から関与者としていたということである。私の心情的歴史観から言えば、その協力者によって大半が実行された。なお協力者には①この問題の発端となったブローカー（仲買人）と②そのブローカーのやった事実を無視して（調べようともしないで）現象だけを捉え、過度の道徳観に縛られているメディア関係者や、その口車に乗ったこの国特有の扇動者たちがいる。日本はこの②の人々の対応に何ら手を打つことができない。事実を調べればはっきりすることである（どうしたらそれが確かめられるかすでにわかっていることである）。それができないのは、道徳を問題にされると（I問題は道徳の問題にすり替えられているのだが）手も足も出ない二、三世のお坊ちゃん国会議員、政府関係者がいかに多いかを明確に物語っている。I問題はそのほとんどがK国人の問題、と私は思う。そしてそれを増長させた原因は日本側にもあることを認めねばならない。いちいち説明しないがそれは「自己検閲」と「過度の反省」と「抽象的思考の脆弱さ」で、この問題の対応を完全に誤らせたということである。I問題の背後に何があるのか、日本はよく考えなければならないだろう。なお、私はこの問題が問題とならなかったら、ここに取り上げたほとんどは記憶から消し去られ再び思い出すことはなかったろうと思う。だからこのことのためにかなりの努力を要した。「心情的歴史観」もこの問題によって考え出した言葉である。私は歴史には疎い、そのために綿密な調査を行なった訳ではない。だから少々乱暴かもしれないとはいえ、相手が相手だし、この問題に対抗するにはちょうどよい方法（歴史観）だと考えている。

問題はこういうことばかりではない。むしろこうした背景を成している思想のことを問題にしなければならない。巷では何とか史観とか、戦後の教育制度のあり方、戦後民主主義、自己検閲、報道の姿勢（米軍の検閲）などをことさら問題にするが、確かにこれらも問題ではあるが、ここへ至る過程とそれを実行に移す動機となる原因、思想の問題が余り問われていないように思う。

今また新渡戸稲造が言った日本の思想における、いわば「形而上学」への思慮の足りなさに触れねばならない。

もし日本が鎖国をしており、他の国と一切関わりを持たないならば、このことは何ら問題とならない。しかしそういうわけにいかない。東京裁判は日本と戦った戦勝諸国との間で行われた裁判である。国内の戦争は国内で処理できる。同じ思想（土俵）で裁判できる。しかし外国から裁判を受けたのが東京裁判である。外国の思想が持ち込まれる。法律はどこでも一律であって欲しいが、すべてに共通する法律はない。どうしてもその国の歴史を背負った思想が反映されている。

東日本大震災で見せた日本人の対応について、日頃思っていることをさらに深く確信に近いところまで認識するに至った。よく言われることだが、敗戦後、日本へどっと雪崩れ込んできた米軍（進駐軍、占領軍）に対して取った日本人の態度の急変ぶりを、歴史に詳しい専門家もその他多くの知識人も、誰もが満足のいくような説明をしていないということである。あのとき日本人は大した抵抗も示さず、むしろ擦り寄るような態度を示したという。それがずっと今日まで続いているように見る人もいる。鬼畜米英と叫んでいた同じ人の口から今度は卑屈な口調の言葉が発せられる。その不可解な事実がどうして生ずるのか、謎とも奇異とも同じ日本人の目に映っているのである。

これはその場しのぎであるとする見方もある。今は生活優先でまず経済を立て直すことに邁進する、怨みも報復も、普通の生活を取り戻すまで棚上げにしておく、という考え方によるものが結構巾を利かせている。が私の意見はそれとは少し違ったものである。恐らく少数意見だろうが。日本人はあの戦争を自然災害と同じように考えているということがそれだった。正確に言うと、自然災害（地震、津波、台風、大雨、洪水など）と同じように敗戦の惨状を見ている、と。これだと先の恨みも報復もない。ただし、幸いなるもの（自然の恵み）をもたらしてくれることが期待できる場合に限るのであるが、日本人は恐らくこの自然の恵みと米国の援助を重ね合わせたのではないかと思う。その直感が日本人にはあった。ただし、歴史は過去の事実を消し去ることはできない。原爆投下、各都市への無差別攻撃などは記録として残され、人々の間で語り継がれる。

この背景にある思想とは何か、それに、これとは全く逆の思想があることを知らねばならない。それは自然のなかに自然と共に生きる思想に対して、これと対立する思想（自然と人間とを画然と分離した思想）である。というのは、ギリシア哲学を故郷とする西洋思想ではもはや過去のものとなっているからである。西洋人はギリシア哲学から、ユダヤ教、キリスト教、スコラ哲学（神学）、独自の哲学へと思想を展開していった。

原罪説（アダムとエバが禁断の木の実を食べて認識の目を開かれるという神話）は、西洋人を物心両面から縛り続けている。原罪説がなぜ生れたのか、明確な答えを知ることはできない。ところが意外にも、それに結びつく情緒的な記憶を引き出すのは容易である。例えば山間での川釣りや川遊びなど、そもそも田舎育ちの人ならありふれたことかもしれない、そういうところでは、人が暗い不気味な淵（川などの澱んだ所、切り立った崖の付近を通る彎曲した川に見られ、陽が射さないため濃い緑色をして水深がどれだけあるのかわからない）[*1]を覗いたりすることは稀ではない。つまり人はそのときに感じる動揺、何とも名状しがたい、喉や胸が圧迫されるような、気圧されるような怖さを経験的に知っている。しかしこれが原罪説とどう結びつくのか、これだけでは説明にはならない。

初期の思想（日常使用する言葉の次に生じる思惟による思想）は、こうした人間の心にあらわれる様々な現象について表現を与えることから始まった。しかし同時に――、もし、それを知らなければ（表現しなかったなら、あるいは言葉にならなかったなら）起こりようがない事態も知ったのである。無知には愚かなことも起こるが同時に、無知故に経験しないで済む気楽さがあった。不気味な深淵もそれによって生じる心の様々な現象に拘泥する必要がなかった。深淵で言えば、ただそこに近寄らない、必要があって近くを通る場合には何か仕草を示し、私はあなた（擬人化はしている）に何もしないから、あなたも私に何もしないで欲しいと願うことぐらいである。これが後に無知な人（自然人）の神[*2]になった。[*3]

*1　先の見えない暗い洞窟、暗く重く垂れ込めた雲（暗雲）などと同様なもの。

*2　日本の場合「その対象を具体的にささず、ばくぜんととらえて言う」場合の「神仏、鬼、悪霊など」（〈学辞〉もの（物））（それに妖怪も加えていいだろう）を指している。大前提や本項で述べているもの（神霊）もその一つである。西洋のもの（物）は、物体や物質また自然のことである。

*3　参考までに、プロティノス「グノーシス派に対して」（「エネアデス」第二論集第九論文）（世界の名著15、一九八〇年）の冒頭、訳者（水地宗明氏）の付記で、グノーシス思想のヴァレンティノス派（キリスト教的な一派）の弟子プトレマイオスの教説（概略）が紹介されている。このなかで「神は『深淵』（先始元）

などと呼ばれる（男性）」とある。この後すぐに「彼のもとには『沈黙』（女性）が存在する。限りない時間を無為に過ごした後で、『深淵』は『沈黙』によって『英知』と『真理』を生んだ。『英知』は『ことば』と『いのち』を生み、これらから『人』と『教会』が生まれた。以上の『八員』はすべて男女一対となっている。」（三二四頁）云々と、短いが以下興味深い内容となっている。

ところが言葉を与える人々の間で生じた言葉による表象、経験していない状況にありながら、表象によってその状況がつくり出される現象に、人々は驚き怖れた。

無知な人々を自然人と呼んだが、日本人は言葉はつくったが文字はつくらなかった。言葉も限定した。これが文字導入後に同音異義の言葉が増えていった理由である。（本項二八七頁、注（＊）参照）ともかく自然人は無知の人とはいいながらも、言葉の怖さを知った人々であった。言葉をせっせとつくった側から見れば、言葉を少ししか知らない人は、知っている人に比べて無知ということでしかない。

さて、心の動揺など心にあらわれる現象に対して、言葉（表現する形）を与えることで何が生じたか。それは言葉が逆に表象するもので経験が再演される（経験の状況が記憶から再び取り出される）ということであった。言葉をつくる人々も、それから経験されることも、人々は驚きを以て迎え、怖れにも似た印象を受けたのだった。

なお、言葉をつくる人々について説明がいるように思う。その心の現象に表現を与えようとする動機は何だったのか、人々（の行なったこと）とはいえ、それはごく少数の人々だったのか、それとも大勢だったのか、そういう一群の人々、特定の人々が存在する状況とはどういうものだったのか、疑問が次々と起こるが、そういう状況に至ったこと自体を問題とする必要があると思う。

発端はあの暗い不気味な深淵ではないかと思う。そしてそれに対応する人々の間で自然人（無知の人）と自然から少し離れた人「分離した人」（人間）とに分かれた。これを説明するのに神話が必要になった。というのは両者を分ける根拠を誰も知らないからである。旧約聖書の記者は人間を自然から分離した人々と考えた。

原罪説は、人間が自然人を見る見方が正しく伝えられている。人間は本来の自然人であるべきだった、しかし元には戻れない——という後悔から出た神話である、と私は思う。* 日本人は間違って戦後、特に自然人でいられないように様々な圧力（外圧）が加えられたが、先の戦争でも東日本大震災、もちろん阪神淡路大震災でも、その生来性がまだ残っていることが立証された。

* この重要性を知る人は少ない。なぜなら聖書の方に肩を持つ人が多いからである。

東京裁判で、日本人はこの自然人ぶりから反省しなければならないことが一杯ある。それは、東京裁判は国内の問題ではなく、自存自衛のための戦争（大東亜戦争）と同じように、振り掛かってきた災いということである。国内で生じた自然災害ではない。外国からのものであるから、しかも内実の明らかでない不当な災いであるから、その火の粉は払わねばならない。その火の粉は外国（西洋）の思想だから、その思想の逆手を行く思想で撃退しなければならないのである。決して「日本人の思想」でのみ振り払うことはできない。相手の思想を知悉した上で、その上を行く独自の思想で対抗しなければならない。このケースでは自然人（無知の人）であってはならないのである。新渡戸稲造はこのことに逸早く気付いていたのである。

さてここからどういうことが言えるか、日本人は他国から様々（罪）の指摘を受けて、（甘受というべきか）大抵の場合これを受容してきた。恥、縮み、テンション（緊張、不安）などの形容の付いたお国柄（民）であるらしい。私はここでこれらをすべて返上する。一言ここで言っておきたい。もうこういう指摘を真に受けるのは止めにした方がいい。こうした受容は決して国民にとってよいことはない。一方的（片務的）に反省し、自己を見詰め、自己批判するばかり、これを繰り返していて、自国とその国民を誇りに思うはずがない。何とか史観というのは、この辺から出た貧しい思想である。

原罪説、旧約のそれと、原爆投下の原罪は同じ起源を持っている。* これは人間（西洋人）が自然からの分裂を通して犯した自然への罪、原爆は人間が自然人（日本人）に対して犯した罪である。西洋人はこの二つの罪から永久に解放されないだろう。あの戦争で見せた西洋の日本に対する戦術を考えたらいい。もう戦力はどこにも残っていないといえるほど、息も絶え絶えになっている国に対して、徹底的に叩きのめす戦術で（それが戦争と言われればそれまでだが、その徹底さは常軌を逸しているほどで）民族自体を滅ぼすつもりになっていたことは明らかである。彼らは一民族をこの地球から抹殺することすら厭わなかった。この思想がどこから来ているのかが、次の問いである。

* それはやってはならないことをやったということである。一方は神話だが他方（原爆投下）は事実である。どっちが重いか明らかだが、どっちが胸に迫ってくるか、彼らは後者を選んだのである。

ナチスドイツのユダヤ人絶滅の行為といい、西洋には一民族の存在を根絶やしにするほどの残虐な事例がいくつもある。[*1] アジアでも現代ではカンボジアで見られる。この方は西洋思想を通してであることが確かめられる。共産主義思想である。革命にはテロが横行する。（ここで言うテロは要人に対してであって、最近の一般人を対象にした無差別テロとは別である。）人を殺して罪にならないのは戦争と革命である。（ただし罪になるのは、戦争終結と革命が不首尾に終わった時である。★）テロに関して埴谷雄高氏は「思想論集」の「暗殺の美学」中で、革命運動の渦中で暗殺者たちの指針となった「革命家の教義問答」を紹介している。その中にはこういう箇所がある。「革命家の唯一の目標は手を使う労働者達の自由と幸福であるが、この事態がただ全破壊的な、全人民の革命によってのみなし遂げられることを考慮して革命家は全力を傾倒して人民がついに忍耐心を失うに至るだろうところのすべての悪業を推し進めねばならない。[*2]」と。これを書いたのは、一八六九年、バクーニン（アナーキスト、一八一四〜七六年）とネチャーエフと言われている。ネチャーエフは、ドストエフスキーが「悪霊」を書く契機となった人物で、埴谷氏は彼の言として「吾々にとって、思想は、根本的な、普遍的な全絶滅の偉大な事業に役立つ限り、価値がある。然し、現存する如何なる書物にも、かかる思想は存しない。書物より変革的な事業を学ばんとする者は、常に変革の無能者にとどまる。」「吾々が現実に現示するものは、国民解放を阻害する一個人、一事物、一関係を積極的に破砕する一連の行動あるのみである。[*3]」を紹介している。こうした行動に出るのを正当化した書が「革命家の教義問答」だったわけである。

＊1　北米アメリカのインデアンやオーストラリアのアボリジニに対する残虐非道な行為は、その原住民の絶

滅を意図したものと同様なものとみなされる。人間は宗教や思想を背景とするとここまで非情になれるのか、という典型的な著が「インディアスの破壊についての簡潔な報告」（ラス・カサス著、染田秀藤訳、岩波文庫、一九七六年）である。その他旧約聖書「創世記」（三四―一～二九）「民数記」（一五―三二～三六）「申命記」（二〇―一二～一八）などにも見られる。聖書に関してはヘーゲルも「キリスト教の精神とその運命」（伴博訳、平凡社ライブラリー、一九九七年）のなかで触れている。（二六頁）まさに西洋のジェノサイド（ホロコースト）だが、それが完遂されなかった事例も併せて述べている。（三九頁）

＊2　「暗殺の美学」（「埴谷雄高思想論集」所収、二〇〇四年、講談社文芸文庫、埴谷雄高評論選書2）三一三頁。なお、ドストエフスキーは「悪霊」のなかで、まさに「組織的な社会主義者というより、特異な革命家であったネチャーエフをモデル」としたピョートル・ヴェルホーヴェンスキイが、同志たちに（小説の方の言葉を借りるなら「自由の天地に人類自身が自分たちの社会を築きうる」（江川卓訳、下、一〇九頁、新潮文庫））革命による「一億人の首」か「お役所」の専制政治による「五億人の首」のどちらの犠牲による解決法が望ましいかを問う。するとほぼ全員が前者に賛成する。（同、六〇～一頁）ちなみに「共産主義黒書」（ステファヌ・クルトア、ニコラ・ヴェルト著、外川継男訳、恵雅堂出版、一九九七年）によれば、ソ連二千万人、中国六千五百万人、ベトナム百万人、北朝鮮二百万人、カンボジア二百万人、東欧十五万人、南米十五万人、アフリカ百七十万人、アフガニスタン百五十万人など「共産主義に殺された人口は一億人近いと推測」されている。（「諸君」二〇〇五年八月号）

★　レーニンの兄アレキサンドルは、六人の学生よりなる暗殺集団の一員として逮捕され（彼はダイナマイトの製造の役目を引き受けていた。「暗殺の美学」三一〇頁、三一九頁）死刑になっている。

＊3　「目的は手段を浄化しうるか」（前掲思想論集所収）六一～二頁。

以上のように人を暗殺やテロ（暴力主義）へと駆り立てるものの背景には、それを結びつける思想が決定的な役割を果たしている。もっとも善行にもその背景となる思想があることが確かめられる。その思想とは宗教的なものもあれば、著名人の箴言や格言、倫理書などもある。後者では宗教、哲学、思想などの言葉を別の言葉に言い換えてあらわしたものも含まれる。こうした思想の原初は何か、言い換えれば、思想の最も古い元となったものは何か、それは何よりも言葉であらわされるだろう。そしてその言葉の効用と、それが持つ反面（反対のもの、対立をあらわすこと）への認識、それが最初ではないか、と私は思う。ではそれは何か、これを言う前に、それは物に対してか（事物か）、それとも事柄に対してか（事象か）、前者は物と言葉は、完全とはいえないがほぼ物の表象と対象とは一致するものである。しかし後者は対象が事柄であるだけに、しかし表象が時と所によって変化する（物の姿形のように一定していない）ため必ずしも一致しないばかりか、再表象とのギャップも出てくる。しかも強くあらわれることもある。この変化変動には秩序か、規則か、あるいは規定が必要になるだろう。それをそうするのが思想である。*

＊　プラトンの「ピレボス」にその辺の指摘がある。「たましいがたましいだけで、しばしば自分と混合（＝ここでは「快と苦の混合★」二七七頁）を行なうことがある」（二七八頁）と。

★　訳者も計りかねているところ。他でも述べているが、それは快と苦を精神的な、ここで言う「たましい」の、それを「自分と混合」と言っているのは、身体的な快楽と苦痛を指しているものと思われる。

言葉の介入は必然的だろうが、右をもっと簡潔に、①事物事象（対象）、②言葉、③再表象としよう。だが、ここでは最初は一体何か、ということであった。これは何でもよい、それは何が最初であってもよい、なぜなら言葉は何百何千とあっただろうから、いや最初は一つの言葉から始まったと想定できないことではないので、それが最初ということになるのではないか、別の考え方もできる。それは最初にした方が都合がいい場合である。

そのよい例が新旧の聖書ではないかと思う。まず②言葉は「はじめに言があった。言は神と共にあった。言は神であった」（「ヨハネによる福音書」第一章）が、③の再表象は原罪説（「創世記」第三章）が、そして①の事象が「出エジプト記」第三章（神の「言葉」）に対応するものと思われる。特に②と③は、認識を得ることへの戒め（自戒）の念が込められている。その理由が人間が言葉をつくるだけでなく、その言葉を自由に操り、空想や想像をするように何もない（経験もしていない、見たことも、感じたことも、味わったこともない）ことを言葉であらわす、（自分に対して）嘘をつくことができ、しかもその嘘で人を騙すことさえできるようになったからである。

以上はこれから考える上での一片に過ぎない。原罪説（堕罪説）は極めて巧妙につくられた神話である。というのは①強調するところと②隠蔽するところの二つがあって、後者は前者を補強するための役割も担っているからである。そして強調すべきは明らかに神に従え、である。原罪説は神から食べてはならないと言われた善悪を知る木の実を（禁断の木の実）を、エバがヘビに誘惑されて食べたことによる。善悪とは元来ヘブル語で「すべてのこと」を意味するようである。[*1]「善悪を知る知識の木」[*2]とも呼ばれている。①は神が禁じたことを破った罪が原罪となったことである。②は①につながるヘビの誘惑がポイントになっている。表向きは理解しやすい悪への示唆である。隠蔽されたのはその真の意味である。ヘビは不安、誘惑はその言葉である。ヘビを悪に仕立てる[*3]ことにより、不安そのものを表面化しないようにした、つまり隠蔽してしまった、というのが私の考えである。ヘビがあの暗い不気味な深淵（本項二七〇～二頁）だったことは、紛れもなくこれが不安を指している。ヘビは忌み嫌われる悪を象徴する比喩であるから、不安もそのように考えられた。しかしこのとき「不安」はなかった。「不安」という意識、自覚はなく、あの暗い不気味な深淵がそれだった。その不安をそっくり胸のうちに収めた（仕舞った）のが神である。神に祈れば不安は軽くなったし、[*4]場合によっては解放された。これは神の成したことではない。口に出して言うことで、その不安が客観視（自覚）されたことによる、つまり自然がしたことである。自分で自分を解放したのである。もし神が関与したとするなら、それは自分の口からその状況を告白したことだけである。それにしても自分で行なったことに違いはない。

＊1　小田垣雅也「キリスト教の歴史」二一〇頁、講談社学術文庫、一九九五年。

＊2　ヘーゲル「小論理学」上、一二八頁。

＊3　西洋の映画やテレビドラマを見て気付くのは、役には善と悪が明確になるように割り振られているということである。善は一方的に善である（文句なく善である）。悪も同じように悪である。悪が善になることは決してない。戦前戦中のアメリカの戦争プロパガンダはこれを利用して、日本を悪玉に仕立てた映像を流し、若者を戦争に駆り立てた。

＊4　フォイエルバッハは「キリスト教の本質」で「キリストのなかでは魂のあらゆる不安が消滅してしまっている」「すなわちキリストは眼に見える神性である」（上、二九六頁）と述べている。

普段の生活、それは平穏で滞りのない日々を送れることであった。自然の荒々しい場面を経験していなかったら、恐らく平穏で滞りのない日々を送ることへの普段の生活に何も思うことはなかったろう。無論平穏も滞りのない日々という言葉も生れなかった。人々が避けて通れないのが自然との対応である。人間が集団化し、人間と人間との関係も難しい場面があったかもしれない。（それは今日でも見られる通りであるが）自然とは食料の確保、いわば生きていくための手段（糧）を得る場である。人間とは離れればその相手は目の前から消えていなくなる。しかし自然は（人間が）生きていくために、どうしても付き合っていかねばならない相手である。その自然が時折見せる荒々しさにも当然相手にしなければならない。その自然の見せる荒々しさ（地震、嵐、洪水、竜巻、津波、酷暑、酷寒など）に対し人々が感じることというと、それは否定的なものにならざるを得ない。しかしその荒々しさがなくなったり、減少したりすれば、先の状態つまりこれが普段の生活ということになるのだが、それに対する平穏、滞りのない日々という言葉は、この経験（荒々しい自然の経験）がなかったら、付けられ（つくられ）なかっただろうということである。

この「否定的なもの」というのは、自然の見せる荒々しさという直接的な経験だけを否定的なものとするのではない、（むしろ）別の局面を人間は経験するようになる。それはその経験を再び表象する（記憶を呼び戻す）ということだけでなく、そのときの否定的なことを再燃させることになる。過去の否定的な感情が再びよみがえる。それだけでなく、それをさらに悪く（増幅）することもできるし、遣り過ごすことも、解消しようとすることもできる。

エバもアダムも認識（善悪を知ること）を得ることになったが、それは自然（自然のまま生きること）から離脱することを意味した。

ここで少しおさらいをしておきたい。「大前提」（これに関連する「世紀の大逆転」については「用語集」⑥）で述べたことは、肯定的（あるもの）、否定的（あらぬもの）が、ある（肯定）、あらぬ（否定）になったこと。あるものが、◎ある（存在＝神）ともの（物）、と◎ある（存在）ともの（神霊）に、あらぬものが、◎あらぬ（非存在＝非神）ともの（物）、と◎あらぬ（非存在）ともの（神霊）になったことである。言葉の怖さを知り、言葉に慎重な日本人（別な言い方をするなら言葉の扱いに慣れていない）といかにも対照的である。

誰でも、そう思うと思うものが個人的、主観的、特殊とされてしまうと、この思いは、反対の普遍、一般などから見て数段下位（劣った下位）の立場にしかなれない（位置づけられない）のではないかと考えてしまうのではなかろうか。その代表が感覚（感情）、経験である。しかし聖書に見るように、最初は感覚に負っている。もちろんこれは私の考え（見方）だから、それは個人的見解、客観性なしと断言されるかもわからない。であるなら、聖書自体を神話と考える者にとって、この全体を客観性を持ったものとすることはできない。従ってこの批判は当らないことになる。なぜなら神話をどう解釈しようが神話自体を否定する者にとってどうでもいいことだからである。

哲学は神話の否定（批判）から始まった。[*1] もちろん時代的にみて聖書は哲学より後に出てきたものだから、これは聖書を対象とするものではない。ここで再び驚異と不安のことを取り上げたい。

A　驚異は畏怖を背景として哲学、宗教（ユダヤ、キリスト教）、科学へと結びつく感情、

B　不安は哲学以前の自然学、神話、宗教（自然宗教）と結びつく感情、という区別を設けたい。

Aの科学は、哲学とユダヤ、キリスト教の副産物であって、そういう傾向はアリストテレス哲学に

も色濃く含まれていたが、スコラ哲学、近世の宗教後退の結果として生じた。[*2] さらにAの畏怖は、実は不安が隠蔽されているが、ついに対象化されなかった。それを対象化したのは心理学（科学と自称しているようだが）である。Bの不安こそAによって隠され無理やり人間の内から外へ、つまり宗教へ追いやられたものである。Bは連綿と続き今日に至っている。［自覚の段階から知覚の段階へと進みつつある。］

このことから不安は驚異において畏怖という形を取りながら、負の烙印を押され宗教（ユダヤ、キリスト教）へ押し遣られた。このことは「原罪説」で説明した。以上これまでも述べたことをおさらいした。

［結論］新渡戸稲造の言った日本人の弱点（訓練不足）は「形而上学」にある。言い換えると抽象的思考の弱点で、これは今後教育の現場で鍛えなければならない重要課題である。これが、彼が言い残した言葉の意味「予言」だと思う。自国民のためではなく、対外的なもののために学ぶ必要がある。外国との交渉、外交、契約、取説、その他様々な事柄に役立つだろう。

＊1　哲学し始めたのは、自分が自然や神話に対して無知であることから「脱却せんがため」であった。なお無知の自覚はそれらに抱いた疑惑や驚異によるものである。（アリストテレス「形而上学」上、二八頁）

＊2　科学はキリスト教より生じたように、一般に言われている。それはキリスト教文化圏から生じたがキリスト教とは関係ない。ヘーゲルは「ニュートンの物理学が自然哲学と名づけられていた」（「小論理学」上、七二頁）と述べている。このように科学が哲学であったり、哲学から生じたものであることは明らかである。あたかもキリスト教から誕生したかのように思い込んでいる人が相当根強くあるが、これは誤りである。フォイエルバッハは言っている。「真実の宗教的なキリスト教は科学的で物質的な文化のためのどんな原理もど

んな動機も自分のなかにもっていない」（「キリスト教の本質」下、一九四頁）。また「もし近代のキリスト教徒が近代の諸民族の芸術と科学とをキリスト教の産物として誇ったりするならば、そのときは彼らはどんなに『恥しらず』であることだろう！」（同、一九五頁）と。

◉コラム２「運について」

タイトルは運だが、その運にしても西洋との違いがあるようだ。

今自分がこうしているのは（仕事、クラス、財産など）運が八〇パーセント以上占めている。（本書、思想）思い巡らせば、他人から支えられていること、また他人を支えていること、どちらかといえば前者が胸に迫ってくる。そうして今の自分があること、その八〇パーセント以上が運だというのである。これは経験的にも言えると思う。ただしこういう経験は思想にならない。そういうものとして受け容れるか、俗論として等閑視するかである。西洋では（神の）摂理とか、恩寵の光（超自然的な啓示）とかがそうで、他人、周囲にいる人（職場、地域、家族）の支えを言っている話は余り聞かない。運はやはり他人に支えられていることにあるのではなかろうか。私はそれが健全な考え方だと思う。

◉コラム３「言葉と文字の成立ち」

多くの民族が混淆した。その統一語なのが原住民の言葉だったか定かではないが、外来者（渡来人）もその言葉を用いたことからして、その多くの民族それぞれの目的は支配ではなかったろう（もちろんそうと見せかける手口も否定しているわけではないが）と思われる。四方を海に囲まれており、海が防波堤となって、人々は平和で豊かな暮らしをしていた。それが破れたのはざっと思いつくもので元寇（蒙古襲来、文永・弘安の役）と、明治維新（黒船来航）、そして先の戦争の三つがある。

こうした平和で楽園的な土地から「正直の頭に神宿る」という俚諺《りげん》が生れる。手練手管に長けた人間も正直な人間には適わないと考えられた。そのときは騙せても、その騙したことから来る良心の呵責に耐えられず、二度と同じことを繰り返さなくなるからだ。ただしこれは日本のような同じ土地に住む人間に当てはまるのであって、その人間や多くの他の者も含め支配し利益を得ようとする悪人には通用しない。最初からその目的をもって人々を欺く、これは手段に過ぎないからである。同じ土地に住む人々に通用するものが、他の民族や国に通用しないことは、譬えは悪いが悪人の場合と同様である。この場合は同じ方法で対抗するしかない。そして自らの行為を悟らせるしかない。（万人共通の）理性に訴える方法しかない。これが不得手であることは、もともとそういうはかりごとに長けていないし、経験が不足している（人によっては生涯ない）からである。地続きで外敵に常に晒されているところでは、常に対抗する手段や方法が考えられ行われているので、自然にそれらを身に付けていくことになる。そういう民族や国との外交交渉に障害が出るのは、こうした背景を考えないと理解しづらい。対外的なことも、まず国内の統一があってはじめて考えられることである。そのため、外来の思想に頼ることになる。なぜなら自らの国ではそういうものの必要が余りなかったから、ごく卑近な方法で（例えば、家族の長が家族のまとめ役になるようなもの）行われていたに過ぎない。

律令制も仏教、儒教もこうした必要から取り入れたもので（例えば聖徳太子の制定した六〇四年発布の憲法十七条）、人口が増え、曲がりなりにも支配的体裁を繕うには、こういうものを借りてつくるしかなかった。中心になったのは渡来人やすでに混血した人々のなかから選ばれた人が当ったと思われる。使節（隋や唐に派遣された人）のなかに渡来人の子孫が含まれていることからもわかる。（例えば高向玄理）とにかく律令制も仏教、儒教も国をまとめるために止むを得ず取り入れたのである。

文字はこうしたなかで、こうしたものの文章から日本語に取り込まれた。日本語自体も外来の文字を当てた。こうしたことから日本のこのやり方は、当初より借り物で終始しており、模倣する形を取ったことから、模倣の文化と呼ばれることがある。独自性のない、創造性に乏しい、猿真似の得意な民族と揶揄される所以はここにある。が果たしてこの通りなのか？　確かにことの事情は日本の側にあるが、ここで問われていることを分析してみるのも、そうであるかどうか見極めるのに役立つはずである。*

＊　文字の創始と自然のもたらすものとの関係は、「前史」一七七～八〇頁と図2参照。

日本人は自然においてアナログ、存在においてはデジタル的な考え方をする。存在《ある》は「ある」であり、非存在（あらぬ）は「あらぬ」であることを、そうとなれば比較的明確にそうすることが容易にできるようである。それは禍と福の区別がつくことによるのではないかと思う。

自然においてアナログというのは、自然に対して柔軟であるということを意味する。これに対して非自然的なもの、科学技術と自然との区別から、科学技術が禍に転じたとき、自然のもたらすものとは比較にならないほどシビアである。自然は生物が死ぬと土に帰るように自然に戻る。

これに対して科学技術がつくるシステム、機械、化学物質などは簡単に自然に戻らないし、戻らないと見なしてもよいものもある。例えばインターネットやケイタイ、スマホなどの通信手段がある。もはや個人では生活必需品の一部となり、企業、団体、地方、国では通常の業務、運営に欠かせないものとなっている。高速鉄道、クルマ、ジェット旅客機などの移動手段も、早くて便利で快適さを追求したものになっており、歩くという自然の行為を忘れさせるほどになってしまった。タバコやジュースのために近所のコンビにまでクルマで行くことを自嘲的に話す人がいかに多いか、それを物語っている。その他化学製品がある。いわゆる合成樹脂（プラスチック）や化学繊維（合成繊維）、合成ゴムの類は、再利用されるものは別として自然に戻らない。原子力発電所（原発）はその見本であろう。そのため自然災害とは異なり反発が強い。原発は放射性元素の核分裂反応をコントロールすることで熱エネルギーを取り出し、それを高圧の蒸気に変え、タービンを回して電気を起こす設備である。高度な様々な技術やシステムで構成されているが、普通のプラントであることも原発では絶対に許されない事故、さらに地震や津波などによる外部からの影響も甚大になる可能性があることも考えると、かなり際どいところで運用されていることがわかる。（東日本大震災で起こった福島県の東京電力の原発事故はそれを実証した。）原発に使用されるウランやプルトニウムの寿命は気が遠くなるほど長期である。それに比べ原発の寿命（耐用年数）は驚くほど短い。運用に当たっては当然燃えカスや放射能で汚染された物質（ゴミ）が出る。さらに廃炉ではそれ以上の放射能による大量の汚染物質が出る。これらは家庭から出るゴミのようには扱えない。危険でなくなるまで自然には戻せないのである。

ここに容赦がないのは余りにも当然ではなかろうか。原発は完成した技術ではないことも「反発」に拍車を掛けている。

これまで働いてきた機械に感謝するのは、その機械が働いてつくり出した物が人々の生活に役立つものだったからで、その機械がスクラップになるそれまでの働きに、関係者が感謝して頭を下げるのである。その機械が擬人化されているのも、神霊（魂）が宿っていると考えられているからである。（以上本項冒頭の解釈）人々に危害を加えるもの（同じ機械でも原発のように）ではないからである。

「日本人の思想」とは対西洋として考えられる。日本人が哲学や思想、科学のなかで西洋に由来しているものに対して考えるということである。日本語の同音異義*、心地よい響きの言葉（和語）、表現のやわらかさ、柔和さなどは、古代時代を想像させる。言葉に厳しい表現、他との違い、差異を強く意識した言葉、例えば漢語と比べてみたらいい。漢語にはそれだけではなく、奇を衒ったような、日常全く使わないような言葉が非常に多い。

* 日本語に同音異義語が多いのはなぜか？　なおここで述べるのは古代日本であって、コトバが文字化する前後の話である。規定①（また②のa、c、⑥など）によって、日本語（コトバ）はコトバにする要因がそもそも多くなかった。それだけの要因を抱える状況になかったとも言える。ごく限られたコトバで用が足りていた。のどかな古代日本の様子がありありと目に浮かぶようである。他方、多民族であったために最大公約数的なコトバでしか流通していなかったとも言えなくもない。そこへ漢字が入ってくると、それに日本語（コトバ）を当てることになる。その経緯はよくわからないが、要は漢字を当てる必要があったということである。それが一巡すると（これ自体はその後も続くのだが）併行するように当て字[◎1]が生じ、さらに国字[◎2]（和字、かな文字）がつくられることになる。なお日本語（文字）が漢字由来であることを気にする人がい

るかもしれないが、西洋の文字とて前一五世紀以前に成立したフェニキア―アルファベットをギリシア人が改良したものを元につくったものである。[◎3] 日本語の文字の成立事情のなかでも、とりわけかな文字は表意文字の漢字を元につくった表音文字であることは特筆に値する。つまりその文字の成立の経緯は日本語、西洋語とも（また他の同じルーツを持つ言語とも）同じであって、気にする必要はまったくないということである。

◎1　①意味に関係なく読み方によって、また②意味が似ていることによって、それらに漢字を当てたもの。①目出度い（めでたい）、亜細亜（アジア）、矢鱈（やたら）、②海苔（のり）、田舎（いなか）、煙草（たばこ）など。

◎2　日本語（コトバ）の意味にもっとも近づけるために、その意味に近い漢字の旁（つくり）と偏（へん）を使い合成してつくったもの。峠（とうげ）、裃（かみしも）、畑（はたけ）など。例として挙げた言葉は◎1とも〈学辞〉より。

◎3　これがローマ人に影響を与え、ヨーロッパ各地に広まったのがラテン・アルファベットである。はじめ二十一字、前一世紀には二十三字、中世半ばごろIからJ、VからU、Wが分離して二十六文字になった。世界史辞典（旺文社）の「文字の歴史」四九一頁、「アルファベット」二十六頁、各項より。

その伝統がずっと今日まで続いているということの理由に、地政学的なものもあるにはあるが、その条件として自然の豊かさが筆頭に挙げられるのではないかと思う。しかも、デジタル化の波に簡単に乗れる、アナログと共存することでも、その柔軟な受容性は自然とその見方考え方、つまり福禍の思想に由来していると思われる。

しかしただ受容する時代は終っている。世界が日本化するというとぎょっとする人がいるかもしれないが、もし世界に真の平和が訪れ、人々の貧困が少なくなり、生存の条件が平準化されたあかつきには（それまでは長い地道な努力と、多くの人々の協力、支援、時間が必要だが）、そのとき日本という国柄と日本の歩んだ道が、大いに参考になると断言できる。

日本人が不安を意識したのは、先述したように蒙古襲来（元寇、鎌倉中期、一二七四年と八一年）と明治維新（黒船来航、一八五三年）、それに大東亜戦争（一九四一年）の三つである。しかし実質的な不安は、翻訳を通して入ってきた明治以降のことで、一般人を巻き込んだ本格的なものだった。それまで日本人は（西洋的な）不安を知らなかった。蒙古襲来は一般人にまで及んでおらず、権力側の一部の人を除き半ば忘れられていた。大東亜戦争こそ、西洋が日本に対して不安を煽り、不安に乗じて起こした西洋対日本という対立を顕著に映し出した戦いだった。[*]

＊　これを具体的に言うとこうなる。過去、ヨーロッパにおけるゲルマン人の大移動（この移動のなかで西ローマ帝国は滅亡するのだが）の原因をつくった四世紀のフン族（ハンガリー［フンガリア］の名称の由来。第二次世界大戦勃発後タイ、ブルガリアと共に日本、ドイツ、イタリアの枢軸国側についた）や、ロシアを十三世紀から二世紀間支配したモンゴル人（モンゴル帝国を築いた）などアジアの民族がいた。当時日本の軍隊は世界最強だったが、日中戦争やＡＢＣＤライン（アメリカ、イギリス、中国、オランダなどによる経済制裁）包囲網などで苦境に立たされていた。もはやこれを打開する道として残されているのは次なる戦争（大東亜戦争）しかなかった。そして戦争がいかに悲惨な結果を招くか、日本軍の玉砕、特攻、米軍機の原爆、焼夷弾の無差別投下などで焦土と化した国土、非戦闘員である国民の死など多大な犠牲を払うことによって、自らそれを世界に示したのである。その結果、西洋列強の世界支配（植民地化、経済収奪）は崩壊した。別な言い方をすれば、日本軍と日本の国民の戦争史上類例のない民族滅亡寸前まで戦うという抵抗と、敵味方双方のその犠牲のあまりの多さに圧倒されて、世界は初めて戦争の愚かさに気付いたのである。しかし次

の戦争が始まっている。テロである。これはもう明らかに経済格差、はっきり言えば貧困が原因である。貧困が民族、宗教、宗派、国対国の戦争に転嫁されているのである。しかし内実は貧困が解消されず、それが永遠に続くと見られていることから生じるのである。もはやそれは絶望的な域に達している。（他で述べているように、もはや先進国には到底追いつけないほど引き離されているという絶望感もその一つだろう。）だから法の支配や命の尊厳などを無視した手段を選ばない無差別テロ（その絶望感によって、もし宗教にその矛先が向かうとどうなるか。それによって「自らつくり出す」無秩序によって、これまでの「支配」秩序を破壊するというアナーキーな考えや、救いようのない彼岸への憧れ、もっと砕いて言えば「破れかぶれ」になってしまうのではなかろうか。それが今まさに現実的なった、と。）へとつながったのだと思われる。日本は、総力戦による世界戦争を終わらせた。しかし今、世界は次の戦争、これまで経験したことのない戦争（無差別テロ）に備えねばならないと同時に、また世界的視野に立ち貧困撲滅について真剣に考えねばならない時に来ている。

◉日本の針路

最後に「日本の針路」という、ちょっとおこがましい表題で一言述べたいと思う。

禍福の思想は換言すれば、自然において（日本は南北に長い列島だが）人は平等の恵みを受けるということ、これが日本の経済、社会、政治に生かされているが、この構造が変わるとどうなるか、自らの進路はこの古来のよさの踏襲という考え方ができるかどうかということにかかっていると思われる。

その世界化（自然の元での平等という思想の普及）が日本化を直ちに意味していないのは、先述の通り貧困の撲滅に加え、教育、医療、交通などのインフラ、経済発展など様々な、問題がクリアされてはじめて可能だということからである。当の日本が貧困化を進め、教育の機会や創造力を奪ったりしたら、もうそれどころではないことは余りにも明らかで、むしろ日本の再生のほうが問題となろう。以前（十年くらい前）、作家のS氏がS紙上において、日本は天国にもっとも近い国と書いていたことを思い出す。

ただ今の国家財政は極度に悪い（海外資産があるとはいえ）、貧困化が目立つし、教育も自殺者が出るほど荒廃している。また犯罪も凶悪なものが増えている。テロの脅威も出てきた。こうしたなかで私がもっとも訴えたいのは、エネルギーの問題である。日本の輸入の多くを占めているのがエネルギーである石油、石炭、天然ガスである。防衛も、生活も、財政も、ここに問題の元があるように思える。言いたいことは、このエネルギーが自前で何とかならないかということである。なぜ予算を新エネルギーの開発に投じないのか、バイオマス、太陽、風力などの自然エネルギーの低コスト化がネックで日本は輸入に頼るしか方法がないと諦めているのではないか。

私が今もっとも注目するのは、自然にも食料にする食物にも厄介者である雑草や藻（水草、海藻）をエネルギーに換えるバイオテクノロジーという技術である。これらは繁殖力が強いからすぐにはびこるのだから、エネルギーを秘めているはずである。すでに試験的には実現しているが、今のところコストが合わない。これをどうするか、である。北海道や東北、九州でも使用されていない更地、沼地、過疎地がかなりある。これらの土地を利用して草、藻を生やし、それを原料に、しかもそれも大規模にやることによって、徹底的にコストを下げる、そういう方法もあるのではないか*。海の底深くに眠っている石油、メタンハイドレートを発掘するのも別の方法としてあるのも認める。が今はそれも含めてもいいが、とにかく自前でエネルギーを賄うことに、関係者全員の力を結集する。宇宙も、再生医療も、ロボットも無視してよいというのではない、生活（生存）の基礎であるエネルギーを自らのものにするということに、数年掛けても全力を尽くすということを私は言いたいのである。

＊　日本の国土は、稲作や野菜、果物などをつくる畑などのためにごくわずかの土地しか使われていない。今右にあ挙げた土地は人のいない半ば放置された土地である。少子高齢化で人口減少の進む過疎地はますます増えていくばかりである。農業から離れていく若者、後継者のいなくなった田や畑が、作物のつくれない無残な土地になっていく。こういう土地を新エネルギーのために利用することは、新しい雇用を生み、そして新しい村や町に発展する可能性がある。従事者で人口が増え、家族ができ、学校や病院が建てられ、新エネルギーに関連する産業が育つからである。国もこれを後押ししなければならない。子育て支援、学費の無料化、給付型奨学金、低所得者への給付など、持たざる者への支援に傾いている現状は、これははっきり言って貧困対策で、国の借金を増やし、結局後の世代がその借金を払うことになるから、これらは一時しのぎの策に過ぎない。こういうことではなく国は富を創設することに頭を使うべきである。現状では国会議員や官僚の器量が小さく、そういう期待が持てないことがむしろ心配になる。思えば戦後の教育を受けた人が今の日本を指導しているわけで、やはり教育はとてつもなく重要であると考えざるを得ない。

◉最後に

S氏は、日本をもっとも天国に近い国と、どちらかというと情緒的に言ったが、私に言わせると、エネルギー問題が解決すれば、名実ともにそうなると確信する。繰り返すが、今必要なのは、原始的と思われるかもしれないが、生存（国も個人も）にもっとも重要なエネルギーの確保、それを自前でつくるということである。国産ロケット、国産旅客機、国産医療機器、国産の何々と、国産にこだわ

る この国が、国産のエネルギーになぜ関心を持たないのか不思議でならない。（先述の「諦め説」が有力だが）もしこれが実現すれば、産業界も余裕をもって品質の高い製品をそれに見合った価格で輸出できるし、海外に出て行った企業も日本に復帰し失業者も全員就労、医療費、教育費はすべて無料、無税の国になれる可能性もある。[*] これはエネルギー問題が解決すれば、の話で、産業界も今払っている努力を忘れず、国も平等な社会を維持するというのが前提条件である。企業の海外流出を防ぎ、海外からの進出を促すために法人税を安くするとか、医療費を削減することで社会保障費を抑制するとか、税制をいじり、法律を改正して規制緩和を行なうとか、また産業界では、たかだか話をする道具に過ぎない機器にいろいろサービスを付けるとか（まるで新しい市場をつくっていると錯覚している）、そんなちょこまかとした技術に精を出すのではなく、それらをすべて凌駕してしまうのがエネルギーであることを信じて、数年かけてコストの見合う新エネルギー開発に全力を挙げること、これが今もっともこの日本に求められることだと私は思う。新幹線とインスタントラーメンだけが日本の最大の発明だろうか。そんなはずはない。これが私の提言でもある「日本の針路」である。

＊ 夢のような話かもしれない。しかしこれを実行しようという意欲、強い意志は全国民に伝わる。非正規労働者を利用して企業は潤っている。手元の余裕資金は増えていく一方である。国も器量が小さくなっているのと同様、産業界も事業内容の展開の仕方を見る限り目先の利益を追っているだけで、長期の展望はどこへやらという印象を受ける。（この例は最近いくつかの大企業で見られる通りである。）何の根拠もなしにアドバルーンを上げよと言うのではない。しっかりした目標を持つだけで国も国民も見違えるほど活気づくことを言いたいのである。（戦後の目覚ましいほどの復興は確かな目標があったからこそ、官民挙げて成し遂げたのではなかったか。）現状は、重箱の隅を楊枝でほじくるようなことばかり、なぜもっと大胆に、税や医

療費の負担を半減するとか、消費税をなくすとか言えないのか、財源をどうするか、がその最大のネックになっているからである。その財源がエネルギーの問題の解消によって得られるとしたら、以上の話は最低でもクリアできるだろう。だから初めから実現不可能なことを実行できる言っては駄目であるが、それを可能にする努力を結集させることは言えるはずである。結果がどうなるか、やってもいないことを、やっても無駄という人が多いから、これはいつまでも実行されないのである。国、産業界とも器量が小さくなっており、言い出しっぺに責任が及ぶことを恐れる、そういう人ばかりだからである。最近戦後日本をつくった人が話題になったり本になったりしているが、いまそういう人が求められているから、そういう現象が起きているのである。多くの人々が、そういう人物（言い出しっぺ）の出現を待望しているのである。

最後に、巻末の図2を見てほしい。西洋人はこの図の（2）、日本人はこの図の（1）と考えると、見えてくるものがあるのではないか。物事を否定的に捉える西洋人に対して、日本人は肯定的に捉える。本来は楽天的な民族なのである。それが思想や歴史において曲げられている。例えば否定弁証法や否定神学など否定を強調する思想、人間は生まれながら罪を背負っている、堕落しているという原罪（堕落）説を否が応でも認めざるを得ない宗教的環境、これによる性悪説に立つ人間観を持つ西洋人、それに対し日本人はいかにも大らかである。（もっとも、犯罪に甘い、外交的な交渉が下手、誠実さへの過度の信頼［利益と信頼関係との区別が不分別］など、法や理性による認識に弱点があるが。）読者のみなさんにもう一度、日本人の思想、歴史（私のは心情的なものだが）を見直してほしいと願うばかりである。

用語集　1

ここでは個々の用語のことではなく、どのような用語がどのような要領で説明されるかがポイントとなる。「関係」において個々の用語*は重要と思われる。（関係する用語は2から始まる。）

* 日本の哲学用語のほとんど、芸術、文化、科学、化学、技術などの語も、社会や自然nature、心理学も、またそれらの学問で用いられる用語のほとんども西洋語の翻訳語である。

（一）そもそも西洋語の翻訳語であるものが多いのであるから、もう最初から内容に齟齬が出てくるのは自然である。それは漢語でも同じだが、日本語化しているもの、なかには国字化しているものもあるので、日本語として定着したものと考えてよいが、それと比べるとここで出てくる用語は、まだ定着までには至っていない語が多いということは言えると思う。そのなかからいくつか選んでみたいと思う。（二）理性、思考、認識、概念、観念、言葉、感覚、感情、知性（悟性）、自然、世界、宇宙、人（人類、人間）などがある。以上は各概要においても使用頻度の高いもので、表題にも使われており、ここで再度取り上げるのも重複した印象を持たれる可能性がある。（三）むしろ例えば、「これらの個々の関係」に力点を置いたものにすれば、まったく別の性格のものと見ることができるだろう。ここは「用語集」の必要が何かで、その前提となるところの考え方なので、あえて述べた次第である。(四) 用語 (=言葉) は、結局言葉の問題に集約される。その言葉がロゴスとしては神、概念、理論、思考力などの意味もあることから、重大なものを言葉に寄せていたことがわかるのである。世界理性、神の言、日本ではよく言霊 (ことだま) が強調される。(言霊の幸 [さき] わう国=日本)

規定 (限定) は否定である[*1] (スピノザ) の「否定」の由来を考えてみる。これは肯定―否定/存在―非存在/主体―対象/主観―客観、さらに、以上のものと異質と受け取られそうな不安―安らかとの関係から生じてくるように思われる。

規定することは、それと関係する他の少なくとも一つが必要になるが、それが否定されることにより、規定はその限りで決定される。(「大前提」六六〜七頁参照)

これが「言葉」自体に、その本来性としてあるものの性格である。必ず言葉はその反対のものからつくられるような形を表面的に取っているように表現される。何しろ言葉は使用からしてそうなのであるから、規定などというもっと厳格に扱う場合、これが顕著になる。(否定的な感覚 [規定② c])

確かパースは「実在」の見極めは、落ち着くところへ落ち着くことと言ったように思う。[*2] (否定することで落ち着く先が決まるのであれば、それはその落ち着くことが基準になっているということである。論理的にある実在の保証をいわば感覚が決めていることになる。プラトンやアリストテレスでは決してあり得ないことではなかろうか。)

*1 規定 (限定) は否定 (スピノザ) とは、ヘーゲルも多用するが、この否定はどのようにして否定なのか考えてみる。何かを規定するとき、まず既存のものを否定してかからぬと規定することはできない。とまず

もっとも妥当なところで、こういう表現をされることが普通だろうと思う。しかし一旦意識の側へ、自らの内に引き寄せてこれを考えると、少し違ったところが見えてくるのではないか。

＊2　パースは、「各人の特殊な事情によって異なるような不安定な存在と、おちつくべきところにおちついた存在とのあいだの区別」をした上でこう言っている。「こうして実在的なものとは、知識や推論がおそかれ早かれ最終的におちつく先であり、わたしやあなたの気まぐれに支配されないようなものである」（『論文集』一六三頁）と。

私の立場もほぼこれに近い。「不安」は、実存主義が初めて哲学的な意識に高めるということを示したのである。もしこれがなかったら、不安はまだどこかで漂流していたものと思われる。もちろん西洋語でも日本語の心配や懸念、気がかり、落ち着かなさという言葉が代用していたとみるべきだが。規定（否定、スピノザ）と感覚の関係を、落ち着かなさ（実在、パース）、動揺（有や定有、ヘーゲル）、多義性（様々な意味、ロゴス、古代ギリシアの哲学）などとの関係に見てきたところである。いわば感覚（感情、気分も入れて）が概念（論理的なもの）を規定していることをこれは示していることになるのではないか。[＊1] 次に肯定、否定がまさにその境を［規定と感覚の間を］決定づけているのではないか（決定づけていると思ってこれを書いているのだが）について説明することにする。

規定が否定であることに感覚の入り込む余地はないように思える。ところが否定は感覚であることを証明できれば、そうではないことになる。（当り前だが）「規定」②のｃですぐに解決してしまうが、これで満足する人はいないだろう。だからｂがあるのだが、これには事例が必要と思われる。それが不安なのであるが、ここでなぜ不安なのか、というのは他で言及しているが、ここでは不安がいわばモデルとして出てくるとだけ考えてもらいたい。[*2] 不安は感覚である。（感情でも気分でも変らない。）つまり、規定は否定であるから、概念は感覚が規定していることになる、というわけである。ヘーゲルは思想を思惟規定[*3]と言い換えてもいるが、わざわざ思惟を強調したのは、思想に感覚を介入させたくないためだけにそう呼んだのではない。[*4]

「なぜ不安なのか」、これだけの説明ではわからないだろうから、大方の要点だけ言うと、不安＝否定（的）、安らか＝肯定（的）を指している。ここにすでに感覚と規定の関係が出ている。それも原初的に、それがモデルになって、知覚や概念や思想が生じるのである。本書の理性が自然理性であることは、天変地異や自然必然性などを背景としているからである。[*5]

*1 もうすでにスピノザの規定（限定）で説明済みである。この例証としてフィヒテの「根源的自然力」がある。（フィヒテ「人間の使命」一一九頁、世界の名著43）これは、植物の形成力、動物の運動力、人間の思考力全体を指し、「人間形成力」さらに「自然一般」（一二三頁）とも呼ばれる。この過程は、まさしく感覚が概念に変わることを示している。というのも「根源的自然力は決して説明されるはずのものでも、また説明されうるものではない」（一一九頁）云々であり、「根源的自然力」はまさしく感覚（直観）そのものであって、その演繹が「人間形成力」であり「自然一般」という概念であるからである。このいわば「表象の演繹」をイポリットはフィヒテの「知識学」から引き出している。「この表象の演繹において、フィヒテは、常識を、直接的な感覚知から哲学的な自己認識にまで導こうとしている」と。（「イポリット」上、一〇頁）

*2 ざっとその輪郭だけ述べておこう。①不安はその実体が確認されていない。②不安は神出鬼没であること。（規定③⑨）。③思想は、説明のつかないところを説明しようとする。（見えないところ、考えられていないところを、見えるようにする、考えられるようにする。）④まだ確認されていないもの、未知のものはその存在をあらわそうとすれば、推測、想定、推論する手段しかない。ただ、その精度、もっともらしい、

真実らしい、真理に近い、本当らしい……ところに持っていくことで、それはそれらしくなっていく。自由、不死、物自体などに共通するものは、思考はできるが、しかし認識できない。③④⑤は①②だけでも、⑤神、他への展開する契機（そのモデル）になっているのである。

＊3　ヘーゲル「小論理学」上、一一七頁。

＊4　ヘーゲルは「精神哲学」のなかで「すべてのものは感覚のなかに存在している。そしてもし人々がそういいたければ、精神的な意識や理性のなかに現われるすべてのものは、それの起原・根源を感覚のなかにもっているといってもよい。なぜかといえば、起原とか根源とかは、或るものが最初に現われる際の最も直接的な様式以外の何物をも意味しないからである」（上、一五七頁）と述べている。なお、ここでは、感覚が概念を規定していることだけに注意して欲しい。ヘーゲルはこう言っている。［なお、以下で述べる「感覚」は少々ややこしいが「精神哲学」においては、主観的精神（主観的精神、客観的精神、絶対的精神の分類の一番目）の内の心（心、意識、精神の分類の一番目）、その心の内の自然的心（自然的心、感ずる心、現実的心の分類の一番目）、さらにその自然的心（自然的質、自然的変化、感覚の分類の三番目）の感覚を指している。］その感覚において「感覚する心」は「本性（自然）のなかに・心の基体的（実体的）存在のなかに含まれている諸規定を通して……自己を主観性（主体性）として・自分がもっているもろもろの直接的な規定の否定性として措定する」（上、一五四頁）と。自然的心は言わば原初的な精神であって、感覚に至るまで右に述べたように、自然的質と自然的変化を経ている。それが「本性（自然）のなかに……含まれている諸規定」であろう。その規定を「感覚する心」が否定することで「感覚するもの」（上、一五五頁）になるのである。本書で言う「無自覚の感覚」に相当するところだが、このプロセスは睡眠と覚醒の比喩で捉えられている。無自覚が睡眠（自然）、自覚が覚醒である。ここでも即自、対自、即自かつ対自の図式が睡眠、覚醒、両者の統一（感覚）という形であらわされている。

＊5　否定的や肯定的が前面に出ているので、存在と非存在の影が薄くなっているように見えるかもしれないが、それ以前の世界（前史）はこの二つ（肯定的と否定的）に依存しているからである。ちなみにジェイム

ズは「哲学の根本問題」（世界の名著59）で述べた「0から1を導きだす」（非存在から存在を導き出す）のに「$\frac{0}{0}=\frac{1-1}{1-1}=1$という式」を使い、またその反対（非存在）を導くのに「$+1-1=0$という簡単な方程式であらわす」（二八九頁）やり方では「満足を与えうるとは思われない」（同）内容であることは言うまでもないことであろう。これに関しては私見では以下のように考えている。問題は前者である。こういう式はあり得ない。各々は前者が「無」という「存在」を、後者が「有」という「非存在」をあらわしている、と。なお、これはヘーゲルの「大論理学」より有と無（存在と非存在）の考え方を捉えて述べたものである。

では不安はどうか。まず言葉自体の問題がある。この言葉は近代に入ってから出てきた言葉である。ではその感覚はどうか、すでに原初からその存在はあったものと認められる。しかし言葉がない以上確認はできない。神、自由、不死[*1]いずれもそういう経緯を辿っているように見える。これらは、認識することはできないが考えることはできる。そのためにカントは「信仰を容れる場所を得るために知識を除かねばならなかった[*2]」と述べている。信仰とは三つの内の神と不死であり、残りの自由はこれらの前提となるもの（先験的自由[*3]）である。不安と同じ「経緯」というのは、不安は当時でもよく（哲学的にという意味であるが）意識されていなかった。（快・不快、善・悪、幸・不幸、快・苦などは意識されているとしても。）意識されていればしなくともよい論理的言辞が必要でなくなる。私見では不安の三要件[*4]（動揺、自然必然性、この二つの経験）または規定②⑤⑥⑩などで説明できることである。ただカントら観念論者から見れば、これは自然主義、経験論、感覚主義として一蹴してしまうだろうが。

＊1　カントはこの三つを「実践理性の要請」と呼んでいる。（「実践理性」二六三〜七頁［二四六〜六三頁］、

「要請」の語については三三頁。）この三つは、元は古代哲学の形而上学より発し、中世のキリスト教の教義の哲学的体系として展開したものである。それは特殊形而上学と呼ばれ神学、宇宙論、心理学であった。

「神学」では神の存在が、「心理学」では人間の霊魂の不滅が、また「宇宙論」では因果必然の世界のただなかにおける人間の自由が論証される。（斎藤信治「哲学初歩」九四頁）

＊2　カント「純理」上、四三頁。ここをアーレントは「信仰」のために、を「思考」のために、「知識を除いた（「精神の生活」では「認識（知識）を拒絶」した）のではなく「認識から思考を分離したのだ」と読んでいる。（アーレント「精神の生活」上、一八頁、七五頁）この思考は、アーレントが「自己矛盾」と呼ぶカントの理性認識における思弁的思考を指している。★1 カントの綜合判断（直観と概念の綜合による認識）とは別に、超経験界を認識できるとする古い形而上学の思考に由来している。★2 カントの認識には分析判断と綜合判断があり、分析判断とは主語にあるものが述語にも含まれている判断、綜合判断とは主語にないものが述語に付け加えられる判断で、前者が認識を拡張しないのに対し、後者は拡張し得る。いずれも触発された感覚の現象界だけが認識できる。思弁的思考の対象である神、自由、不死への認識は不可能とされた。カントはこれを道徳哲学、つまり実践理性によって可能とした。（「純理」上、四三頁参照）

★1　アーレントが言うカントの「思弁的な思考と感覚的経験に由来する知の能力とを区別した」（「精神の生活」上、七四頁）の思弁的な思考とはこのことを指している。この区別は後者（知性能力）を「あらゆる思考は直観（真理＝アーレント）に到達するための手段にすぎない」（同、括弧内引用者）としていることにあらわされている。これはカントの「認識が対象に対してどのような仕方でいかなる手段によって到達しようとも、認識が対象に直接かかわり、手段としてのすべての思考がめざすものは直観である」（同、「純理」上、八六頁）によるものである。

★2　この認識とは、カントが「まるで空中を飛んでいる鳩が空気の障害さえなければもっと楽に飛べるだろうと考えるようなもの」として批評した「理性が感覚からの離脱によってのみイデヤのくもりない認識に到達することができると考えている」ソクラテスやプラトンのそれのことである。（「哲学初歩」三三頁、一三

二頁）

＊3　カントは次のように述べている。「自由の原因性は、自然法則に従ってこの原因性を時間的に規定するような別の原因にもはや支配されることがない、この意味において自由は純粋な先験的理念である。」（「純理」中、二〇六頁）「自由は確かに道徳的法則★の存在根拠（ratio essendi）であるが、しかしまた道徳的法則は自由の認識根拠（ratio cognoscendi）である」。（「実践理性」の注（＊）一八頁）

★　カントは次のように述べている。「道徳的法則は、いわば純粋理性の事実として我々に与えられている、そして我々は、この事実をア・プリオリに意識しているのである。」（「実践理性」一〇五頁）

＊4　自然必然性には生老病死や本能（食欲、性欲、睡眠欲）などがあるが、これと規定②⑩により不死と自由が、動揺と自然必然性とこれらの経験により神が招来される。たったこれだけか！　と目を剝く人がきっといることだろう。カントは「実践理性」一冊をまるまる使って説明し、「純理」にもこれに関連する記述が数多くあるというのに。これがそうなのは、本書が「経験的事実」を唯一の根拠にしているからである。私はカントが「理性の一切の関心（思弁的および実践的関心）」を、少々大仰と思える「1私は何を知り得るか、2私は何をなすべきか、3私は何を希望することが許されるか」（「純理」下、九七～八頁）という問いにまとめているようなことを最初から問題にしていない。私が考えたのは、むしろこれよりもこのことの前提となるものである。それが不安（前不安を含む）から、驚異と畏怖を契機としての哲学と宗教、そして不安を契機としての現実であった。つまり私は不安（同）がもたらしたものを、それ以前（前史）から考えており、それが思想になっていないことを問おうとしているのである。

不安は解決されていない、にもかかわらず不安は様々な機会に実に数多く語られている。よくわかっていないのにもかかわらずに、である。これはどういうことか、こういう事例として先の神、自由、不死などを挙げてみた。そしてここには共通したものがある。そしてその共通というのは、一つに倣っているのではないかということも述べた。その一つというのが「不安」と半ば断定したように言ったのである。

念頭に置く、主体として考える（述べる、論じる）、そういう表象を伴って何かを考え、推論し、説明する（証明する）（その理解の中で思考や認識は成立し、知識、言葉、思想となる）。

その念頭にあるもの、主体、表象が何かということが、その不明なところを説明するものなのだということである。

果してこれは納得の行くことなのか、それとも単なる空事（そらごと）か。

（一）概念がまだ完成されていない（完全でない）ものに付きものは何か。

（二）その不完全な概念から引き起こされるもの（説明、論述、結論など）は何か、というものと推定されるか。*

＊　完全、完成されたもの、という言葉は実際のものに対して理論的には上位にあるもの、より内容が充実したもの（完成度が高いもの）ということである。しかしここにはそれが実現可能なものなのかどうかは問われておらず、それを目標にしていることまでもそのなかに入れている。もしそれならその完全、完成されたものは手に入る可能性として、実現性を抜きにしては語れないものということになる。そういうものと、いわば理想としている以上実現は難しいことのなかで語れるもの、その状態を抜きにしては、実際のところその概念がどのレベルにあるかわからない、そのわからなさ、完成度がまだ低い段階からいつ完成へと行くか、その過程にいくつ段階があるかわからないが、どの段階にあるのか、完成の暁にはどうなるか、つまりその概念が実質的に完全なものになった場合、どうなるのかがわからなくてはならない。つまり最終的にどうなるかわかった上でないと、その段階がどの段階にあるのかわからないことになる。★

★規定③の「不安でないとき、不安がある」は極めて示唆的である。というのも最初の「不安であるとき」に戻るきっかけになるからである。◎ 表象を思想、概念に変えるというというのはまさにこのことを指していると考えられる。しかしこのことを言った当人が自覚していたかどうかわからない。例えば、有は無と同時に考えられている。（その逆もあり得る）無の否定から有が考えられている。（これは有の否定「と」しての無ともなり得るのだが。）過程はどこから考えられたか。理想（完全に完成した状態）から来ている。（起点と終点が明確になっている当然の考え方である。）こういう例はヘーゲルに留まらない。その例を数多く挙げることで、この右の文言の妥当性が明らかになるだろう。（各用語を個別に説明するのではなく、ある脈絡のある文章のなかでこれらを展開することで説明に代えるという手もあるように思える。）こうした例は偶然の一致なのだろうか。

◎読者は、規定③が繰り返し引き合いに出されるので辟易されているかもわからない。今回が最後である。この規定③が示唆しているものは、（一）主語と述語の転倒（倒置、転倒）、（二）反省と推理（カント、ヘーゲルを想起）、（三）同一哲学（フィヒテ、シェリング、ヘーゲルを想起）なかでもヘーゲルの場合。一般（普遍）が特殊（個別）を含むとする基本的な立場（『現象学』冒頭）、（四）ヘーゲルの有の起源（規定③には二つの表現の仕方がある。一つは本書の場合、もう一つはヘーゲルの場合で、前者は述語―主語、後者は主語―述語の形態を取っていること。有は「直接的な無規定」とされており、この主語の形態からしか出てこない。）さらに次のものも関係する。（一）不安は抽象的思考における感性的表象である。（規定⑧（二）規定①⑦⑩、図2、図5、表1に関係すること。なお、本書が規定③に多大な思想的評価を与えているのを奇異に感じている人がいるかもしれない。真実はこうである。一連の思考の過程の中で、私は奇妙なことに気付いた。それは、何かに似ているということであった。私は「現象学」や「小論理学」を読み直し、さらにサルトルの「存在と無」の文言を想起した。さらにパースやヘーゲルに影響を受けた哲学にも思いを馳せた。これはヘーゲルの思想の持つ根源的な何かである、と。それが規定③であり、度々引き合いに出した理由である。

◉内的存在は感覚にあって感覚させる主体として働く

内的存在が伴わないケースとしての受動的な感覚（いわゆる「知らせるだけの感覚」）が、一般に知られる感覚である。内的存在は様々な言葉、概念、観念を生じさせる。これらの仕組み、概念、真理など重要な言葉には、不安の正体がわかっていない状態で成立したものばかりである。つまり不安が完全に理解されれば、それらの言葉はもっと違ったものになったはずである。主体として働くということは主語として働くということである。（主体も主語も英語ではsubject）当然これには述語が伴う*。主体には何にでもなれる。要はその主体になる言葉がありさえすればよい。パーティーで幹事が主役のこともあれば、料理人が陰の主役と呼ばれたり、案内役の主婦やその子供、来賓の学校の先生が主役と、要は何が述語されるかにより、主体たる主役（主語）が決まると同様である。主体には何にでもなれると述べたが、それにしては哲学や思想の世界では、自我や意識や自己が知性や理性が思惟を通して概念や観念、思惟の産物を駆使して他を圧倒し、例外を許さないとばかりにその優勢な座にあって睨みを利かせている。そこに内的存在が入り込める余地は全くないように見える。ましてや彼らの軽んじる貧しい知とされる感覚にあるというのだからなおさらであろう。しかし先に見たように（「図3―2」「思想」一二九～三四頁）、決してそうではなくむしろ彼ら以上に、その内容は概念や説明の仕方からも確かなもののように思える。比較すること自体尊大と思われようが、重要なのはそのあらゆる事物事象に対する問おうとする姿勢やその能力である。知性にしろ理性にしろ自らでそうすることはない。材料は他から持ってくるのであり、問いは他から働きかけられることによるのである。（ここに同一哲学や絶対知、神が想定される理由がある。）そのなかには感覚が入っている。いや感覚（＝直観）がほぼすべてと言ってもよい。その感覚の難しいところは、ある意味では知性や理性以上である。例えば規定③は論理学的には何ら問題はないが、感覚の立場からは少々厄介なところが出てくる。「不安であるとき、不安がない」は問題ないが、「不安でないとき、不安がある」は感覚に限定すると問題を抱える。というのもこれを少し変化させたヘーゲルの「現象学」の最初の方に見える「不安があるとき、不安でなく、不安がないとき、不安である」は最初が感覚ではじまるので、いずれも否定されることから、その通り全く問題はないように見える。ところが前者の後段「不安でないとき、不安がある」は感覚故に少々問題がある。

そこでこの件において三つの捉え方があるように思える。それが①不安自体否定を含むものであるから、それを否定すれば肯定になるというもの、②「不安でない」と「不安」がすでに意識されている、それが否定されていることによるもの、③「不安でない」と「不安」がすでに意識されている、それが否定されなくとも、「不安がある」事実は疑いがないことによるもの、この三つである。しかしこれでもまだ十分説明したとは言えない。何か（不十分さ）が残されている。（なお本書のほとんどは規定③の適用において展開されている。）論理学その他ではすんなり決まってしまうことでも、感覚ではそうはいかない例として挙げた次第である。（本項三〇四頁、注（＊の★と◎）参照）

＊　この述語が主語になることで主語が主体の他、新しい言葉（概念、観念、思惟の産物）をつくり出すことになる。（「思想」一二九〜三四頁）

これを例えば迷い、動揺（あるいは反対に感動、平静）でも同じことが言えるとしたら、「不安」である必要は、あるいは不安に特定する必然はないのではないかという疑問が生じたことも同様に説明しておかないと片手落ちになることを前に述べておいた。果たしてそうなのか、ここで決着をつけた方がよいかもしれない。

ごく少数派（私のような者）の規準になっているのが、前にあるように完全理解に至っていない不完全な意味の言葉である。しかも永遠に得られそうもないような内容しか得ていないことである。もし「迷い」や「動揺」に代えても同様の結論が得られるなら、このことはあえて「不安」を特定する必要はないことになるだろう。「迷い」も「動揺」も永遠に理解されないものとして扱っているものだろうか。「迷い」「動揺」は重要な言葉や概念をつくり出す規準になるものなのだろうか、現にそうなっているだろうか？

むしろ、不安に迷い、動揺が含まれる、不安の中に不安の関係あるものとしてある、と考えるのが妥当なのではないか。それ故に（関係があるために）上のような類似したものとして不安に代置できるものと考えられる可能性が問われたのではないだろうか。*

＊　「迷い」も「動揺」も、「将来不安」「健康不安」「生活不安」という用法をつくらない。「迷子」はあるが「迷い道」「迷い度」「動揺指数」などのように、何かわからないことへの指標的なものとして扱われる。具体的な何かに程度をあらわす規準の一つとして理解されているとも言える。しかし確かに不安と共通部分はある。それが私の理解では「含む」ということだが、照明の当て方によってはそれら（迷い、動揺）を照らし出すということは言えると思う。従って全く別のものとは言えないということになる。「含む」というのはそういう意味で、だ。

「不安」と「迷い」「動揺」の類似性について結論は「含む」であったが、これでも十分とは言えないかもしれない。規準となればやはりそれだけの説明が必要だからである。

原点に戻って、「生存」との親密性で測ったらどうか、あるいは不安の三要件（動揺、自然必然性、経験）と比べてみてはどうか、この方が結論は早いかもしれない。

2（関係編）

個々の用語は各種辞書で調べられる。しかし個々の関係、それも結びつきの強い用語同士の関係はやはり独特（緊密な）ものがある。それで、本書では次の関係する用語を選んだ。①表象とイメージ②同一哲学 ③感覚と感情 ④モデル、それまでの経緯、メタファー、表象、関連する表1、図3—2について ⑤内的存在と心（魂、精神）⑥世紀の大転換。（表2個別一般比較対照表参照）である。

①　表象とイメージ

表象とイメージは区別しなければならない。表象にはモノが伴うが、イメージにはそれがない、なくともイメージは可能である。「表象は一般に思想および概念の比喩とみることができる」[*1]と言ったヘーゲルは、それ以上の説明はしなかった。ここでわかるのは、思想や概念には表象が伴うということである。（これは重要なことで、この表象をイメージと翻訳されると先の区別がふいになってしまう。）そしてその表象は（思想や概念の）比喩というのであるが、その比喩とは「……のように」とか「……のような」とかであらわされるものである。例えばヘーゲルの概念である「定有」（定在）を取り上げてみる。これはただの有ではなく、何らかの有（何ものかであること）のことである。そして有が動揺した統一で、定有は動揺のない統一とされている。[*2] ここから「定有」という概念は、動揺をベースにして［動揺→分裂（対立）→統一］を繰り返しながら内容を変えていく表象から、「支柱なき不安動揺[*3]」とされる「生成」が、この場合自然を比喩として考えられているように思われる（読み取れる）。［「現象学」の序論（まえがき）にある植物の比喩を想起］だからこれはイメージではなく、明確なモノとはいえないが、「関係」（……に関係するもの）として考えられていると認められるのである。

もしヘーゲルが表象をイメージとして捉えていたとすると、内容が曖昧になったはずで、概念自体（定有だからなおさら）甘くなってしまう。それだけ厳密に規定したのだと思われるのである。イメージは表象よりその内容を拡大（張）できる分、飛躍や行き過ぎたところが出てくる。表象をイメージにまで展開しないだけ、内容は限定される。限定は否定であるから、なお表象として比喩を考えたとするのが妥当だと思われる。

＊1　ヘーゲル「小論理学」上、六五頁。

＊2　ちなみに私が「動揺のある統一」と述べた有（Sein）は「自己のうちにある有および無という差別によって、自己のうちで自分自身に対立しているような統一」、また「動揺のない統一」と述べた定有（Dasein）は「自己のうちに動揺を持たぬ統一、あるいはそうした統一形式のうちにある成」（前掲書、二七四頁）と

されている。なお、成（生成）とは「有のうちに無を持ち、無のうちに有を持っている」ことで「無のうちにあって自己を維持している有」や「有の真の姿が定立されたもの」を言う。（同、二七五頁）「有の概念とはすなわち成である」。（同、二七五頁）

＊3　弁証法の三契機全体を指す。（平凡社哲学事典、一九七一年、以下〈平哲〉）「ここ（生成＝引用者）ではまだ相対的安定という面は考えられていない。」（〈岩哲〉生成）とも。

これに対して（私の言う）「内的存在」には表象が伴わない概念である（表象に伴ってできた概念ではない）。あくまで思考による推論の結果である。にもかかわらずこれを「不安の前身」とか「前不安」とか呼んでいる。やはり不安の前の段階を指しているのだから、それなりの表象を持っているのだろうと推察されるかもわからない。ところがこれは「無自覚」の段階にあるものである。しかも「推論」で想定されるとしているものである。何らかの表象を以てそうしたのではないかという疑問は拭いきれないと思う。しかし例えば○○が可能ならＸＸは実現する（仮定と承認）という形を取れば、それは必ずしも表象を伴うものではない。むしろ伴わないとした方が正確なのではないかという意味から、そうしたということなのである。[＊1]

最後にストア派の言う「表象はものを基礎にもつ」[＊2]のものや、「表象にはものが伴う」のものとはどういうものかというと、それは自然物（自然にあるもの、物体、物質、生物［動植物］などすべて）を指している。ヘーゲルは「思惟そのものにかんする表象」も表象のなかに入れている。[＊3]ただ「思惟そのものにかんする表象」を表象に持つというのは、先の「定有」で認めたように「分裂」とか「統一」とか「否定」とかの思惟にかかわる言葉によって説明される、ということからである。

＊1　ここから「内的存在」の意味や精神における位置づけがわかる（理解される）のではないか、と思う。この「内的存在」は感覚される前の存在を指しており、感覚されることが方向付けられている感覚以前のものを意味している。従ってこれは現時点での（感覚の）表象を伴わない概念（考えられたもの）である。こういうプロセスを辿った思考を交えた末の（思考を通過した後の）もの（概念）である。概念は考えられたものだと（感覚以前である表象よりも思考がもたらしたものということから）表象を伴わない。「概念」には「表象」と「思考」の二つの伴うものがある。前者は感覚、後者は思考によるものである。「内的存在」は思考による（推論）。ただ以下の考え方もあるので、参考までに記す。「内的存在」は後者の概念なのであって、直接的な表象を持たないにしても、その概念も表象と捉える考え方もあるのであって、全く表象を持たない、伴わないというのは、やはり検討し直したほうがよいかもしれない。★概念でも体系でもおよそ言葉になったものには表象が伴う。紙に描いた立体的な図でも実際立体の像が頭に描かれている。「内的存在」と言葉になったものも、内的にあるものとして、表象されている。この場合は先のイメージとは想像であるが、だから想像を表象のなかに入れないと言う意味を明確にする必要が出てくる。（なお、想像は表象に入るケースもある。〈岩哲〉）

★　ここで引っ掛かるのが規定⑧である。この規定は、抽象的思考には不安という感性的表象が伴うとも言い換えられる。これに従うならこの内的存在が表象を伴わないというのは誤りだということになる。そこで考えられるのが、思惟的表象は、感覚もしくは感覚的表象を前提もしくは表象する、ということである。後者の場合は表象の表象ということになる。いずれにしても表象していることは疑いがない。以下の説明は「用語集」3の④の◉関連する表1と図3—2について、三二五〜八頁、本文と注（＊1、＊2）に関係する。ここではヘーゲルの思惟的表象を取り上げているが、こういうことである。不安になるもの—メタファーとしての不安と、不安そのもの—不安のメタファーから「形態」と「状態」が想起されたが、ヘーゲルの思惟的表象は前者の「形態」を捉えたもので、これは感覚的表象（前の二つ）のうちの一つ（形態）をさらに表象したとみなされる。不安に即して言えば、不安になるものを感覚的な表象が捉え、そのメタファーとしての不安（形態）を対象として捉えて思惟的な表象としたということである。こうしたことから内的存在を見ると、全く表象の絡まない話ではない。ただし右の説明は内的存在の設定そのものに直接関係せず、むしろ内的存在に関連したものとしてである。ここからどういうことが言えるのか、内的存在はヘーゲルの思惟的表象含め、表象すらの前提となるもので、それ自体は表象により生じたものではないということである。あるのは「経験的事実」（規定）だけである。しかも冒頭で述べた規定⑧とは矛盾しない。なぜならこの規定そのものが不安を言わば規定しているものだからである。これらは不安の行き着く事実を述べているところであって、表象の対象にはなっても、表象そのものではないからである。

＊2　ジャン・ブラン「ストア哲学」三六頁。

＊3　ヘーゲル「小論理学」上、一〇四頁。思惟されるもの、言葉、思惟自体も物に入れることは「肉化」の考え方から招来されるだろう。

② 同一哲学

まずこの同一哲学とは何か、である。存在と思考の同一性というのが最も取り上げられる、その他主観と客観、身体と精神（あるいは肉体と霊魂）などでも知られる。本書には余り関係なさそうだが視点を変えるとそうともいえない、むしろ大いに関係すると言わねばならない。同一哲学で知られるのはヘーゲル、スピノザ、シェリング、フィヒテらであるが、ここではヘーゲルを代表として取り上げる。

（一）ヘーゲルのそれは、端的には本質に存在が含まれるという、カンタベリーのアンセルムスの「神の存在論的証明」と同じ内容であることが指摘されている。[*1] なおカントの「神の存在の存在論的証明」は、純粋理性ではその不可能性が証明されたものの、道徳哲学つまり実践理性において可能とした。[*2]（二）哲学者の大部分がこれ（同一哲学）を肯定している、とする指摘がある。[*3]（三）ヘーゲルにおいて哲学とは「特殊が一般に含まれる」ものをいう。従ってヘーゲルにおいては、思考と存在が同一のものであることは自明なこととして考えられている。[*4]

以下はその反証としてのものである。

（一）ヘーゲル哲学の底流としてある根本的な思想は「生成」である。「現象学」は、まさしくその生成の過程である。[*5]この生成を成立させるのが感性で、フォイエルバッハがそれを指摘している。[*6]（二）ヘーゲルにはその感性があったことになる。ここから本書と関係する。その感性が「不安」であるということである。[*7]（三）感覚がいかに「貧しい知」（ヘーゲル）であっても、一般に含まれているのであるから、無視することはできない。むしろ真理を含んでいることになる。

1　他方、同一哲学は「物質と意識、主観と客観、心身などを二つの原理的に異なるものと見ず、一つの実体の存在形態、現象形態、または考察の仕方と考える哲学説」〈岩哲〉ともある。一つの実体とは、ヘーゲルの場合、理念（イデー）（絶対的理念〔概念〕とも言われる）で、要するにこれは神を指している。なおこの哲学説は、私たちの側から見れば、その考え方はどうであれ、結局は思考と存在の問題ということになるのではないか、ということである。（フォイエルバッハ「将来哲学」五一頁、一一六頁）本書もこれに倣っている。（「前史」一六八～九頁、注（、★1、2）参照）

*2　カント「純理」中、二五九～六九頁（第二部第二篇第三章第四節　神の存在の存在論的証明の不可能について）参照。なお、アンセルムスの「神の存在論的証明」は、トマス＝アクイナスで否定され、デカルトで肯定され、カントで否定されたが、ヘーゲルによって再び肯定された。（斎藤信治「哲学初歩」九八頁）

本項三〇〇～一頁の注（＊1）参照。

＊3　ヘーゲル「小論理学」上、一九六頁、エンゲルス「フォイエルバッハ論」三一頁。同一哲学は、かつて魂が肉体と特別な関係にあったことにその源がある。例えば古代人は（いまでも未開人の間で認められるようであるが）、夢にあらわれる人間の姿は、一時肉体から離れた魂である、と考えた。（魂の不死はここから生じた観念である。）このことは魂と肉体とは切り離し得ないのであるから、そこから様々な暗示や示唆を得ていたという推測が成り立つ。これが思考と存在の同一性の最初期にあったと思われることである。（エンゲルス、前掲書、二八～九頁）

＊4　ヘーゲルは「現象学」の冒頭で「哲学は、その本質からして、特殊な事例を内にふくむ一般論として語られる」と述べている。（長谷川訳、一頁）また、イポリットは「ヘーゲルにとっては、意識がたえず普遍的であると同時に特殊的であることは周知のことである」と述べている。（「イポリット」上、六〇頁）これに対してフォイエルバッハはこう述べている。「同一哲学の中心点である思考と存在の同一性は、その概念あるいは本質が存在を含むものとしての神の概念からの一つの必然的な帰結にほかならない。」（「将来哲学」五一頁）（「大前提」六一～三頁、◉追記の注（◎と▼）、また「新・思想としての不安について」四～五頁、注（＊2と★）参照）

＊5　イポリットは「いっさいの特殊な意識が同時に普遍的な意識になってゆくこの運動そのものが、真の個別性を構成するのである」と述べている。（前掲書、四四頁）

＊6　フォイエルバッハは「思想は感性によって自分が真実であることを実証する」と述べている。（「将来哲学」六七頁）

＊7　イポリットはこう述べている。「『だから、意識は、自分の限られた満足をうち破るべき圧力が、自分自身の奥底からわいてくるのを感ずることになる』。この不安は人間の意識を支配し、たえずこの意識をかりたてて、もはやこの意識が人間の意識（カントの場合なら、人間の悟性）ではなくなり絶対知（対象の知であると同時に自己の知であり、自己の知であると同時に対象の知でもある絶対知）に達するところまで前

進させるものであるが、この不安は、すでにわれわれが注意したように、単に認識の秩序における不安であるばかりではなくて、『現象学』全体が証明しようとしているように、実存的な不安なのである。」（前掲書、二三頁）なお、文中の二重鉤括弧内は「現象学」上、樫山訳、一〇九頁、長谷川訳、五七頁。

感覚が思考に含まれていることも同じ考え方（同一哲学、もはやこういう名称でなく、個別と一般で証明することができる）に立っている。感覚を内容、思考を形式と考える考え方で言えば、前者は質料、自然、存在であり、後者は形相、本質（本体）と言えるだろう、するとここに言葉が成立する。言葉は形式であり一般である。（「現象学」で証明される重要なポイントはここからも説明できる。）

（結論）

フォイエルバッハが言った「思想は感性よって自分が真実であることを実証する」の、その感性が何だったのか、もうすでにこれまでの説明の中で出ている。その最高最大のものが「不安」である。不安によって実証されるのである。ヘーゲルにとって不安は「真理がある」根拠だった[*1]（と私は考えるのだが）。そしてその根拠（不安と同じ）は神と同一ということである。神の不安は私の不安である。この不安がある限り、そして深化していけばいくほど神へ一歩一歩近づいていることになるのである。（規定③を想起）不安が不安でなくなるとき神の立場になる。それまでは不安でい続けることになるだろう。この過程が彼の思想の根幹を成していると考えられる。不安が感性の証明としてヘーゲルという一人の思想家にどう捉えられていたか、一例として挙げた次第である。[*2]

＊1　例えば「小論理学」上、一三二頁、二五節の冒頭の文章。それとともに一連の私の考えは、同書の「客

観にたいする思想の第二の態度」の「経験論」で批判されている。(同、一五六〜六四頁、三七〜九節)

＊2　ヘーゲルにおいては「真理」だとか人間は「認識においては無限である」(同、一三〇頁)とかが重要であって、(そこでヘーゲル哲学は言葉と感覚に還元できることを明らかにしたのだが)以下で述べる思想の応用に関しては、「感性の実証」(感性の証明)を経ていないだけに応用には難点がある。(よく言われるヘーゲル哲学には様々な「天才」の記述があるとしても、だ。)それに対して本書では、ここでは詳しくは述べられないが、例えば認知症やガン、難病などの初期の病気に応用できる思想(考え方)が含まれていることである。一つだけ「認知症」を取り上げよう。「不安」を何かのサインと考えるとしよう。これも「考える」の内に入るが、その際その人は「考えない」ことをそのサインと受け取ったとしてみる。すると何事にも考えない習慣が出来てしまう。(私はこれが認知症の根本的なところにある原因と考えている。その「考えない」は他の精神的機能にも拡がる。見えるものが見えない、聞こえるものが聞こえない、あるものがなく、ないものがあると言う。さらにそれは記憶にまで及ぶ。)その背景には「考えない」が唯一の解決の道と考えることにある。どうしてそういう選択をしたのか。その原因はその人の生きた過程(生存)のなかにある。それを聞き出すだけでも解決の糸口は見えてくるが、重要なのは「考えない」から「考える」に誘導してやることである。つまり不安を「考えない」サインではなく「考える」サインにすることである。私がこれを言うのは「考えない」選択、あるいは「考える」を先延ばしにする考え方が現実にあるからである。(これは別な言い方をすれば、心の重荷を軽くするというかなり根強い誤解に由来していると思われる。その際「不安」が真っ先に対象に選ばれているからこれを言うのである。)「考える」は単純ではない。それなりに訓練が必要なことをこれは物語っているのである。

③　感覚と感情

本書では感情を余り表に出していない。というのは感覚で代表させているからで、言葉として表現されるまで、通常感情は個別、特殊であり（理性的でなく）一般的でないため、感覚を通して表現されることによる。

感情のなかにあるいは感情と、情緒を含ませるか同じと見るか意見が分かれると思うが、同じ感情に分類してよいように思える。気分（特に快、不快）も同じ分類に入るだろう。しかし不安は感情に分類されはしても、感情と相容れないところもあるようである。それは「反省」が相当強いということ、長期にわたり意識され難かったことから、実体がよくわからないまま、遣り過ごされてきた経緯を辿っているため、本質に迫る対応が取られて来なかったことが災いして、感情と混同されたように見られる。内容はむしろ知覚の方に近い感覚だと考えるのが、本書の立場である。[*1]

そこで感情は、本書では「知覚された感覚である」と規定した。感情は知覚の段階でそれだけ反省を経ているということだから、感覚として規定されるという意味である。このことは感情が直接経験[*2]であって、言葉としてあらわせないからである。

他方感覚は「感覚の結果である。」（感覚するは知覚で、感覚は感覚されることである。規定⑮［ZT.6.13.6］）もうこれだけで「感覚と感情」を言い尽くしている。

＊1　感覚と感情の違いに関して、テーテンスとヘーゲルは次のように考えていた。「テーテンスは、従来区別せられていなかった『感情』（Gefühl）と『感覚』（Empfindung）とを区別し、『感覚』が対象にかかわり、感覚的印象を生み出す対象を指示するものであるのに対して、『感情』は我々がただ我々自身のうちに感ずる印象であり変容にすぎないとした。」（山崎正一「カントの哲学」三八頁、東京大学出版会、一九五七年）他方、ヘーゲルは「精神哲学」のなかで「感覚とは感受性が関連している。それ故に人々は、感覚はいっそう多く受動性や発見やの側面、すなわち感ずるということにおける規定性の直接性の側面を強調し、感情

は、同時にいっそう多く、感ずるということのなかに含まれている主我性に関係すると考えてよかろう」（上、一九〇頁）［なお「自己感情」（直接性において規定された感情）としては二六一頁］と述べている。

＊2　パースの「直接経験」とヘーゲルの感覚的確信における「個別的なこのもの」には共通するものがある。それは感情というよりは感覚として捉えられているということである。

◉「表象」との関係

表象には感覚、記憶、想像、観念などの区別がある通り、感覚はその一つであるとされる。しかし感覚は記憶にも、想像にも、観念にも関係しているので、この区別は余り役立たないと思う。せいぜいその表象をこの区別にもとづいて説明しなければならない場合だけにあるものと思われるが、そういう状況ではこういうものの機会は余りないのではないかと思われる。本書では、知にも感性的表象が伴うとして「抽象的な思考には、感性的な表象が伴う」（規定⑧参照）という表現の仕方であらわされる。

◉「身体（肉体）」との関係

感覚は一般に身体的な五官を指すこと多い、しかしこれらの感覚は文化、芸術に関わる（例えば視覚が認識に、味覚が食文化に、触覚や視覚やが彫刻や絵画という芸術に、場合によっては聴覚が思考にといった具合に）ことはよく知られている。これと同様のことが感情にも言えるだろうか、言えるというのが本書の立場であることは説明した通りである。それだけに五官とも一部関係するが、もっぱら（感情的な）感覚に関わることを本書では感覚として扱うので、五官に関わることは余り出てこないが、これが比喩として扱われているものは当然出てくることになる。

ところで身体（肉体）との関係から、（一）感覚も感情も身体との結びつきが強い。（二）生存は肉体と関係する（生命は肉体にある）ように、生存に関係する感覚は感情と同じ関係にある。（三）身体も表象する（食欲は食べ物を表象するように）。さらにこれを推し進めると、感覚はすべての対象を含んでいる。一つの感覚はすべての内容の一部である。（四）形式と区別される。*その一形式としての感覚（内容）が表象されるとき、名称（言葉）が与えられる。それはもはや感覚ではなく形式となる。［感覚（内容）＋形式＝言葉（形式）ということになる。ここで注意がいるのは、感覚が形式を得て言葉になるということである。ではその形式はどこから得られたのか、それが「内的存在」である。そこには最低でも三段階があって、いずれにも内的存在が関与し、第一、第二感覚とそれ自体（形式）、さらに第三感覚とそれ自体（形式）を生じる。この第三段階におけるそれ自体（形式）が言葉となる。（図3―2参照）形式に二種があるので紛らわしいので、前二つを「それ自体」とのみ呼ぶ。］

＊　ここで突然「形式」が出てくるが、形式は一体どこから招来されたものなのだろうか？　そもそも形式とは何か、それは形相とも本質とも本体とも呼ばれている。［知が形式を与えているとするときの知は、アナクサゴラスまで遡る必要があるのだろうか？」形式とは何かの結果であり、実際はその結果を別の何かに適用するとき形式と呼ばれる。形式は何度も使うことができ、またそうでないと（一度きりではなく何度もという意味）形式とは言わない。従って形式にはその前身があることになる。それは何か、それは他の何かによってつくられたものである。では、その何かとは何か。それが「内的存在」である。それは感覚自体に備わっているので、感覚が引き起こしたように見られる。（ここはすべて「形式」について述べている。）時間

発生的に言うと、形式の前は感覚であるが、その感覚は感覚自体の働き（内的存在）によってまず内容（第一感覚）とそれ自体をつくり出す。（それ自体には表象と形式が含まれる。第一感覚は自覚されない。それ自体に含まれる形式と内的存在の関与により知覚になる第二感覚に至って初めて形式が言葉になる。［形式＋感覚＝言葉で、形式は感覚を得て言葉に成り変わる。言葉は形式でもある。］）ところがここで二通りの言葉が生ずる。一つは感覚（実際に起こったものを対象とするもの）とそうでない空想、想像、仮定の感覚でなったものとの二つである。（この辺りからスタートするのが、これまでの哲学思想であった。［その後身である不安に半ば導かれて思考した数々の哲学が、現在私たちの知る哲学である。］本書ではそれ以前を扱っている。（特に「前史」では）それが「内的存在」である。）

従って形式はそれ以前に遡ることができる。それは感覚ということになる。（↓「内的存在」）この遡ることとの意味は形式↓感覚だが、形式は知に、感覚はそれ自体、無自覚という構図が出てくる。（このときすでに感覚は感覚されない＝無自覚という意味、なぜなら言葉になったのだからである。）

◉限定（規定）に際して生じる問題点

（一）生存（生命）に関して＝生存としては感覚、生命としては身体に関係する故に、感情として捉えられる。（二）時間的な区別＝感覚は感覚される、感覚するは知覚、感情は知覚された感覚である。（規定⑮）故にいずれにしても感覚（知覚）されてはじめて感情という自覚が生ずる。感情は直接経験のとき、それを表象することも言葉にすることもできない。（三）内的存在＝ここでは形式との関連で説明しよう。内的存在が形式をつくり出すメカニズムとはどういうものか。内的存在の重要なところは、感覚（内容）とそれ自体を生じさせることである。というのもその前にそれ自体を、規定でも必然性として説明しておこう。「対象には必ずそれ自体が想起される。（その対象が独立して存在していること、つまりそれはそれ自体として存在している。）またその際それについての内容が伴う。（これは表1の③—④に関わる）さらにそれ自体の内に形式と表象が設定されることも、それ自体に伴う必然性によるものである。というのはそれ自体と言えば必ずそれ自体の形式（それは何か、何というものでできているか、姿形は、内容はという問いが必然であるのと同様）と、それに伴うその内容というものの表象がほとんど疑いもなく生ずるからである。（以下説明続く）」（本項3—④、◉関連する表1と図3—2について、三二八〜九頁より）もちろんそれに気を留めず遣り過ごすということもあり得る。だが一度は必ず気に留めているはずである。それを形式まで持っていくのは、それをそうする者の抱える事情によるものというしかない。これに当然、内的存在の三要件が絡むのは必然であろう。（なお内的存在の意味には、広義と狭義とがある。広義は前史全体、狭義は不安の前身であるそれである。）

3（関係編）

④　モデル、これまでの経緯、メタファー、表象、関連する表1と図3—2について

◉はじめに

この項は、「大前提に入る前に」一六頁の注（＊5）、同、二二頁の注（＊2）の本文（同、二〇頁）答え（補記）にも、また表1と図3―2の説明にもなる。かなり抽象的な話になるので、読者のなかには付いて行けない（仮定の世界のことは用心して掛かる）人も出てくるかもしれない。それはそれでよいではないか、ただ想定や仮定は知識においてかなり認められていることであり、だからということでもある、というのが本書の立場である。

◉モデル

内外からのある問いに答えを出そうとする際、その答えに窮したとき、その打開のために何か手掛かりを得たいとき、その糸口を見出したいとき、取りあえず何らかの答えを用意したいとき、試行錯誤の段階から脱却したとき、もし先例を過去の知識や記憶に頼れないならば、もちろん内容にもよるが、問われている内容が内外のいずれかに限定される場合、さらにこれが、感覚か、思考か、それともそれとは別の超越的なことかなど、と内容が絞られるとき、それは精神的、心理的、心的などほぼ内面的なことではないか、と考えるのではなかろうか。するとそこではじめて、それと似たことを自分の内に探そうとするだろう、それに似たこととは、言葉としても、またそれ以前的なことも対象に入るのではないか。それがモデルであり、それがまた正式なものではない、不定形のものとしたら、とりあえず別な何かに変えているもの、それがメタファーである。またそれは、そのように設定することになるものである。

◉これまでの経緯

それは誤解ではじまった。先にそのことを述べておきたい。最初はモデルとは、不安そのものと、不安のメタファーの二つであった。不安そのものは変更ないが、誤解は不安のメタファーをモデルにしたことだった。正式には二つのモデルとは不安そのものと、不安になるものであり、ここから不安のメタファーと、メタファーとしての不安が想起されるのであった。つまり誤解したものは、不安そのものから想起されたものに移ったということである。少々前置きが長くなったが、これを中世のスコラ学初期の普遍論争に準えてみると共通点があることがわかる。これは普遍が先か、個物が先かで争われたものである。ここでは話をわかりやすくするために、それぞれを「本質」と「存在」として説明することにする。普通に考えて、存在が本質よりも先（前）にあることは、「AはBである」を考えたとき、AもBもその存在が、これについて言う（話す、書く）前に存在することが前提になっている。従って存在がそれを言うつまり本質よりも前にあることになる。

ところが「本質」論では、本質が「存在」より前と考える。なぜなら本質がなければ存在もないと考えるからである。多分、直観（啓示）が絡んだ話なのだと思うが、この論争では本質が先である。(これは後に否定されるが、さらに後、再び復活する。) ここにアンセルムスが存在論的証明で行なった、存在が本質に含まれるとするものと同じ考えに立つ同一哲学が見出される。その内容はトマス＝アクイナスが反対し、デカルトが復活し、カントが否定し、ヘーゲルが再び復活させたものとして知られる。(本項三一三頁、注（＊2）参照)

さてどうしてこれが私の誤解に準えるのか。不安のメタファーをモデルとする誤解のもとにあるのは、不安そのものが直接モデルにならず、それとは別の形でモデルとしてあると考えたことである。では不安は元々からあったものだろうか？　あったのは事実としても、これをモデルとしている限りそうであったのではなく、メタファーとしてはあったと考えるべきである。（メタファーの意味は後述する◉メタファー参照）いずれ不安そのものとしての自覚は生ずるのだが、不安のメタファーとしてはじめにあることはあり得ない。なぜなら不安はまだないのだから、そのメタファーが何のメタファーか不明（不安と特定できない）であるからである。

ここに本質が先か存在が先かの問題が出てくる。私の言った（不安のメタファー）のは、本質で先に考えてしまった。モデルというからには存在が先である。従って不安のメタファーに先立つモデルとしては不安そのものである。ちなみに不安になるものがメタファーとしての不安であるのは、まだ不安になっていないからである。二つのモデルには時間差がある。不安そのものは自覚があるが、不安になるものはその自覚がない。存在が先か本質が先か、本書では存在が先ということで展開されること言うまでもない。*

＊　これに関しては存在と思考の矛盾と捉えたフォイエルバッハの指摘がある。思考は存在から出てくるが、存在は思考からは出てこない。（「将来哲学」一一六頁。「新・思想としての不安について」五頁、注（＊2の★）参照）表現（言葉）では本質が先である。しかし現実は存在が先である。（表1、表2参照）表1①②の先行する最初の対象の存在「がある」は無自覚であり、③自覚の「内容（本質）」は「である」からはじまる。表2では言葉、思考、本質は右の項（一般的なもの）、存在、事物は左の項（個別的なもの）に入っている。両者を同一化した同一哲学は存在を本質が含むと考える。

◉メタファー

メタファーはすでになっているところと、これからなるところを説明するために取り入れたものである。不安になるものにおいては不安以前との間の、不安そのものは不安からのもの（不安以後）の領域が設定できるからである。いずれもまだ不安にならず、仮に不安であったとしても（この自覚のもとに）、その不安から招来されるものとして、という意味を含ませているものとして、このメタファーはある。

◉表象

規定⑧によれば、「不安は抽象的思考における感性的表象である」であった。もちろん、これは本書の立場であって、例えばヘーゲルにおいてもそうであるというつもりはないが、しかしやはりこの規定はヘーゲルにも適用できると考える。その一つはすでに大前提2で「弁証法的運動」として見てきた。これまでのところを予備知識として頭に入っていれば、次は表1と図3―2によって説明することになる。ヘーゲルの二つの表象（思惟的表象と感覚的表象）、大前提に入る前で指摘した概念と表象の混同について、さらに図3―2などにより、ヘーゲル哲学の根本的なところまで言及することになるだろう。

◉関連する表1と図3―2について

ここで改めてモデルとそれに想起されるメタファーを見ると、それは不安になるものと不安そのものがモデルで、それに次いでメタファーとしての不安と不安のメタファーが想起された、というものであった。[*1]

まず表1を見てもらいたい。この①―②は無自覚であって、①の対象は不安で、②の対象はXに変わっている。そして②で（不安）がある（X→不安）が想起されている。これが「不安になるもの」であり「メタファーとしての不安」である。

次いで同表の③―④、それは自覚であって③の内容はx1で、④の内容は不安に変わっている。そして（x1）である（不安→x1）が想起されている。これが「不安そのもの」となり「不安のメタファー」である。[*2]

＊1　ヘーゲルの感覚的表象は、これらのメタファーから取られたもので、前者（X→不安）から「形態」が、後者（不安→x）から「状態」が想起されたものとみられる。そしてそれをそうと（規定）する際に得られた（つくり出されるとも、生み出されるとも言えるものでその過程上に生じた）のが思惟的表象とされているものであろう。規定⑤によれば、思考は感覚（不安）に追随する。しかし規定⑧によれば、抽象的思考には感性的表象（不安）が伴う。「小論理学」によれば、表象は概念より先につくられる。（上、六一頁）ところが概念が表象に先行すると考えられている。（同下、一三〇頁）有も本質もこの概念が下敷きになっている。（同、一二〇頁）しかもこの概念は宗教の啓示（表象）と同様のものである。（同、一三〇頁）これが概念と表象の混同である。（「大前提に入る前に」一六頁、注（＊5）参照）なお一連の項（モデルの考え、用語集3の④）については、主観と客観、対象と知、必然性などによって予め決定されたものの上をなぞっているように思われるとしたら、ここはそれを保留にしていただきたい。本書の立場はそうではなく別の視点★に立っているからである。では右の補記として「形態」の方をもう少し具体的に示そうと思う。それは端的に言って真理である。真理とはあることの確実性である。認識においてはその内容の、存在においてはそれ

用　語　集

が現にあることの、理論においてはその成立の、概念においてはその思惟形式の、思想においてはその全体（体系）の、それぞれの確実性を言う。そしてこの形態（不安になるもの）の想起によって端的には真理が生じた。これがメタファーとしての不安である。他方状態（不安そのもの）の想起によって、思想、宗教に関連して言えば、概念や観念や思惟の産物が生じた。これが不安のメタファーである。ただそこにヘーゲルの思惟的表象を持ち込んで、これが右の二つを統一する際に得られるものと見る人もいよう。本書ではXからx1〜x3に移るに従って内容の密度が増すことによってある段階（差し当たり図3―2の第二段階以降）概念や観念、思惟の産物が生ずると考えているので「統一」ではない。むしろ統一するにはその主体が必要になる。（三二〇頁、注（＊）参照）真理は不安と密接な関係がある。それは規定①②⑧⑩⑯からでも説明できる。というより規定自体が真理（本書ではそれに準じたもの）と言えよう。先述したように真理とはあることの確実性であり、その確実性に与えられた言葉である。状態について見てみたい。状態は内容であり本質部分を指す、主語ではなく述語である。ここからイデー、絶対知（精神）、最高善、永遠なるものなどの言葉や、また一般に使用される様々な言葉が生ずる。それが形態ではなく状態であるのは、前者が不安になるものとメタファーとしての不安であるのに対して、後者が不安そのものと不安のメタファーであることによる。不安から直接表象または想起されるものがそうだからである。前者がまだ確実性が確信になっていない段階のものを確信に近づけるべく、後者の状態に働きかけていると考えればよい。実際には不安はXとxの間を媒介しているのだから、その内容は徐々にレベルアップするし、しかも（内在している働きによって）自らそうなる。両者を統一するとか同一化するとかとは別なことである。ヘーゲルは「状態」を、「形態」からの演繹つまり概念としているとみられる。

★　この点に関して私見では、わかっていないものをわかっているもの（こと）として書いたのが客観的観念論、わかっていないもの（こと）をわかっているかのように書いたのが主観的観念論、わかっていないもの（こと）をわかっていないもの（こと）としてわかるように書いたのが本書である。従って主観と客観などの意味が今のようでない以前のことを論じるとすれば、本書のようになるのは当然ではなかろうか。これが

「別の視点」の意味である。

＊2　素晴らしい映画を観たとしよう。最初は「感動した」で、次いでその場面が思い出される。近所で殺人があれば、最初は「怖い」で、次いでまだ犯人が捕まっていない、近くに潜伏しているかもしれないことが想起される。

次に図3—2である。ここでは内的存在によって、第一段階において感覚は内容（第一感覚）とそれ自体が想起されている。そしてそれ自体には形式と表象が設定されている。再び表1である。この第一段階が、この表の①—②に相当するのが見て取れるだろう。①は対象が不安で、②ではXであった。この不安が図3—2の内的存在である。不安であり、また内的存在である、というのでは紛らわしいが。（内的存在が前不安であり、不安の前身であることは他でも述べていることである。）

これはメタファーの関与を意味している。（つまり言葉で区別しているわけである。）だから「不安」にはメタファーの関与があることを示唆している。（またそういう意味を含んでいる。）それはともかく図3—2でなぜ内容（感覚）とそれ自体が想起されたのか、そしてそれ自体の内になぜ形式と表象が設定されているのか、それについての答えは、図3—2の注（＊、★）でも説明したように「必然性」である。

なぜなら、対象には必ずそれ自体が想起される。（その対象が独立して存在していること、つまりそれはそれ自体として存在している。）またその際それについての内容が伴う。（これは表1の③—④に関わる。）さらにそれ自体の内に形式と表象が設定されることも、それ自体に伴う必然性によるものである。というのはそれ自体と言えば必ずそれ自体の形式（それは何か、何というものでできているか、姿形は、内容はという問いが必然であるのと同様）と、それに伴うその内容というものの表象がほとんど疑いもなく生ずるからである。

ここは内的なものより理解しやすい外的なもので説明する。もし人から遠くに見えるあるもの（何らかのもの、或るもの）を説明せよと問われたとき、まずそれは何々のように見える、立っている、動かない（静止している）、揺れている、大きい、小さいなどの表現がその遠くに見えるあるものに与えられるだろう。これが感覚である。そして必ず「それ自体」はどうなっているのか、それは独立してあるのかないのか、他に依存しているのかいないのか、他からの働き掛けがあるのかないのか、それ自体自らでそうなのかそうでないのか、という見方、捉え方が伴うことである。これが表象と形式である。

それが確認されれば（独立してそこでそうしている（ある）のだということがわかれば）、真の姿形は、それは今はそうであっても時間とともに変化するものかどうか、もしそうならば——という様々な推理、推測を伴っての表象が生じるわけである。これもほぼ必然性がある。（ということが経験的事実によって判断される。）

以上表1の①—②と③—④（また⑤—⑥までも含めて）、図3—2の無自覚の段階から自覚の段階まで説明した。では次の同じく⑦—⑧と知覚の段階はどうなっているのか。この段階で感覚は第三感覚に入っていることになるが、先の表象を足掛かりに内的存在の関与により、内容の密度（度合）、質、また度重なる思惟の繰り返しで、そのレベルははるかに向上しているはずである。ここに概念や思想や思惟の産物、もちろんそれに関連する言葉が生じるのは明らかではないかと思われる。*

＊　ヘーゲルの思惟的表象は、形態が真理を示唆する一方、先述したように状態への演繹により生ずるものと思われる。（三二七頁、注（＊1）参照）これに関連して言えば、図3―2のそれ自体に設定されている形式と表象の内表象が、ヘーゲルの思惟的表象とみなされよう。示唆しているのは経験的事実であり、この際主体が問われるが、それが内的存在に当たる。ヘーゲルの場合、それは神もしくは神的存在（イデー、理念）である。なお、規定⑮にあるように感覚と知覚の関係で、両者の間には右のようなメカニズムが想定されることを付記しておきたい。

本書は不安を思想にすることが目的であって、ヘーゲルの思想を紹介することや理解を深めることを目的とするものではない。ただ本書の内容が荒唐無稽でないことを示すために、ヘーゲル哲学に多少とも負っている（カバーしてもらっている）ように見えることは認めねばならないだろう。しかしこれにしてもわざわざヘーゲル哲学を選んだのではなく、本書を書き進めるうちにヘーゲル哲学が近づいてきたというのが実際のところである。*もっとも両者には反対とも逆様とも言える内容のものが多少なりともあるなかで共通点も見られる、本書はその共通点を取り上げたということである。ヘーゲルの時代、不安は哲学や思想の対象ではなかった、ただ先を見通すことが困難な時代、不透明な時代だったのではないか、また当時のドイツは、イギリスやフランスが達成した近代化を仰ぎ見る後進国だった。その意味で不安自体は、時代の陰に隠れて見えていなかった、というよりもその渦中にあって意識することがなお困難だったというべきだろう。それを遠くから眺める立場にあったのが、キルケゴール、またキルケゴールを経由してのハイデガーや後のサルトルらではなかったかと思われる。

そしてなお不安はまだその流れの中にあって、漂流か滞留している。

＊　その内実はこうである。例えば本書が図3―2で設定したところにぴったり当てはまるケースがそれで、これはまったく意識してやれるものではないと思う。だから本書をヘーゲルの思想に当てはめるのではなく、本書にヘーゲルの思想が近づいてきた、と述べたわけである。

⑤　内的存在と心、魂、精神

まず、今は心とは魂とも精神とも、また意識とも同一視されていることに注意する必要がある。というのもこれらは全然別のところから生じている（つまり出自を異にしている）からである。しかしここではこれに（一括する方に）倣うことにした。（図5参照）

さて内的存在は、ではこれらに対し、どういう位置づけになるのかということである。

不安（内的存在でも同じ）の三要件というのは動揺、自然必然性、経験の三つであった。これに比し心などはこれらも含むさらに多くの内容を抱えていることは、日々の経験、日常的思考において容易に悟ることができるだろう。だからどちらが重要かそうでないかの問題ではなく、それぞれをどう理解しているかが問われる。ところが後者（内的存在）は知られていないのだから理解も何もない。心などで十分対応できるのであれば何もわざわざ（後者を）知る必要もないし、そんな時間も余裕もないと反論されるのももっともだと思う。だがここは両者の違いを説明するところなので、そういう話は措いといて先を進めたいと思う。

心は感情（喜怒哀楽）、価値（真善美）、理知（理性と知性）、意識（知情意）、本能（睡眠欲、性欲、

食欲）などを持ち、同時に様々な問題、矛盾、課題、予測不可能性、危機などを抱えている。覚えた言葉や新しい知識によって、それはもっと増大するものと思われる。私たちはこの中から何がもっとも重要か量りかねるほど、頭の中は内容で一杯になっている。そこに一定の方向性（規制、規則、守備範囲）（持続するもの、放棄するものなど）区別、所有が求められても、何をどうしてよいやら、習慣、法律、行事、マナーなど外部からの規制よるもの、学習したもの、見よう見まねで覚えたものなどに頼るしかない。自らのものはごく限定されて守備範囲のものになってしまうのが現状だと思われる。これに比し「内的存在」は、現状の分析から（個人が行うもの、公で行うものなどがあるが、個人が行うものであっても、公と区別がつかないこともあるので、公私ともに）今もっとも重要なものとは、個人によって異なり、一律には論じられないと考えられる。例えばベンサムの「最大多数の最大幸福」（功利主義）というのはその一端をあらわすものだが、この点で数がその指標になるとは必ずしも言えない。

何らかの規準が必要だろう。それがどこにあるか、周囲を見渡してもなければ、メディアに出てくる人とか、職場にいる人物とか、著作などを通して知った著作者などに、その対象を探すことになるだろう。

ところが自分の内にも同様のことが言えるのではないか、こういうと外部に向かってのものと、自分の内に向かってのものとは大分違う、勝手も違い過ぎる、しかしそれは内容の豊富さに頼っているのではないかともいえる。そうではなく、「規準」の問題はそういうところにあるのではない。選択、肯定・否定、判断の目安にあるのであって、その中身（内容の重さや量）ではない。そういうものが事実としてあるかないかの問題なのである。もしそれがなければ明日にでも自殺するとか職を失うとか、これまでの価値観を否定しなければならないとかの問題ではない。むしろそういう事実があるかないかの簡単なところに落ち着く問題（ここが問われていること）なのである。むしろ簡単な話といえる。自分の内部に内的存在らしきものの有無で十分納得の得られることなのである。もちろん存在が確かめられるとしたら、もうそれで半ばこの思想の大半自分のものになっていると言える。

感覚、知覚、自然、宇宙を全体とするなら、心は感覚、知覚全体の働きを、内的存在は感覚―知覚にあって、感覚を知覚まで持っていく働きを有しているものと言える。これが大まかな全体の（なかの）位置づけだが、本質はそれが自らの内部にあると自覚することにあるので、それすら確信が持てたらその思想を我物とすることである。それでそれからの世界や社会や人間の見方はこれにもとづくということになる。これによって幸福になるとか、楽しくなるとかの問題ではなく、納得が行くかどうか（それがどんな結果をもたらすかは問わない、その人次第である）ということだけである。

内的存在が心、霊魂、精神と同じものではないかという疑問に対して、こういう考えを持っている。①確かに似ているが、それらをもっと狭い範囲で捉えていることが（それらとは）異なる。これは限定されている。不安の三要件（動揺、自然必然性、経験）にある通りである。②念頭に置かれることも同じではないかについては、同じだが（内的存在は）感覚―知覚に属す。そして感覚を知覚にする働きを有しているもの、と言える。（感覚と知覚を合わせたものが心、霊魂、精神と考え、自然や宇宙はそれを内に含む全体である。なおこれとは逆の立場があることは次の⑥世紀の大転換で述べる。）（図4、図5参照）

⑥　世紀の大転換

　こういうと人間を動物（サル）並に扱うのかと激昂されるかもしれない。というのは私が述べるのは、宮崎県の幸島のサル[*1]のことだからである。ここの一匹のサルがイモ洗いを始めたら、これが全体にわっと広がったというのである。[*2]これは事実なので、なぜサルがイモ洗いをするようになったのか、人間の感覚から清潔好きなサルが始めたのだろうとか、他のサルにプレゼントしたくて洗ったのだろうとか、色々推測することはできる。重要なのはそのサル一匹のことではなく、全体に広まったということ（事実）の方である。

　これが世紀の大転換とどう関係するのか、「存在」を問う人間（後述）と、イモを洗うサルとを同一視する根拠は何か、が次の問いである。

＊1　幸島《こうじま》は「宮崎県の南端に近い『サルの楽園』」で「一九四八年から、サルの群れについて研究が行なわれ、いまでは、ほとんどの個体の血縁関係がわかっている」という。（今西錦司「人類の誕生」一八六頁、世界の歴史1、河出書房新社、一九八九年）

＊2　「一九五三年のこと、ひょっとしたことから一歳半になるメスザルが、イモについた砂を水で洗って食べることを覚えた。この行動は母親からきょうだいや仲間を通じてしだいに群れに伝播し、一〇年後には、二歳以上のサルのうちの七三パーセントまでが海水でイモ洗いをするようになった。」（前掲書、二一〇頁）

　「世紀の大転換」とは、存在者に存在者としての根拠を与えているのは、人間と神もしくは神的存在しかいない、ということに気付いたこと、それによって「存在＝神」という考え方が定式化された。

［正確には、そして他方別の事態を生じた。］どういうことか、（ここが神とその子キリストの関係に似ているが）それは神が人間を通して「存在者に存在者としての根拠を与えた」ということからである。このことに気付いたことで「世紀の大転換」が生じたというのである。フォイエルバッハは「最初の、最高の存在の必然性は、だから知性だけが最初で最高の、必然的で真の存在であるという前提に基づいている」（将来哲学）と述べている。*

＊　フォイエルバッハ「将来哲学」一一頁。これをもっと具体的に言えばこうなる。「世界、物質は、なぜそれがあり、またなぜそれは現にあるようにあるのかという理由を、自分のうちにはもっていない。……したがってそれは必然的に原因として一つの別の存在を、しかも知性と自己意識をもち、理由と目的にしたがって働く存在を、前提する。」（同）このことがわからないと、「世紀の大転換」がなぜ生じたのかわからないだろう。フォイエルバッハからはもういくつか引用する。ヒントは「思考は存在から出てくるが、存在は思考からは出てこない」（一一六頁）というもので、これがヘーゲルの反対の立場であることは言うまでもない。間を相当端折っているがこう述べている。「存在が思考から導きだされるのは……世界が神から導きだされたり、導きだされなければならなかったりするのは、ただ、世界の本質が世界から勝手に切り離される場合にかぎられる」（一一七頁）と。ちなみにヘーゲルは同一哲学（思考と存在とは一致する）の立場で、「思想が存在であり、思想が主語、存在が述語である。」（一一五頁）また端的には「存在は思惟である」（「現象学」上、樫山訳、七四頁、長谷川訳、三五頁）であらわされる。先述の通りエンゲルスはヘーゲルのこの立場（同一哲学）は「哲学者の圧倒的多数によって肯定されている」（「フォイエルバッハ論」三一頁）という。この同一哲学はプロティノス―プロクロス（新プラトン派）に由来するようだが、この「世紀の大転換」は最初の段階から無理に無理を重ねているのである。

その前提に自然主義者[*1]、パルメニデス[*2]、アナクサゴラス[*3]らの知が考えられる。(事実そうだと見られる。)

自然的条件下にあったあるものとあらぬものが、これを転機として(しかし徐々にか、突然にかは別として)自然的条件下を離れ人間のもの(を前提)とされるようになるが、その保証(後ろ盾、後見)として神が考えられるようになる。ただ勝手に人間が決める(定める、規定する)ことではなく神の保証を取り付けたことである。そしてそこに必要だった概念が理性(精神)だった。ここに宗教と哲学の分かれる道がある。神だけにウエイトを置くか、理性(精神)にその役目を担ってもらうか、である。

宗教は人間に自制や謙虚さを失わせないために神を、哲学は宗教にない、しかし神と同格の理性や知性、他の思想を求めた。(哲学は宗教にない、しかし神と同格の知を求めた。)そしてその傍らに「存在」以前を踏襲した現実があった。

*1　プラトンから物体主義者、巨人族などと呼ばれた哲学者たちで、形相主義者と対比される。(「ソピステス」九四〜五頁)物体主義者の強硬派は大地族と呼ばれている。(同、九八頁)

*2　「あるもの(存在)のみあり、あらぬもの(非存在)はあらず思惟されず」(アリストテレス「形而上学」上、注(29)三二六頁)の言葉は有名で、度々引用される。

*3　知(宇宙の知)の発見者。本来の意味は知性、これを理性や精神と後世の人は読み換えた。ヘーゲルは前の注(*)で述べたように、プロクロスの影響が強い。

幸島のサルが「存在」側で、そうでないのが「現実」側だというつもりはない。しかしこのことを契機に、人類の存立基盤は大きく、まさに「大転換」となって揺らいだわけである。（ここに私はそこから続く西洋でアレンジされている不安を見つけたというつもりはないが、*このことでいくらか「代償」を払うことになるのは認められる事実ではないかと思う。［考えている。］）自然科学もこの「存在」側から生じたことは確かである。（事実だろうと思われる材料［客観的資料］が整っているとみなされる［ことが認められる］。）

しかし「前史」を依然続けている人々にこれが理解され受容できた側（日本人のこと）がある限りにおいて、前史の重みは認識されねばならないだろう。こういう過程を経ていることが確かめられることも言えるのだから。なお「世紀の大転換」には三つの事件が関係していると思われる。人間が①コトバを持ったこと、②文字をつくったこと、③存在を発見したことである。今回述べたのは③ということである。

＊　スコラ哲学、パスカル、ヘーゲル、キルケゴール、実存主義（哲学）、反哲学。★暗黒の中世（五～十五世紀）（そうでない面も認められるが）、十字軍（十一～五世紀）、宗教戦争（十六～七世紀）、第一、二次世界大戦（二十世紀）、新型の戦争「テロ」（二十一世紀）など、西洋から読み取れるのは、不安のメタファーであり、メタファーとしての不安（不安を表象させる事物事象の問題という意味）ばかりではないか、自然科学の貢献と相殺しても。

★　木田氏はその由来を「反哲学史」（講談社、一九九五年）のなかで「一般に今世紀の哲学者たちは、奇妙な話ですが、自分たちのおこなっている思想的営みを『哲学』と呼ぼうとはしません。彼らが目指しているのは、むしろ『哲学の解体』なのです。」（七頁）と述べている。

4

◉「個別用語」①②③

①善と悪、②愛と憎しみ、③利他と利己(禍福の思想)。これらをそれぞれ単独で扱うのではなく、これら①〜③を一括して述べる。

その理由は「関係性」を重視したことにある。一つの言葉には、その反対の意味の言葉や、それに対応するよく似た別の言葉があり、さらにそれらの関係を眺める(客観視する)第三の言葉がある。またその背景をなすとされる言葉がある。

(一)自然から受ける利益を善とし、その災害を悪とする。(健康と病や食べられるものと毒になるものも同様、善や悪として自然から得ていることになる。)

(二)原罪(罪悪)に対する贖罪(キリストの死による贖い)と恩寵(無償の神の恵み)の愛を指す西洋の考え。

(三)その他、ある種の現象から引き起こされるものとして、引きつけるものを愛、引き離すものを憎しみとする。(エンペドクレス[*1])

(四)善悪の起源を環境や経験に置く唯物論(マルクス)。悪いのは社会であり体制である、と説くある政党が典型的な例。

(五)功利主義(ベンサム、J・Sミル)。幸福を快とし、快をもたらす行為を善とする。この反対が苦であり悪である。

A（一）は自然の愛、（二）は人工的な愛、（三）は二次的な愛。Bこれらに対応する言葉に愛、善、利他があり、これらに対立する言葉に悪、憎しみ、利己がある。Cそれぞれは愛（憎しみ）が感情、善（悪）が価値、利他（利己）が実践（経験）に対応する。Dこれに第三の視点が置かれる。不安と安らか、肯定（的）と否定（的）がそれである。時代はA→Dの順、人々にとってはじまるのはD→Aの順と逆になる。

（イ）それぞれは対応する言葉によって意味が定まる。（人によって見方、考え方が異なることになる。）

（ロ）第三の視点は、もっとも古く規定されていること。（それに気付くのはずっと後の現在にあるのだが。）

（ハ）次いで第三の視点のあり方としては、①原初に戻ること、②私たち人間が自然から離脱した動物種である[*2]ことを自覚し、②の自覚に立って①から不安と安らか、肯定（性）と否定（性）を自然から受けていることを認識する。

余りに単純素朴で、受け容れ難い人がいるかもしれない。しかし最初は単純なところからはじまるのである。精緻な精神も最初は単純な（単なる）感覚知から始まるのと同じである。

＊1　アリストテレスは「その（エンペドクレスの）言う『友愛』は善いものどもの原因であり『憎み《（ママ）》』は悪いものどものである」（『形而上学』上、三七頁）と述べている。なお彼は物事の原因を「形相因」「始動因」「質量因」「目的因」の四つに分けているが、この内の「目的因」を善としている。（同、三一頁）

＊2　自ずからある「自然性」から、自らの自ずからある「人間性」に自らを変更すること。人間が精神を得

ることを選択すること。

（個々の用語については、各種辞書参照のこと。）

図と表

◉図と表について

　ここにある図・表はいずれも単純である。アリストテレスの「形而上学」（第五巻、第六巻）には例えば、「ある」に四通り、「対立」に六通り、「自然」に六通り、「プロテロン」（より先、前）と「ヒステロン」（より後、後）に四通り、「端的に」に四通りの説明が付けられている。しかしここで関係すると思われる「プロテロン」で、その「より先のもの」は述べられているだろうか。ほとんどが何に対してのそれであって、その「より先のもの」それ自体は、結局「不動の動者」になる他ない。つまり神である。本書におけるそれは「前史」である。ソクラテス以前の哲学では、ヘシオドスの混沌「アナクサゴラスも「始めにすべてが全く混合していた」（「形而上学」上、五四頁、一三一頁、一三七頁）と述べているようだ。」、アナクシメネスの空気、ヘラクレイトスの火、エンペドクレスの地水火風、愛と憎しみ（対立）、アナクサゴラスの知性（理性、精神）、パルメニデスの存在、アナクシマンドロスのアペイロン（無限なもの）、暖かいものと寒いもの（対立）などが考えられている。不安は近代に入って本格的に意識され、言葉として成立した。だから「前史」が重要な働きをしていることはわかるが、それが見通しの良い状態にあるとは言えない。しかし今日この不安のあり方は「生存」から捉え直すことができる。生存に昔も今もない、生きている限り付きものだからである。

　プラトン、アリストテレスに続く哲学（ソクラテス以後の哲学）の特徴は、超感覚的、超自然的、超人間的なところを探究したということである。これはすでに述べたように、あるものをある（存在＝神）＋もの（物）とする考え方［他方では、ある（存在）＋もの（神霊）とする考え方もあるのだが］から派生したものと言えるだろう。各注（＊）は、根も葉もない単なる想定でないことを示すために付けたものである。例えば「対立」での、アリストテレスの「ほとんどすべての人々は、諸々の存在や実体を反対のものどもから構成されているものとする点で一致している」（「形而上学」上、一一九頁）や、ギリシア人の「反対対立するものを契機として思惟すること」（「古代ギリシアの思想」一八〇頁）、端的にピュタゴラスの「反対概念双欄表」（「形而上学」上、一一八頁）のように、である。

図・表についての主要な用語解説

X（ラージ・エックス）は、人間が自然から受ける様々な影響や態度。x（スモール・エックス）は、X以降の不安に対して人間の取る言動。不安は、Xとxによって生ずる人間の各々の不安。これらの用語に関連するのは図1、図3―1、図5、表1。（なお、Xは、「（何か）或るもの」という意味で用いる場合がある。↓大前提6）その他、感覚、知覚、自覚、無自覚、内的存在、肯定（的）、否定（的）、第一～三感覚などの用語については、補記一感覚と知覚、概要三前史、大前提などの他、「索引」から当たる。

図　と　表

図１　不安の原初的図式

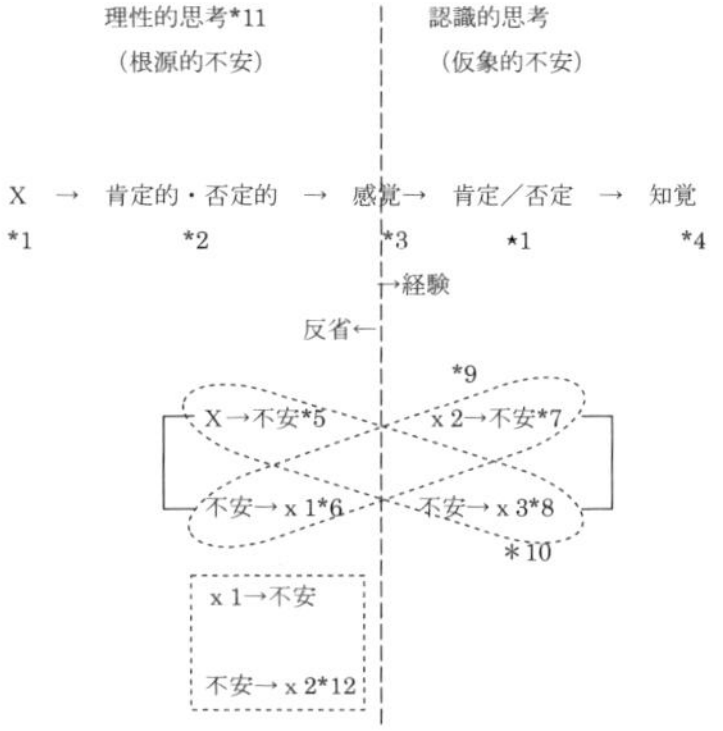

＊1　自然
＊2　内的存在（不安）。　図３－１「前史」参照。
＊3　x 1〜2
＊4　x 3
＊5　無自覚
＊6　自覚
＊7　自覚
＊8　知覚
（＊5〜＊8）＊12とともに図５参照。
＊9、＊10とともにx 1〜2を確認できる。

＊10　＊5．6の想定（根源的不安の自覚）
＊11　感性によって制限された理性⋆2（質料にその限界をもつ⋆3）
＊12　＊6と＊7の間には、もう一つのサイクルが仮定される。

※　なお、このサイクルは３段階を限定したものではない。

x 1（*5、*6）「肯定的なもの」を「あるもの」に
「否定的なもの」を「あらぬもの」に　（理性的思考）
x 3（*7、*8）「あるもの」を「存在（ある）」に
［x 2（*12）］「あらぬもの」を「非存在（あらぬ）」に（認識的思考）

★1　＊2とともに図2参照。
★2　「将来哲学」10頁。
★3　「将来哲学」60頁。

図２　肯定的・否定的（肯定・否定）

（1）

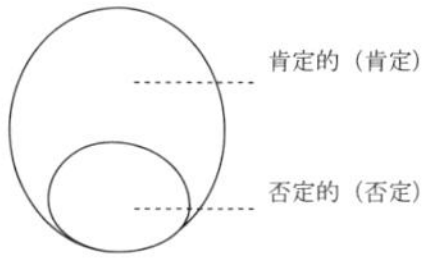

不安／肯定的なもの（肯定）に含意する
否定的（否定）部分

安らか／否定的（否定）部分を含意する
肯定的なもの（肯定）

（2）

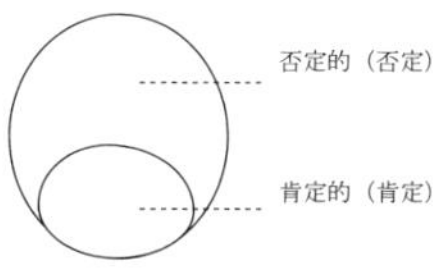

不安／肯定的（肯定）部分を含意する
否定的なもの（否定）

安らか／否定的なもの（否定）に含意する
肯定的（肯定）部分

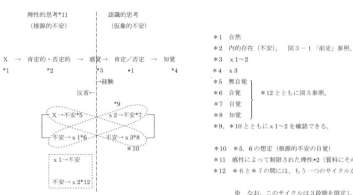

図３－１　「前史」

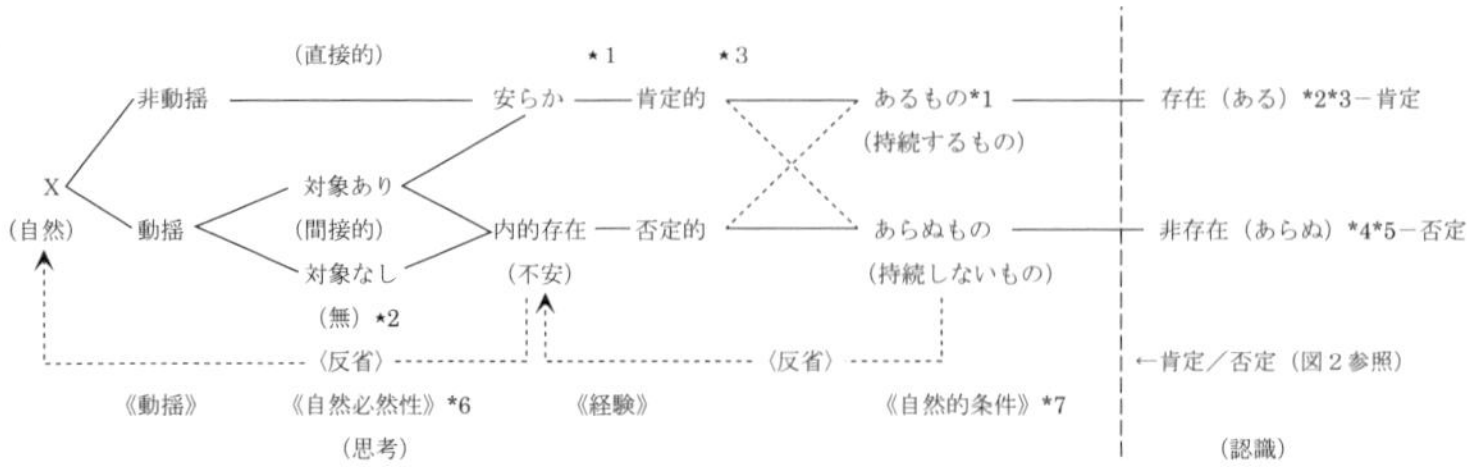

＊１　①「一定の場所に存在することが最初の存在であり、最初の規定された存在である。」（「将来哲学」80～１頁）
　②「場所規定が最初の理性的規定であり、それ以上のあらゆる規定は、それにもとづいている。」（同 81 頁）

＊２　「存在をもって始めるのは、たんなる形式主義である。なぜなら、存在は真の始まり、真に最初のものではないからである。」（同 151 頁）

＊３　「ハイデガーの考えでは、プラトンのもとで、……〈自然的思索〉が終わり、〈哲学＝形而上学〉が成立し、〈存在＝自然＝生成〉と見る存在了解が〈存在＝被制作性＝現前性〉と見る存在了解に転換する。」（木田「哲学入門」289 頁）

＊４　「ギリシア哲学においては、存在と非存在の対立は、明らかに真理と非真理という意味での、肯定と否定、現実性と非現実性との対立の抽象的表現にすぎない。少なくともプラトンの『ソフィステス』では、この対立は真理と非真理との対立という意味しかもっていないことは、明白である。」（「将来哲学」注（１）176 頁）

＊５　「〈あらぬもの〉をそれ自体として単独には、正しい意味で口に出すことも、語ることも、考えることもできないのであって、それは、思考さえないもの、語りえないもの、口に出されえないもの、論じえないものである」（プラトン「ソピステス」69 頁）。

＊６　生老病死、本能（食欲、性欲、睡眠欲）など。

＊７　例えば、大地と地震、海と津波、風と嵐、川と洪水など。

★１　この絶対化（絶対的肯定）と後続の「あるもの」とが強く結びつくことで「神」の観念が生ずる。

★２　まさしく絶対的な「無」はここに根差している。

★３　時間・必然と偶然・不変と変ずるもの、質・量などを想起する。アリストテレス「形而上学」下、第十二巻第六章 146～7 頁参照。

図３－２　「内的存在」＊

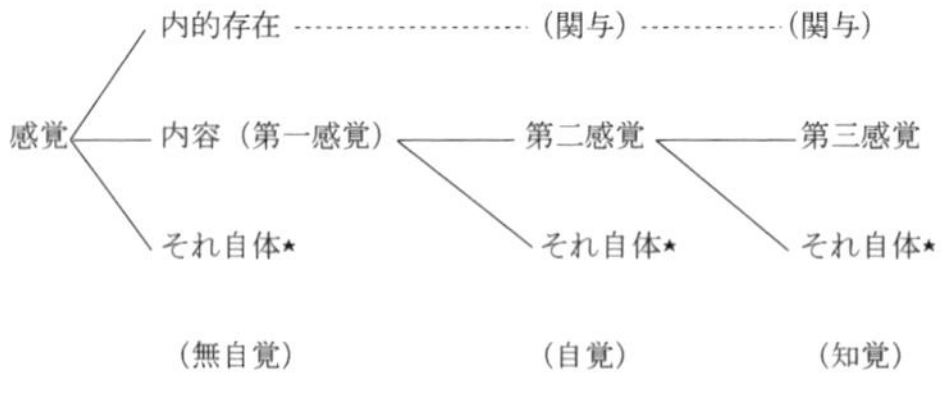

＊　内的存在は根源的不安とも称されるが、文中では内的存在で統一している。内的存在を設定することによって内容（感覚）とそれに伴うそれ自体は必然性がある。それ自体を表象と形式にあてたのもその必然性による。なお、その必然性もほぼ経験的事実と考えて差し支えない。

★　表象と形式をあらわす。第三感覚（便宜上のもので、一定の形式になるまでさらに続く［第ｎ感覚というように］可能性がある。）では、一般の言葉から複雑な知識を構成する観念や概念などの用語が生ずる。いわば「知」はこの第三感覚以降のものである。

図4

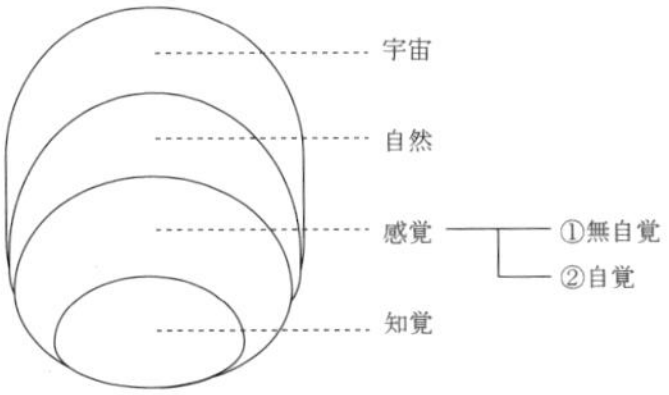

図5

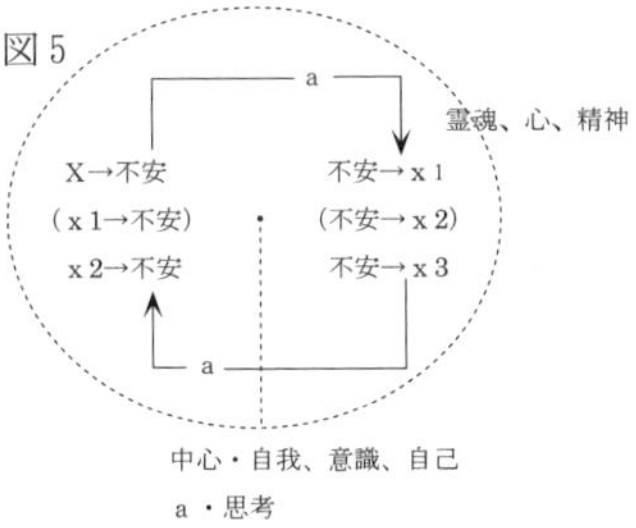

表1－図5の内実

不安を引き起こすもの	不安が引き起こすもの
主観＝X(x)、客観＝不安＝対象	主観＝不安、客観＝x＝内容
(主観＝不安、客観＝X(x)＝対象)	(主観＝x、客観＝不安＝内容)

無自覚　図1より

① Xがある、その対象は不安である。(Xが引き起こしたもの(対象)は、この不安である。)

② 不安がある、その対象はXである。(X→不安)(その不安を引き起こしたもの(対象)は、Xである。)

自覚　図1より

③ 不安がある、その内容はx1である。(不安→x1)(その不安が引き起こしたもの(内容)は、x1である。)

④ x1がある、その内容は不安である。(x1を引き起こしたもの(内容)は、この不安である。)

自覚　図1より

⑤ x2がある、その対象は不安である。(x2が引き起こしたもの(対象)は、この不安である。)

⑥ 不安がある、その対象はx2である。(x2→不安)(その不安を引き起こしたもの(対象)は、x2である。)

知覚　図1より

⑦ 不安がある、その内容はx3である。(不安→x3)(その不安が引き起こしたもの(内容)は、x3である。)

⑧ x3がある、その内容は不安である。(x3を引き起こしたもの(内容)は、この不安である。)

※　①～⑧は(B)X→不安は「不安を引き起こすもの」で対象を「Xは不安である」と「不安はXである」に、(A)不安→xは「不安が引き起こすもの」で内容を「不安はxである」と「xは不安である」に解釈し、それぞれを4つに区分したもの。
特に、①②に関しては大前提8，75頁＊(五)参照。

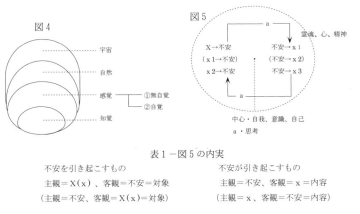

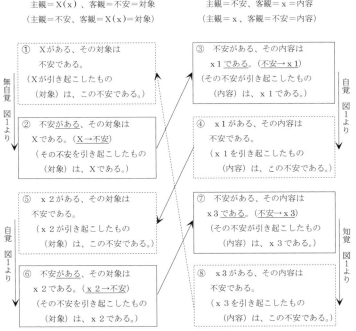

表２　個別・一般比較対照表

	個別的なもの（個別性）	一般的なもの（一般性）
（１）	事物	言葉
（２）	存在	本質あるいは概念
（３）	抽象的思考の客体	現実の客体
（４）	存在	思考
（５）	感性的すなわち個別的存在	論理的なこのもの（以上*1）
（６）	主観（主体、自我、意識、主語）	客観（客体、非我、述語）
（７）	観念	実在
（８）	感覚（自然、経験、感性）	知（知識、知性、精神、思考、理性、認識）
（９）	知性［精神］（主観的な主観－客観）*2	自然（客観的な主観－客観）*2
（１０）	特殊*3	普遍*3
（１１）	現象*4	本質＝形相＝本体*5

＊1　フォイエルバッハ「将来哲学」24～30節（51～65頁）参照。これらの用法はヘーゲル哲学に対するものと考えてよい。

＊2　ヘーゲル「差異」6頁、107頁。本書58～59頁、注（＊・★１）参照。
フィヒテを「主観的観念論」、シェリングを「客観的観念論」、ヘーゲルを「絶対的観念論」と呼ぶ。〈平哲〉「ドイツ観念論ではしばしば無自覚的存在すなわち自然のあり方を精神に対して形而上学的に客観的と性格づける。」〈平哲〉
フォイエルバッハ「将来哲学」158～165頁参照。

＊3　用語集２の②の＊４～＊６参照。（ヘーゲル「現象学」上、樫山訳16頁、長谷川訳１頁、「イポリット」上、44頁、60頁）特殊は個別（感覚）に対しては普遍（種）だが、普通（類）に対しては個別である。（「大前提」62～63頁、注〈▼〉参照）

＊4　「本体または本質に対する語。感性的認識の対象で、理性的認識によって捉えられるもの（例えばイデア）が本体とされた。」〈岩哲〉現象

＊5　「本質または形相」〈岩哲〉本質

（なお、この表は同一哲学や規定③の理解のために作成した。）

あとがき

「なぜ不安なのか？」、この文言は私の頭にこびりついたままだった。（これは規定⑨にあるように存在と絡む。ライプニッツが「なぜ一体、存在者があるのか、そして、むしろ無があるのでないのか？」と問うたことそれ自体に余りにもよく似ていないか。）多くの人々は幸福（安らか）思うのに、なぜその反対とも言える不安なのか、他にやる対象がなかったのか、もっと重要な、今日的なものがあるはず、なぜ不安を選んだのか、しかも的外れ（自らの問いを含め、その解答、見解、推論、全体すべてにわたり）という大きなリスクを抱える。これまで誰も本格的（本心から）論じた人はいなかったのではないか、それほどのものである。ここから得られるものとは一体何か、何かしらの期待が持てるのか、疑い、迷い、そしてまさにやっていること自体が不安のままの状態であった。（このことが何をもたらすか予想できることではなかった。）

幸福を知るために不幸を論じるというのは、幸福とは何かということがよくわかっていないからと、不幸なことがいかに多く、幸福が稀かということを証拠立てているが、その感受性に個人差があって、これといって規定できない部分を少なからず持っているから、明確にこうだということが難しいのである。しかし誰も幸福を得るために幸福とは何かということをあえて学ぶようなことをしない、少なくともそういう対象ではないことを知っている。とはいえこの言葉に全く無関心でいられるということはないのも事実である。（カントは「実践理性」のなかで幸福とは何か（定義）や「幸福に与る」条件について（第一部第二篇第二章五などで）詳しく論じているが）この「幸福」を他の言葉に置き換えてみるとどうか。恐らく愛を挙げる人が圧倒的多数だろう。なぜか？　この反対の憎しみを考えるとよくわかる。戦争、テロ、民族・宗教・宗派間の争い、暴力、自殺など大小様々なトラブルから生ずる憎しみがいかに多いかが、この愛の存在を決定的にしている。善と悪でも同様だろう。しかし愛と善を説くために、憎しみと悪だけを論じることがあるだろうか。愛も善も同じく語るのが普通である。しかし本書はこの原則をその内容の量の面から言って破っている。なぜなら安らかの方はほとんど語っていないからである。そして何よりも幸福と同じく、愛するため、善を行うためだけに、愛とは何か、善とは何かを語ることはしない。むしろこれらは行為することである。同様に不安も行為することである。経験的に知るということである。それが今回の対象である不安というわけである。

日本語の不安は明治以降主に西洋から入ってきた翻訳語で、自然（natureの訳語で、日本語古来の「おのずから」に対して「作為」の意味がある。「翻訳の思想」参照）や社会、芸術など各分野で使われる多くの翻訳語と同じである。（ちなみに哲学用語はすべて翻訳語であると言われている。翻訳者のたゆみない努力のお陰で、私たちは哲学だけでなく他の多くの外国の著書を日本語で読むことができる。）では不安に限っていうとその発祥の地西洋ではいつ頃から使われ出したのかというと、意外にも近代に入ってからである。西洋の近代はフランス革命以後の時代をいうから、その起点は一七八九年である。日本のそれは、明治維新（一九世紀後期）以後の時代、これを象徴する出来事の一つが大日本帝国憲法制定で、これが発布されたのが一八八九年（翌年施行）だから、まさに百年遅れの話である。[*1] その不安がこの時代から私たちの国にじわじわと浸透していった、というわけである。

しかし言葉としてはそうだが、感覚としてはそれよりもかなり古いものだったと推定される。私はそれを文書の形で見られるのは、ギリシア哲学後期前三世紀以降[*2]に出てきたストア派やエピクロス派、懐疑派などから読み取れると考えている。すなわちアタラクシア（心の平静）、アパテイア（泰然自若）を表明する心の動き（前提となるもの）としての「霊魂の動揺」（エピクロス）がそれである。

それではソクラテスやプラトンやアリストテレス[*3]にはそれがなかったのかというと、明らかに「不安」というものに該当する言葉はないが、例えばソクラテスが使った「ダイモンニオン」[*4]などがそれに近い言葉としてある。そのもとになったダイモン[*5]には「運命」（ホメロス）、「人と神との仲介者」（プラトン）、「異教の悪の神」（キリスト教）の意味があり、「近代語のdemon（守護霊、悪霊、悪魔）の語源[*6]」とされている。

＊1　斎藤信治氏は「哲学初歩」のなかで「紀元一世紀にエピクテートスが、自分自身の無力と弱さに気づくことが哲学の根源だと語ったことの意味が、十九世紀のキェルケゴールにいたってさらに深刻化せられて、不安と絶望こそが哲学の根源だ、というふうに解せられることになったと申しても多分はさしつかえないでありましょう」（八〇頁）と述べている。キルケゴールの「不安の概念」が出版されたのは一八四四年、その岩波文庫の初版が一九五一年、それからしても約百年である。なお、エピクテトス（五五頃〜一三五頃）は後期ストア派の哲学者、不安はストア派によって明文化されたと、私が言っているのはこのエピクテトスを指している。

＊2　仏教では「安心」（あんじん）という言葉で前五〇〇年。本書では宗教と哲学を分けて考えた。というのも宗教の起源は、この感覚（安心の反対）が発端であるとみており、最も古いと考えているからである。

＊3　アリストテレスの「ニコマコス倫理学」（一九七一年）にこれに近い言葉として「怯懦」（恐れを過度に恐れること。勇敢の反対の意味で使われている）がある。（上、一一一頁）

＊4　「ダイモン的なもの」を意味する。ソクラテスが「神の合図」としていたもので、これによってソクラテスは告発されたのである。これほど極端な多義性は不安にはないが、その周辺に近似的な言葉が数多くある。心配、懸念、気掛かり、うしろめたし、憂（愁）い、居心地の悪い、気楽でない、思い（思いに沈む）、心安くない、案じる、据わりが悪い、不安定等々。

＊5　「『ダイモーン』とは超自然的・超人間的な力を持つものを指す。ここでは『神』というに近い。」（アリストテレス「ニコマコス倫理学」下、注（三五）二二〇頁）

＊6　前注（＊4）とともに〈平哲〉「政経倫社辞典」（数研出版、一九六九年）ダイモニオン、ダイモン参照。

ここからする話は少し飛躍していると思われるかもしれない。しかし決して荒唐無稽の話をするつもりはない。恐らく人間が自然から一部分離したところに精神（魂、心）を持ったと考えるとき、人間は自然でない部分としてのもの、その痕跡をどこかに留めているはずである。つまり自然から分離した痕跡なるもの、それが不安という感覚であり、それに伴う肯定と否定（あるいは主観と客観）の思考だと。（なお肯定（的）と否定（的）は身体［自然］から来たものである。厳密には自然と精神の通路にあるもので、ここを通過しないと外界のもの［自然］を認識することができない、と考えられるのである。）つまり不安は人間精神の全体の基底にあるものと考えられるというのである。では反対の安らかはどうか。私たちはこの安らかを不安を通してしか経験していない。圧倒的多数の人々に支持される愛も善も、みなさんの予想を裏切るようだが、いやそうとしか言いようがないのだが、不安を経ているのである。だから避けられる不安を少なくする努力をすることで安らかが得られるのである。ここから先はそれぞれの人が考えることである。社会を変える、政治を変える、意識を変える、新しい活動を始める。これらは次のことである。

もし人々が神秘的なもの、超越的なものへの帰依や、特定の宗教などへの信仰によって物事を決めているのなら、こうした思想化、意識化は不用かもしれない。むしろ信仰などの道で満足しているのだから、それでよいと思う。しかし人々の中にはそういう形での満足を受け付けない人もいる。私はそういう人々に向けてこれを書いたのであり、商業的には成り立たないので、一時人の目に晒す（店頭に並べる）ことはできる、この出版の方法を選んだのである。であるから何千何万の読者を最初から期待していないし、それは実証済みでもある。

◉追記1

こう言うと（根源的な問いから）回避していると思われるかもしれないが、そもそも対象を認識するとか、どうやって対象を知るのかとか、またどうして知ろうとするのかとか、私に言わせれば二次的（副次的）な事柄である。それを懸命に問う哲学が主流を占めてきた、それが厄介な問題を生じさせている。他方、私はそんなことに頓着することなく、受動的な感覚を出発点としているので、対象の問題は二次的（副次的）となる。ただこの受動を単に感覚に限定する必要はない。人間そのものが受動から出発しているからだ。自然から分離したのは精神の方で、最初は述語として語られ、それが主語になり、今は精神、自我、主体、意識へと展開することになった。従って対象を認識するなぞというものは、ずっと後に考えられたものであって、最初からあるのではない。（対象が問題になるのは、最初からずっと後のことである。）私は今、普通に考えていることであっても、かつてはそうではなかったことの一例がこういうことからも言えると考えるのである。自然の述語から、人間の主語になった、これが精神の最初である。

フォイエルバッハは「人さし指は、無から存在への道しるべである」（「将来哲学」八一頁）と言っている。（前後の文章の意味は、私が使っているものと違うのだが。）アリストテレスは「始動因」（原因の一つ〔他は形相因、質料因、目的因〕で、「運動の出発点」「運動がそれから始まるその始まり」とされている。「形而上学」上、三二頁、注（3）〔三二一〜二頁〕について六つを挙げているが、最後にまとめてこう述べている。「——さて、これらでみると、これらすべての意味のアルケーに共通しているのは、それらがいずれも当の事物の『第一のそれから』であること、すなわちその事物の存在または生成または認識が『それから始まる第一のそれ』であることである。……さて、それゆえに、事物のフィシス〔自然〕も原理《アルケー》であり、ストイケイオン〔元素、構成要素〕もそうであり、思想や意志もそうであり、実体もそうであり、また、それのためにであるそれ〔目的〕も同様である、というのは、善や美は多くの物事の認識や運動の始《アルケー》まりだからである。」（一五四頁）

ここに図5と表1—図5の内実が関係してくる。「始動因」は自覚のないまま、次の自覚（空間や時間に関係するところ）の段階（X↓不安が不安↓x１やまたはx２↓不安、不安↓x３の段階）で解消されてしまう。それを今、私たちはあえて意識しようとしている。原初に戻る意向を持ったのである。

◉次の展開

不安には自然必然性の観点から次の展開が考えられる。老と病と死である。（生は今回取り上げた。）*これらは回避できない。他の生物も同様である。しかしこの中で一例を挙げてみる。病は例えば野生の動物にガンや難病があるだろうか。（私の知らない病があるかもわからない。しかしそれらは他の生物（ウイルスや細菌など）によるものではなかろうか。）自己免疫性疾患とか、ガン、難病は「意識」のある者が罹る病ではなかろうか。であるならある程度防止できることになる。なぜならすべてではなくても意識の問題であるからである。ここに不安—病という構図が生ずる。不安を何らかの形で減衰させれば、病もそれに従って、弱体化させることができるというものである。物理的、化学的手法（療法）一点張りで治らないのは、この視点が欠けているからではなかろうか。他にターミナルケア、安楽死など、現実的に重大問題になっていることへの課題もある。これらはまた機会があれば考えたいと思っている。

＊ 生存の問題に貧困がある。これには表向き、民族、宗教、宗派の対立という形をとっているが、内実は貧困の問題を抱えていることに最大の原因があると思われる。これもこれだけを独立して考えるべきことであるが、これもほとんど取り上げることができなかった。国によっては経済産業の分野で後れを取り、その先を行っている国に追いつくことはもうほとんど不可能と思われる。その国や国民がどう考えるか、もやはり世界規模で考えるべきことだろう。富の偏在が思わぬことを生む、それが現実のものとなっていることを目の当りにしているのではなかろうか。

◉追記2

西洋思想に対峙していると、いつも腑に落ちないところが必ず出てくる。それがこの本を書き終えて、やっとわかった気がした。それは西洋がソクラテスの思想（もっぱら、その道徳観、善に関したもの）に絶えず縛られているということである。日本では、彼を世界の三聖（釈迦、孔子、キリスト）と並べて「四聖」と称している。「知徳合一」を説いた人である。これはちょっと危ない気がする。アリストテレスによると、善は目的因であって始動因である。（形而上学）善を目標に行為すること、また善を指導する人に従うこと、とにかく善は道徳、倫理、規範、法、教育ばかりか知識にまで及んでいる。善とは道徳にかなったことで、その行為までをも含めて言う。これを言っておけばまず間違いがない、と言わんばかりで、それらには完全に究極の状況を醸し出す。だから始めにも目的にも善を持ち出されると、有無を言わさぬところがある、どこからも反論、非難などできないのである。ユダヤ、キリスト教はこうして西洋に浸透していった。

これを私たち（日本人）は真似することはできない。というのも大陸（中国も含めて）では、悪がはびこったから善が強く打ち出されたのであって、そうでない、そういうことがあまり顕著でない土地柄（例えば日本）には、こうしたことはうまく当てはまらない。そこに「腑に落ちないところ」が出てくるのだと思われる。そういう背景のある哲学、宗教を真面目に学ぶ必要があるのだろうか。知識の一つとしてなら、それもよいかもしれない。身も心もそれらに捧げる必要は余りないのではなかろうか。とはいえ現状に満足していない人は、さまざまな思想（哲学、宗教、その他秘教や神秘主義など）につい手が出てしまう。しかしよく考えてみれば、生存の条件さえ整っておれば、あえてそこまで深刻にならないと思う。世界を見渡せば宗教、宗派、国家間の問題というよりは、生存の条件の向上で片が付くことが多いと思われる。一つの宗教に帰依する人は、他の宗教を邪教とか異端だとか言って、必ず排他的になるのである。哲学も同じである。異なった宗教、宗派、民族、国の争いも、ふたを開ければ貧困の問題にぶつかる。まずすべての人が生活できることが重要なのである。だからと言ってベーシック・インカムに話を持っていくのは早計である。

子供のころを思い出せば、誰でも電車やバスの運転手さんや大工さんや電気工事屋さんなどに、何の先入観なしに憧れなかった人はいないと思う。これがいつの間にか変わってしまう。その職業に憧れて、その職に就けばベーシック・インカムなんかなくとも、誰もが生き生きとした生活が送れるのである。賃金に差をつけるのは大人（社会）である。憧れの職に就いても賃金に不当な格差があれば、おかしいと思うのは当たり前である。すべての職業は平等の原則の上にあるべきである。

これがそうならないのは、現実に対する見方が偏っているからである。詳細は避けるがそれらは大人（社会）の反映である。現実がそうなっているから、子供にもその影響が出てくる。これをどこかで断ち切らないと、こうした「偏り」はいつまでも続くことになる。「詳細は避ける」と言ったものの、一つだけ取り上げたい。それは学問である。例えば宇宙開発に国は莫大な予算を注ぎ込んでいる。なぜ資源探査とか安全な新しいエネルギー開発に予算を回さないのか。これらは唯一学問的な関心の「宇宙の始まり」よりも、人類の生存の条件の向上（貧困の撲滅）に役立つのではなかろうか。

そもそも科学（精神科学、科学技術も含む）はそれ自体（その対象を指しているのではない）、生存と余り関係ないところにその住処がある。そういう人の発言は相当用心して聞かないといけない。というのも彼らの発言が彼らの名声に比例して受け取られる可能性があるからである。(彼らの名声には科学に寄せられた過大な信頼や予断、あるいは思い込みに由来していることが大いに考えられるからである。)彼らは生存に極めて楽天的であり、むしろ無邪気ですらある。そこが危ないのである。なお、言うまでもなくこの生存は、哲学、宗教、教育、知識などに関係づけられたそれを指しているのだが。だから彼らに生存に関して意見を求めるべきではないし、彼らがそれに関与すること自体おかしなことなのである。ところが実際は科学があらゆるところで訳知り顔で闊歩している。国の政策、運営に携わる人々は、ここは謙虚になり科学万能、西洋思想一辺倒に待ったを掛け、これらを今一度見直すべきではなかろうか。もっとも時代も国も、経済効果を生む科学、思想なら諸手を挙げて受け入れるだろうから、私の考えなど歯牙にもかけないだろうが。

◉自費出版について

以前私の知人の医師(故人)が、ある特定の性格の人々を指して「一千分の一」の人々、と呼んだことがある。「ある特定の人々」の内容は差し障りがあるので言わないが、他方音楽のあるジャンルのファンは「一千分の一」でいるという話を聞いたことがある。この「一千分の一」で私は満足する。しかしこういうと、人は人口一億二千万人の一千分の一は十二万一千人であるから相当の数ではないかと言うかもしれない。ところがこのなかには活字を全く読まない人もいるので、この数字がこのまま当てはまることはなく、さらにこの数字の十分の一つまり一万分の一くらいがこの本の読者の対象になると考えている。一万二千人である。これだと商業ベースに乗るので普通の出版社も考えると思うが、やはりこの数字も大きな数字のようだ。思想と無縁な子供や目の悪い高齢者（お年寄り）も読まないから、さらにこの十分の一つまり十万分の一とすると一千二百人である。これが妥当な数字だと思う。これだともう出版社は手を出さない。よって本書は自費出版となったわけである。なお、十五歳以上の労働者人口六千三百万人（二〇一一年）で割り出した方が早いかもしれない。つまり六百三十人がこの本の読者になり得るということである。

「一千分の一」は「ごく少数」ということを意味している。私はクラシックファンで、ロックとか、ポピュラー（歌謡曲、ニューミュージックなど）とか、ジャズとかはどちらかというと苦手である。またクラシックであってもオペラ（声楽曲）は好まない。主に聴くのは器楽曲である。人の趣味というのは大変な違いがある。ポピュラーミュージックのなかにはこれが歌かと思えるようなものもある。それくらい人の好みは違うのである。

一方、思想となると、これも人によっては全く受け付けない人もいる。また思想なしに生きることは考えられない人もいる。（本書の読者は後者を対象にしていることは言うまでもない。）音楽なら好みで自由に選べるが、思想は好みや趣味の対象ではない。

政治、経済、社会から国家、地域、団体、組織、個人に至るまで、思想がその根底にあって成り立ち運営実行されているのであるから、これを全く無視するというわけにはいかない。これと音楽と一緒にできない理由はここにある。それを同じくしようという傾向（活動）や考え方、勢力（主張する主体）があることは事実*だが、目の前から、身辺から一掃することはできない。

＊　これはポピュリズムのことを指している。彼らは平和だとか、戦争のない世界だとか、愛だとか一様に言うが、その内容は俗受けするメディアや評論家、大学の教員らの受け売りである。このポピュリズムによる政治がどういうものであるか、議論の場であるはずの国会が、議員個人のスキャンダルや一発言の些事を長時間にわたり執拗に追及するなど、国民そっちのけ内輪揉めに堕していることに典型的に見られる。選挙で選ばれることだけを考え、本来の思想に無縁な議員がいかに多いかをこれは明確に物語っている。思想が、趣味の音楽や話題に添える装飾品と一緒にできない理由はここにある。

「一千分の一」ほど、ごく少数ながらも、政治、社会、経済などの危機的状況に敏感に反応して、何とかせねばと声を上げるし、発信する人、行動する人がいることも事実なのである。そうでなかったら、何も変わらない、黙認する、無視する、他人事として何もしないでは困るのである。「不安」はその契機になると思うからこそ、「一千分の一」（実質十万分の一）にかけているのである。なお、前にも述べているように、本書は自らの求めに自らが応じ自らが書いた自費出版物である。

二〇一八年六月二〇日

事項および人名索引

事項および人名索引

数字は頁数。『　』（略称）は書名、「　」は論文、解説のタイトル、「規定」は「『規定』一覧」。矢印（→）は関連する事項、図、表。付録（日本人の思想、用語集）は除外されているが、用語集は項目を挙げている「目次」を活用されたい。

〔イ〕

〔ウ〕

〔キ〕

〔コ〕

〔タ〕

〔チ〕

生田　庄司（いくた・しょうじ）
1952年熊本生れ、中学卒業後、様々な職を転々とする。30代半ば一時海外に住む。その後業界紙の営業を経て55歳で退職。著書に「思想としての不安」（Ⅰ～Ⅲ、1998～2001年）、「存在と意味」（2004年）、「ハンディキャップ」（小説、2006年）がある。本書を含めいずれも自費出版。大阪在住。

新・思想としての不安

2018年９月10日　第１刷発行（500部）

著　者　　生　田　庄　司

発　売　　株式会社　星　雲　社
〒112-0005　東京都文京区水道１－３－30
電話 03（3868）3275　FAX 03（3868）6588

印　刷
発　行　　京　成　社
〒101-0052　東京都千代田区神田小川町３－26
電話 03（3294）0301　FAX 03（3292）8389

©SHOJI IKUTA, Printed in Japan, 2018
ISBN978－4－434－25142－9 C0010